高职高专“十三五”规划教材·财会专业

财经法规
与会计职业道德

（第 2 版）

陈义雅　佟　贺　主　编
焦向华　黄浩波　副主编

南京大学出版社

内容简介

本书以最新修订的《会计从业资格管理办法》(2016年5月1日实施)和最新法律法规为依据，为满足广大学生参加会计从业资格考试的需要而编写，其内容与会计从业资格考试大纲无缝对接。

本书分为会计法律制度、结算法律制度、税收法律制度、财政法律制度和会计职业道德五部分。各章节内容紧扣考试大纲，体现了最新法律法规的要求，法理通俗易懂，实例充分，便于理解，同步训练丰富，注重理论与实践的融通，章后综合训练模拟无纸化考试形式，体现了会计从业资格考试的要求。

本书既可以作为财经类会计等专业的基础课用书，也可以作为会计从业资格考试用书，还可以作为职业培训和自学用书。

图书在版编目(CIP)数据

财经法规与会计职业道德 / 陈义雅，佟贺主编. --
2版. -- 南京 : 南京大学出版社, 2017.2
高职高专“十三五”规划教材. 财会专业
ISBN 978-7-305-18069-9

Ⅰ. ①财… Ⅱ. ①陈… ②佟… Ⅲ. ①财政法－中国－高等职业教育－教材②经济法－中国－高等职业教育－教材③会计人员－职业道德－高等职业教育－教材Ⅳ. ① D922.2②F233

中国版本图书馆CIP数据核字(2017)第001387号

出版发行 南京大学出版社
社址 南京市汉口路22号 邮编 210093
出 版 人 金鑫荣

丛 书 名 高职高专“十三五”规划教材•财会专业
书　　名 财经法规与会计职业道德(第2版)
主　　编 陈义雅 佟 贺
策划编辑 胡伟卷
责任编辑 胡伟卷 蔡文彬　　　编辑热线 010-88252319

照　　排 北京圣鑫旺文化发展中心
印　　刷 宜兴市盛世文化印刷有限公司
开　　本 787×1092 1/16 印张 16.75 字数 418千
版　　次 2017年2月第2版 2017年2月第1次印刷
ISBN 978-7-305-18069-9
定　　价 39.80元

网址：http://www.njupco.com
官方微博：http://weibo.com/njupco
官方微信号：njuyuexue
销售咨询热线：(025) 83594756

前言

为了加强会计人员管理，规范会计人员行为，根据《中华人民共和国会计法》中“从事会计工作人员，必须取得会计从业资格证书”的规定，财政部于2005年1月22日颁布了《会计从业资格管理办法》，并于2005年3月1日起实施。该办法规定了国家会计从业资格实行考试制度，考试科目为《财经法规与会计职业道德》《会计基础》和《初级会计电算化》或《珠算》。

随着会计事业的发展，为了进一步完善会计从业考试大纲，促进会计从业资格考试的知识结构科学合理，充分发挥会计从业资格考试在会计市场准入中的作用，财政部于2016年5月对《会计从业资格管理办法》进行了第三次修订，且修订后的《会计从业资格管理办法》将于2016年7月1日起施行。同时，财政部对2014年修订的会计从业资格考试大纲进行了再修订，新修订的会计从业资格考试大纲将于2017年1月1日起实施。

本书就是为了适应会计制度改革发展的需要，满足广大学生参加会计从业资格考试的实际需求，在吸纳最新的《财经法规与会计职业道德》大纲和最新修订的《会计从业资格管理办法》等法律法规的基础上组织编写的。本书的特点如下。

1. **新颖性**。本书内容紧扣新大纲，体现最新法律法规；以初学者的视角梳理法理，章章有学习指引，节节有工作疑问，点点有训练解析、图示梳理脉络、案例帮你释难，以便学生牢记知识。

2. **实践性**。力求以会计工作为出发点，突出会计从业人员应该具备的会计技能和职业道德，将理论与实践、学与做融为一体。课中有同步训练，章后有综合训练，强化了学生的实践技能。

3. **适应性**。严格按会计从业资格考试最新大纲编写，吸纳了新大纲的考点，与无纸化考试相融合，同时博采众长，将枯燥难懂的法理转化为通俗易懂的知识库，为广大学生适应会计从业资格考试创造了条件。

本书由抚顺职业技术学院陈义雅、辽宁广播电视大学佟贺主编，吉林电子信息职业技术学院焦向华和长沙电力职业技术学院黄浩波副主编。其中，陈义雅负责统稿并编写第一章，佟贺编写第二章，焦向华编写第三章，黄浩波编写第四章和第五章。在编写过程中，得到了兄弟院校各位教师的大力支持，在此深表感谢！

由于时间紧迫和水平有限，教材中难免存在疏漏之处，恳请读者批评指正，对您的宝贵意见我们将及时采纳并更正。

本书 PPT 下载

编　者

2016年12月

目　录

第一章 会计法律制度

学习指引

经济越发展，会计越重要。作为一名会计工作者，必须依法工作。本章主要介绍会计人员应遵守哪些会计法律制度，会计工作如何管理，会计机构如何设置，会计人员如何配备，从事会计工作应具备什么样的资格，会计人员在会计工作岗位上应如何遵循会计法律制度进行核算和监督，违反会计法律制度时应承担什么样的法律责任等内容。

第一节 会计法律制度的构成

工作疑问

1. 会计法律是由谁制定的？法律和法规谁的效力大？
2. 会计部门规章和会计行政法规有何区别？

一、法律的概念及法律层次

（一）法律的概念

法律是指由国家制定或认可，并由国家强制力保证实施的，反映统治阶级意志的规范体系。这一意志的内容由统治阶级的物质生活条件决定，通过规定人们在社会关系中的权利和义务，确认、保证和发展有利于统治阶级的社会关系和社会秩序。

法律的本质是统治阶级国家意志的具体体现。

（二）法律层次

根据中华人民共和国第十二届全国人民代表大会第三次会议于2015年3月15日修正并通过的《中华人民共和国立法法》（以下简称《立法法》），我国的法律层次如下。

1. 法律

法律是指由国家最高权力机关——全国人民代表大会及其常设机关全国人民代表大会常务委员会制定的规范性文件。它的法律效力仅次于宪法，是制定其他规范性文件的基本依据。

2. 法规

法规是法律规范的简称，是指由国家制定或认可，体现统治阶级意志，调整社会关系，并最终依靠国家强制力保证实施的社会活动准则。它一般可分为行政法规、地方法规、民族自治地方的自治条例和单行条例及特别行政区的法律等。

3. 规章

规章是由国务院各部、各委员会、中国人民银行、审计署和具有行政管理职能的直属机构,根据法律和国务院的行政法规、决定、命令,在本部门的权限范围内,制定的规范性文件。省、自治区、直辖市和较大的市的人民政府,可以根据法律、行政法规和本省、自治区、直辖市的地方性法规,制定规章。各法律层次及其效力如表1.1所示。

表1.1 法律层次及效力

名称	类别	制定者	法律效力	范围
法律		全国人民代表大会及其常务委员会	仅次于宪法	全国
法规	行政法规	国务院	仅次于宪法、法律	全国
	地方性法规	(省级)人民代表大会及其常委会	仅次于宪法、法律、行政法规	地方
规章	部门规章	国务院各部、委、署、行	仅次于宪法、法律、行政和地方性法规	全国
	地方性规章	省、自治区、直辖市和设区的市、自治州的人民政府	仅次于宪法、法律、行政法规、地方性法规、部门规章	地方

二、会计法律制度的具体构成

会计法律制度是指国家权力机关和行政机关制定的各种有关会计工作的规范性文件的总称。它是调整会计关系的法律规范。会计法律制度主要由会计法律、会计行政法规、会计部门规章和地方性会计法规构成。

**同步训练1-1** 属于会计法律制度构成的有(　　)。

A. 会计部门规章　　B. 会计行政法规

C. 地方性会计法规　　D. 会计法律

解析:正确答案是ABCD。见上述会计法律制度的具体构成的内容。

(一)会计法律

会计法律是指由国家最高权力机关——全国人民代表大会及其常务委员会经过一定立法程序制定的有关会计工作的法律,是调整我国经济生活中会计关系的法律总规范。其法律效力仅次于宪法。所谓的会计关系是指会计机构和会计人员在办理会计事务过程中及国家在管理会计工作过程中发生的经济关系。我国目前有两部会计法律,分别是《中华人民共和国会计法》(以下简称《会计法》)和《中华人民共和国注册会计师法》(以下简称《注册会计师法》)。

**同步训练1-2** 法律效力最高的是(　　)。

A. 会计部门规章　　B. 会计行政法规

C. 地方性会计法规　　D. 会计法律

解析:正确答案是D。见上述会计法律的内容。

1.《会计法》

《会计法》是于1985年1月21日第六届全国人民代表大会常务委员会第九次会议通过的，并于1985年5月1日实施。《会计法》是会计法律制度中层次最高的法律，是制定其他会计法规的依据，是指导会计工作的最高准则。它的立法宗旨是规范会计行为，保证会计资料真实、完整，加强经济管理和财务管理，提高经济效益，维护社会主义市场经济秩序。

我国的《会计法》自1985年制定后，分别在1993年和1999年修订两次。现行《会计法》是在1999年10月31日第九届全国人民代表大会常务委员会第十二次会议修订通过的，这次修订变化大，内容几乎全部更新。新修订的《会计法》自2000年7月1日起开始施行。

2.《注册会计师法》

《注册会计师法》是于1993年10月31日第八届全国人民代表大会常务委员会第四次会议通过的，并于1994年1月1日施行。《注册会计师法》主要规定了注册会计师的考试与注册、注册会计师承办的业务范围和规则、会计师事务所、注册会计师协会及相应的法律责任等。它的立法宗旨是发挥注册会计师在社会经济活动中的鉴证和服务作用，加强对注册会计师的管理，维护社会公共利益和投资者的合法权益，促进社会主义市场经济的健康发展。

（二）会计行政法规

会计行政法规是指由国家最高行政管理机关——国务院制定并发布，或者由国务院有关部门拟定并经国务院批准发布，调整经济生活中某些方面会计关系的法律规范。其制定的依据是《会计法》，具体包括《总会计师条例》和《企业财务报告条例》等。

①《总会计师条例》是1990年12月31日国务院发布的，共5章23条，主要规定了单位总会计师的职责、权限、任免和奖惩等。

**同步训练 1－3** 属于会计行政法规的是（　　）。

A. 会计从业资格管理办法　　B. 总会计师条例

C. 企业会计准则　　D. 会计法

解析：正确答案是B。见上述会计行政法规的内容。

②《企业财务报告条例》是2000年6月21日国务院发布的，于2001年1月1日实施，共分6章46条，主要规定了企业财务会计报告的构成、编制、对外提供的要求和法律责任等。它是对《会计法》中有关财务会计报告的规定的细化。

同步训练 1－4 《企业财务报告条例》是国务院在2000年（　　）发布的，主要规定了企业财务会计报告的构成、编制、对外提供的要求和法律责任等。

A. 9月　　B. 1月　　C. 12月　　D. 6月

解析：正确答案是D。见上述《企业财务报告条例》的内容。

（三）会计部门规章

会计部门规章是指国家主管会计工作的行政管理部门，即财政部及相关部委根据法律和国务院的行政法规、决定、命令，在本部门的权限范围内制定的，调整会计工作某些方面内容的国家统一的会计准则制度和规范性文件。它包括国家统一的会计核算制度、会计监督制度、会计机构和会计人员管理制度及会计工作管理制度等。

国务院其他有关部门根据其职责权限制定的会计方面的规范性文件也属于会计规章,必须报财政部审核备案。由于会计部门规章制定的依据是宪法、法律和行政法规,因此其效力低于宪法、法律和行政法规。

目前,关于会计工作方面的部门规章有《财政部门实施会计监督办法》《会计从业资格管理办法》《代理记账管理办法》《企业会计准则——基本准则》《企业会计准则——具体准则、应用指南和解释》《会计电算化管理办法》《会计人员继续教育规定》等,其中《会计档案管理办法》已由财政部、国家档案局联合修订并于2016年1月1日施行;关于注册会计师方面的部门规章有《会计师事务所审批和监督暂行办法》《注册会计师注册办法》《注册会计师全国统一考试违规行为处理办法》《中国注册会计师鉴证业务基本准则》等。

**同步训练1-5** 属于会计部门规章的有(　　)。

A.《会计从业资格管理办法》　　B.《总会计师条例》

C.《企业会计准则——基本准则》　　D.《会计法》

解析:正确答案是AC。《总会计师条例》属于会计行政法规,《会计法》属于会计法律。

(四)地方性会计法规

地方性会计法规是指由省、自治区、直辖市人民代表大会及其常务委员会在同宪法、会计法律、行政法规和国家统一的会计准则制度不相抵触的前提下,根据本地区情况制定发布的关于会计核算、会计监督、会计机构和会计人员及会计工作管理的规范性文件。地方性会计法规的法律效力仅限于本行政管辖区内。

同步训练1-6 (　　)是指国家权力机关和行政机关制定的,用以调整会计关系的各种法律、法规、规章和规范性文件的总称。

A. 会计法律制度　　B. 会计法律　　C. 会计法规　　D. 会计规范性文件

解析:正确答案是A。会计法律制度是指国家权力机关和行政机关制定的各种有关会计工作的规范性文件的总称。它是调整会计关系的法律规范。会计法律制度主要由会计法律、会计行政法规、会计部门规章和地方性会计法规构成。

第二节　会计工作管理体制

工作疑问

1. 小张想报名参加会计从业资格证考试,她需要到哪个部门报名?谁负责此项工作?

2. 会计工作管理部门有哪些?各自的职责是什么?相互之间有何关系?

会计工作管理体制是国家划分各会计工作管理部门的管理范围、职责权限及相互关系的制度。我国会计管理体制主要包括会计工作的行政管理、自律管理和单位内部管理。

**同步训练1-7** 属于会计工作管理体制的有(　　)。

A. 会计工作的法律管理　　B. 会计工作的自律管理
C. 会计工作的单位内部管理　　D. 会计工作的行政管理

解析:正确答案是 BCD。见上述我国会计管理体制的内容。

一、会计工作的行政管理

(一) 行政管理的主体

《会计法》第七条规定:“国务院财政部门(财政部)主管全国的会计工作,县级以上地方各级人民政府财政部门管理本行政区域内的会计工作。”同时在《会计法》第三十三条又明确规定:“财政、审计、税务、人民银行、证券监管、保险监管等部门应当依照有关法律行政法规的职责,对有关单位的会计资料实施检查。”因此,会计工作的行政管理主体包括财政、审计、税务、人民银行、证券监管、保险监管等,其中财政部门是主要的行政管理主体。

(二) 行政管理的原则

为了规范会计工作,保证会计工作在经济管理中发挥作用,各级人民政府财政部门管理本行政区域内的会计工作时要遵循“统一领导,分级管理”的原则,即财政部作为全国会计工作的主管部门,对全国的会计工作进行统一领导,对地方的会计管理工作予以指导和监督;地方财政部门在财政部的统一领导下,做好本行政区域内的会计管理工作。

同步训练 1-8　各级人民政府财政部门管理本行政区域内的会计工作,要遵循(　　)的原则。

A. 统一管理,分级领导　　B. 统一领导,分级管理
C. 统一领导,统一管理　　D. 分级领导,分级管理

解析:正确答案是 B。见上述会计工作行政管理的原则的内容。

(三) 行政管理的职能

财政部门作为会计工作的主要管理者,在管理中应履行的会计行政管理职能主要包括以下 4 项。

1. 制定国家统一的会计准则制度

《会计法》第八条规定:“国家实行统一的会计准则制度。国家统一的会计准则制度由国务院财政部门根据本法制定并公布。国务院有关部门可以依照本法和国家统一的会计准则制度制定对会计核算和会计监督有特殊要求的行业实施国家统一的会计准则制度的具体办法或者补充规定,报国务院财政部门审核批准。中国人民解放军总后勤部可以依照本法和国家统一的会计准则制度制定军队实施国家统一的会计准则制度的具体办法,报国务院财政部门备案。”因此,财政部门是会计准则制度及相关标准规范的制定和组织实施者。

2. 会计市场管理

经济越发展,会计越重要。会计信息质量和注册会计师及会计师事务所的执业质量都直接影响到市场秩序、国家经济运行和社会公共利益。加强会计市场管理是社会主义市场经济的必然要求。会计市场管理主要包括会计市场的准入管理、运行管理和退出管理 3 个方面。

(1) 会计市场的准入管理

会计市场的准入管理包括会计从业资格和注册会计师资格的取得,代理记账机构和注册会计师事务所的设立等。《会计从业资格管理办法》第七条规定:"国家实行会计从业资格考试制度。"同时在《会计从业资格管理办法》第四条又规定:"单位不得任用(聘用)不具备会计从业资格的人员从事会计工作。"这些都是对会计人员从事会计工作的准入要求。

同步训练 1-9 属于会计市场准入管理的有(　　)。

A. 会计从业资格的取得　　B. 代理记账机构的设立

C. 注册会计师资格的取得　　D. 注册会计师事务所的设立

解析:正确答案是 ABCD。见上述会计市场的准入管理的内容。

(2) 会计市场的运行管理

会计市场的运行管理是指获准进入会计市场的机构和人员是否持续符合其法定的资格和条件,是否遵守各项法律法规的监督和检查所进行的管理。会计市场运行管理是会计市场管理的重要组成部分,是动态管理会计市场的一种表现。

(3) 会计市场的退出管理

会计市场的退出管理是指获准进入会计市场的机构和人员不具备相应的资格和条件时,原审批机关应当撤销其许可证或吊销其执业资格证书。例如,新修订的《会计从业资格管理办法》第八条规定:"因有违反《会计法》第四十二条、第四十三条、第四十四条所列情形,被依法吊销会计从业资格证书的人员,自被吊销之日起5年以内不得参加会计从业资格考试,不得重新取得会计从业资格证书。"同时,在新修订的《会计从业资格管理办法》第二十四条又规定:"有下列四种情形之一的,会计从业资格管理机构可以撤销持证人员的会计从业资格:①会计从业资格管理机构工作人员滥用职权、玩忽职守,作出给予持证人员会计从业资格决定的;②超越法定职权或者违反法定程序,作出给予持证人员会计从业资格决定的;③对不具备会计从业资格的人员,作出给予会计从业资格决定的;④持证人员以欺骗、贿赂、舞弊等不正当手段取得会计从业资格的,会计从业资格管理机构应当撤销其会计从业资格。"这些都是会计法律对退出会计市场提出的管理要求。

3. 会计专业人才评价

人才资源是第一资源。会计专业人才是我国人才队伍的重要组成部分,在社会经济发展中发挥着不可替代的作用。会计专业人才包括领军人才、高级人才、骨干人才和基础人才等。

会计专业人才评价是对会计专业人才在专业知识、专业能力、工作业绩和职业道德等方面进行的评价。目前,我国基本形成了阶梯式的会计专业人才评价机制,如初级、中级、高级会计人才评价制度,会计行业领军人才的培养评价,会计人员评优表彰制度,以及会计人员继续教育制度等。其中,对初级、中级、高级会计人才的评价主要是通过全国会计专业技术资格考试的方式来进行的,对会计领军人才培养是我国选择高层次会计人才的一种评价方式。会计领军人才可分为4类,即企业类、行政事业类、注册会计师类和学术类。自2005年财政部启动了会计领军人培养工程以来,共培养了千名具有国际事业、战略思维和国际竞争力的复合型高层次会计人才。因此,选拔和评价会计人才是财政部门的重要职责。

此外,《会计行业中长期人才发展规划(2010—2020)》规定:"未来会计人才的培养目标主要是培养造就具有国际业务能力的高级会计人才、具有国际认可度的注册会计师、具有国际水准的会计学术带头人和会计行业名家等。”此规划将会更加完善会计专业人才评价制度。

4. 会计监督检查

会计监督是会计的基本职能之一。财政部门是会计工作的主要管理部门，对会计工作进行监督检查是财政部门的主要职责之一。财政部门对会计工作的监督检查主要包括对会计信息质量的检查、会计事务所执业质量的检查及对会计行业自律组织的监督、指导等。会计监督检查对规范会计秩序、打击违法行为、保证会计信息质量、维护社会主义市场经济秩序具有重要意义。

**同步训练 1－10** 属于会计监督检查内容的有(　　　)。

A. 会计信息质量的检查　　B. 会计师事务所执业质量的检查

C. 会计行业自律组织的监督、指导　　D. 注册会计师事务所

解析：正确答案是 ABC。见上述会计监督检查的内容。

二、会计工作的自律管理

会计行业自律管理是会计行政管理的必要补充，有助于督促会计人员依法开展工作，树立良好的行业风气，促进行业健康发展。我国会计工作的自律管理包括中国注册会计师协会的自律管理、中国会计学会的自律管理和中国总会计师协会的自律管理。

（一）中国注册会计师协会

1. 中国注册会计师协会的概念

中国注册会计师协会（以下简称中注协）是依据《注册会计师法》和《社会团体登记条例》的有关规定设立的社会团体法人，是中国注册会计师行业管理组织，成立于 1988 年 11 月。中国注册会计师协会是注册会计师行业的全国组织，省、自治区、直辖市注册会计师协会是注册会计师行业的地方组织。

2. 中国注册会计师协会的组织结构

中国注册会计师协会由全国会员代表大会、理事会与常务理事会、常设执行机构（秘书处）组成。

全国会员代表大会是中国注册会计师协会的最高权力机构，每 5 年举行一次；全国会员代表大会选举产生理事会，理事会下设若干专业（专门）委员会，理事会会议每年举行一次；理事会选举产生会长一人、副会长若干人、常务理事若干人，常务理事会于理事会闭会期间行使理事会职权。

3. 中国注册会计师协会的宗旨

中国注册会计师协会的宗旨是服务、监督、管理和协调，即以诚信建设为主线，服务本会会员，监督会员执业质量、职业道德，依法实施注册会计师行业管理，协调行业内外部关系，维护社会公众利益和会员合法权益，促进行业健康发展。

4. 中国注册会计师协会的主要职责

① 审批和管理本会会员，指导地方注册会计师协会办理注册会计师注册。

② 拟定注册会计师执业准则、规则，监督、检查实施情况。

③ 组织对注册会计师的任职资格、注册会计师和会计师事务所的执业情况进行年度检查。

④ 制定行业自律管理规范,对违反行业自律管理规范的行为予以惩戒。

⑤ 组织实施注册会计师全国统一考试。

⑥ 组织和推动会员培训工作。

⑦ 组织业务交流,开展理论研究,提供技术支持。

⑧ 开展注册会计师行业宣传。

⑨ 协调行业内、外部关系,支持会员依法执业,维护会员合法权益。

⑩ 代表中国注册会计师行业开展国际交往活动。

⑪ 指导地方注册会计师协会工作。

⑫ 办理法律、行政法规规定和国家机关委托或授权的其他有关工作。

中注协通过履行职责实现自律管理,服务于国企改革重组、资本市场的发展和投资环境的改善,维护社会经济有序发展。

同步训练 1-11 属于中国注册会计师协会主要职责的有(　　)。

A. 组织对注册会计师的任职资格及执业情况进行年度检查

B. 制定行业自律管理规范,对违反行业自律管理规范的行为予以惩戒

C. 组织和推动会员培训工作

D. 协调行业内、外部关系,支持会员依法执业,维护会员合法权益

解析:正确答案是 ABCD。见上述中国注册会计师协会的宗旨的内容。

(二) 中国会计学会

1. 中国会计学会的概念

中国会计学会创建于 1980 年,是由全国会计领域各类专业组织,以及会计理论界、实务界会计工作者自愿结成的学术性、专业性、非营利性社会组织。中国会计学会接受财政部和民政部的业务指导、监督和管理。该学会办公地点设在北京市。

2. 中国会计学会的主要职责

中国会计学会的主要职责如下。

① 组织协调全国会计科研力量,开展会计理论研究和学术交流,促进科研成果的推广和运用。

② 总结我国会计工作和会计教育经验,研究和推动会计专业的教育改革。

③ 编辑出版会计刊物、专著、资料。

④ 发挥学会的智力优势,开展多层次、多形式的智力服务工作,包括组织开展中高级会计人员培养、会计培训和会计咨询与服务等。

⑤ 开展会计领域国际学术交流与合作。

⑥ 发挥联系政府与会员的桥梁和纽带作用,接受政府和其他单位委托,组织开展有关工作。

⑦ 其他符合学会宗旨的业务活动。

同步训练 1-12 属于中国会计学会主要职责的有(　　)。

A. 组织协调全国会计科研力量，开展会计理论研究和学术交流，促进科研成果的推广和运用

B. 总结我国会计工作和会计教育经验，研究和推动会计专业的教育改革

C. 发挥学会的智力优势，开展多层次、多形式的智力服务工作

D. 开展会计领域国际学术交流与合作

解析：正确答案是ABCD。见上述中国会计学会的主要职责的内容。

（三）中国总会计师协会

1. 中国总会计师协会的概念

中国总会计师协会是经财政部审核同意、民政部正式批准、依法注册登记成立的跨地区、跨部门、跨行业、跨所有制的非营利性国家一级社团组织，是总会计师行业的全国性自律组织。国务院财政部是中国总会计师协会主管单位及业务指导单位。中国总会计师协会成立于1990年，现已有18个行业设有分会，22个地方省市总会计师协会成为单位会员。

2. 中国总会计师协会的主要职责

① 岗位培训和继续教育工作，即依照有关规定，组织开展总会计师、履行总会计师职责的会计师及高级财会人员的岗位培训和继续教育；组织开展会计人员岗位培训和继续教育。

② 认证工作，即组织开展总会计师任职资格认证和总会计师后备人员的职业资质培训认证工作。

③ 文化宣传工作，即依法主办本会的刊物和网站，编辑出版本会业务范围内相关的图书、资料，以各种形式开展行业宣传和业务培训。

④ 科研工作，即组织会计理论研究，开展专题调研，提供政策建议。

⑤ 咨询服务工作，即组织会计信息交流，开展业务咨询服务。

⑥ 国际合作工作，即代表我国总会计师行业开展对外交流和国际交往活动。

⑦ 自律建设工作，即制定行业自律规范，开展诚信守法教育，促进会计人员树立良好职业道德。

⑧ 法律保障工作，即为维护会员合法权益提供法律帮助。

⑨ 其他工作，即接受财政部和有关部门授权和委托，组织开展有关工作。

三、会计工作的单位内部管理

会计工作的单位内部管理主要包括会计机构和会计岗位的设置、会计机构负责人和会计人员的配置、财务制度和内控制度的建立、会计核算和监督的组织协调、会计工作职责权限的明确等。

（一）单位负责人的概念及职责

1. 单位负责人的概念

单位负责人是指单位法定代表人或法律、行政法规规定代表单位行使职权的主要负责人。它包括两类：一类是法定代表人，即由法律或法人组织章程规定，代表法人对外行使民事权利、履行民事义务的负责人，如董事长；另一类是法律、行政法规规定代表单位行使职权的主要负责人，即除法人以外，法律、行政法规规定的代表单位行使职权的主要负责人，如个人独资企业的投资人、合伙企业的合伙人。

2. 单位负责人的职责

单位负责人负责单位内部的会计工作管理。根据《会计法》规定,其主要职责是:“对本单位的会计工作和会计资料的真实性、完整性负责;应当保证财务会计报告真实、完整;应当保证会计机构、会计人员依法履行职责,不得授意、指使、强令会计机构、会计人员违法办理会计事项。”这就说明《会计法》强调了单位负责人是本单位会计工作的责任主体,有义务组织、管理好本单位的会计工作。

需要注意的是,单位负责人是单位会计行为的责任主体,但并不意味着单位负责人要亲自参与各项会计业务的处理,而主要是根据《会计法》认真组织好、管理好本单位的会计核算和监督工作,保证会计机构和会计人员依法履行职责。

**同步训练 1-13** 属于单位负责人主要职责的有(　　)。

A. 对本单位的会计工作和会计资料的真实性、完整性负责

B. 应当保证财务会计报告真实、完整

C. 应当保证会计机构、会计人员依法履行职责

D. 不得授意、指使、强令会计机构、会计人员违法办理会计事项

解析:正确答案是ABCD。见上述单位负责人的职责的内容。

同步训练 1-14 小张认为,如果一个单位会计工作出现违法违纪行为,单位负责人应当承担全部责任。你认为小张的观点对吗?

解析:正确答案是不对。虽然《会计法》明确规定单位负责人是单位会计行为的责任主体,应当对违法违纪行为负责,但不是全部责任。

(二) 会计人员的选拔任用由所在单位具体负责

任何单位的会计工作都是由会计机构和会计人员来完成的,所以会计机构和会计岗位的设置及会计人员的选拔任用都应该由所在单位负责。各单位应根据自身情况和会计岗位需求,配备会计人员。同时,要加强对会计人员的管理,做到明确责任,奖罚分明,并对成绩显著的会计人员给予精神和物质上的奖励。

第三节　会计机构和会计人员

工作疑问

1. 小张在一家小企业从事会计工作4年,你认为小张能竞聘会计科长吗?

2. 小王的父亲是一家国有企业的厂长,你认为小王能担任该企业的会计科长吗?

3. 某个体企业有5名职工,你认为该个体企业是应设置会计机构,还是应聘用会计代理记账?

4. 小刘大学毕业,一直没有找到稳定的工作,有人建议她去代理记账,你认为她能做这项工作吗?

5. 小陈去年获得初级会计资格,他能担任助理会计师吗?请你给小陈解释一下。

6. 小李是一家企业的会计,昨天她突发疾病住院治疗,你认为小李需要办理工作交接吗?

任何单位的会计工作都需要在一定的地点、场所,由一定数量的会计人员来完成,所以各单位应建立健全会计机构,配置一批具有从业资格,拥有一定会计专业技能和素质的会计人员,这是做好会计工作,充分发挥会计职能作用的重要保证。

《会计法》规定:"各单位应当根据会计业务设置会计机构,或者在有关机构中设置会计人员并指定会计主管人员。对于不具备设置会计机构条件的单位,应当委托代理记账。"即各单位办理会计事务的组织形式有 3 种:一是单独设置会计机构;二是不单独设置会计机构;三是代理记账。

一、单独设置会计机构

一个单位是否单独设置会计机构应根据会计业务的需要,而会计业务又往往取决于 3 个因素:一是单位规模的大小;二是经济业务和财务收支的繁简;三是经营管理的要求。根据上述要求,如果一个单位规模大、经济业务繁杂、财务收支数额较高,为了利于管理,应单独设置会计机构,如大中型企业和具有一定规模的行政事业单位等。

同步训练 1-15 属于单位单独设置会计机构因素的有(　　　　)。

A. 单位规模的大小　　　　B. 经济业务和财务收支的繁简

C. 经营管理的要求　　　　D. 财政部门的规定

解析:正确答案是 ABC。见上述单独设置会计机构的内容。

二、不单独设置会计机构

不单独设置会计机构是指不具备设置条件,如单位规模小、经济业务简单和财务收支数额不多,为了节约成本,可以不单独设置会计机构,但必须在有关机构中设置会计人员并指定会计主管人员,如规模小的企业、机关、团体、事业单位等。

会计主管人员是指负责组织管理会计实务、行使会计机构负责人职权的负责人,是会计工作的行政领导。《会计法》明确规定应在会计人员中指定会计主管人员,目的是强化责任,防止出现会计工作无人负责的局面。

需要注意的是,这里所说的会计主管人员不同于通常所说的会计主管、主管会计、主办会计。会计主管人员相当于会计机构负责人,所以担任一个单位会计机构负责人(会计主管人员)必须具备两个条件:一是持有会计从业资格证书;二是具备会计师以上专业技术职务资格或从事会计工作 3 年以上。

三、代理记账

代理记账是指代理记账机构接受委托办理会计业务。委托人是指委托代理记账机构办理会计业务的单位。代理记账机构是指依法取得代理记账资格,从事代理记账业务的机构,如代理记账公司、会计咨询服务机构、会计师事务所和外商投资代理记账机构等。

**同步训练 1－16** 依法办理会计业务的代理记账机构有(　　　　)。

A. 代理记账公司　　　　B. 会计咨询服务机构

C. 会计师事务所　　　　D. 外商投资代理记账机构

解析:正确答案是 ABCD。见上述代理记账的内容。

(一) 取得代理记账资格的条件

根据财政部颁布的《代理记账管理办法》的规定,除会计师事务所外,其他机构要从事代理记账业务必须获取代理记账资格,其申请条件有以下 4 个。

① 为依法设立的企业。

② 持有会计从业资格证书的专职从业人员不少于 3 名。

③ 主管代理记账业务的负责人具有会计师以上专业技术职务资格且为专职从业人员。

④ 有健全的代理记账业务内部规范。

**同步训练 1－17** 属于获取代理记账资格的机构应具备条件的有(　　　　)。

A. 具有 5 名以上持有会计从业资格证书的专职从业人员

B. 主管代理记账业务的负责人具有会计师以上专业技术职务资格且为专职从业人员

C. 为依法设立的企业

D. 有健全的代理记账业务内部规范

解析:正确答案是 BCD。见上述代理记账机构的设立条件的内容。

同步训练 1－18 主管代理记账业务的负责人必须具有(　　　　)以上专业技术职务资格。

A. 高级会计师　　B. 会计师　　C. 助理会计师　　D. 注册会计师

解析:正确答案是 B。见上述代理记账机构的设立条件的内容。

(二) 代理记账的业务范围

代理记账机构可以接受委托,受托办理委托人的以下业务。

① 根据委托人提供的原始凭证和其他资料,按照国家统一的会计制度的规定进行会计核算,包括审核原始凭证、填制记账凭证、登记会计账簿和编制财务报告等。

② 对外提供财务报告。代理记账机构为委托人编制的财务报告,经代理记账机构负责人和委托人签名并盖章后,按照有关法律、行政法规和国家统一的会计制度的规定对外提供。

③ 向税务机关提供税务资料。

④ 委托人委托的其他会计业务。

同步训练 1－19 属于需要在委托单位对外提供的财务报告上签名并盖章的有(　　　　)。

A. 代理记账机构的记账人员　　　　B. 代理记账机构的负责人

C. 委托人　　　　D. 委托人的出纳员

解析:正确答案是BC。见上述代理记账的业务范围的内容。

（三）委托人和代理记账机构的义务

1. 委托人的义务

① 对本单位发生的经济业务事项,应当填制或取得符合国家统一的会计制度规定的原始凭证。

② 应当配备专人负责日常的货币收支和保管。

③ 及时向代理记账机构提供真实、完整的原始凭证和其他相关资料。

④ 对于代理记账机构退回的要求按照国家统一的会计制度规定进行更正、补充的原始凭证,应当及时予以更正、补充。

2. 代理记账机构及其从业人员的义务

① 合法性。合法性是指按照委托合同办理代理记账业务,遵守有关法律、行政法规和国家统一的会计制度的规定。

② 保密性。保密性是指对在执行业务中知悉的商业秘密应当保密。

③ 原则性。原则性是指对委托人示意其做出不当的会计处理,提供不实的会计资料,以及提出其他不符合法律、行政法规和国家统一的会计制度规定的要求时应当拒绝。

④ 解释性。解释性是指对委托人提出的有关会计处理原则问题应当予以解释。

（四）代理记账机构的管理

1. 取得代理记账资格的程序

1）申报。

申请代理记账资格的机构,应当向所在地的县级以上地方人民政府财政部门(审批机关)提交申请报告并附送这些材料:①营业执照复印件;②从业人员会计从业资格证书,主管代理记账业务的负责人具备会计师以上专业技术职务资格的证明;③专职从业人员在本机构专职从业的书面承诺;④代理记账业务内部规范。

2）受理。

审批机关对申请人提交的申请材料不齐全或不符合规定形式的,应当在5日内一次告知申请人需要补正的全部内容,逾期不告知的,自收到申请材料之日起即视为受理;申请人提交的申请材料齐全、符合规定形式的,或者申请人按照要求提交全部补正申请材料的,应当受理申请。

3）审核。

受理申请后应当按照规定对申请材料进行审核,并自受理申请之日起20日内作出批准或不予批准的决定。20日内不能作出决定的,经本审批机关负责人批准可延长10日,并应当将延长期限的理由告知申请人。

4）批准公示。

审批机关作出批准决定的,应当自作出决定之日起10日内向申请人发放代理记账许可证书,并向社会公示。作出不予批准决定的,应当自作出决定之日起10日内书面通知申请人。申请人应当自取得代理记账许可证书之日起20日内通过企业信用信息公示系统向社会公示。

代理记账许可证书由财政部统一规定样式,由各地财政部门根据财政部规定的统一样式自行印制。代理记账许可证书在全国范围内有效。

注意:代理记账机构设立分支机构的,分支机构应当及时向其所在地的审批机关办理备案登记。

*同步训练 1-20* 属于代理记账机构审批机构的是(　　)。

A. 县级以上工商管理部门　　B. 县级以上人民政府财政部门

C. 县级以上税收管理部门　　D. 县级以上审计管理部门

解析:正确答案是 B。见上述代理记账机构的审批的内容。

2. 代理记账机构的定期检查

根据规定,县级以上人民政府财政部门应对代理记账机构及其从事代理记账业务情况实施监督检查。代理记账机构应当于每年 4 月 30 日之前,向审批机关报送这些材料:①代理记账机构基本情况表(附表);②专职从业人员变动情况。代理记账机构设立分支机构的,分支机构应当于每年 4 月 30 日之前向其所在地的审批机关报送上述材料。

*同步训练 1-21* 代理记账机构应当于每年 4 月 30 日之前,向审批机关报送(　　)材料。

A. 代理记账机构基本情况表

B. 营业执照

C. 专职及兼职从业人员身份证明、会计从业资格证书、会计专业技术职务资格证书

D. 办公用房产权或使用权证明

解析:正确答案是 AC。见上述代理记账机构的定期检查的内容。

3. 代理记账机构的变更、撤销

(1) 变更公示

代理记账机构名称、主管代理记账业务的负责人发生变更,设立或撤销分支机构,跨原审批机关管辖地迁移办公地点的,应当自作出变更决定或变更之日起 30 日内依法向审批机关办理变更登记,并应当自变更登记完成之日起 20 日内通过企业信用信息公示系统向社会公示。

注意:分支机构名称、主管代理记账业务的负责人发生变更的,分支机构应当按照要求向其所在地的审批机关办理变更登记;代理记账机构跨原审批机关管辖地迁移办公地点的,迁出地审批机关应当及时将代理记账机构的相关信息及材料移交迁入地审批机关。但代理记账机构变更名称的,属于撤销,即申请变名的机构应当向审批机关提交营业执照复印件,领取新的代理记账许可证书,并同时交回原代理记账许可证书。

(2) 撤销

代理记账机构违反《代理记账管理办法》及其他法律规定,应由审批机关撤销其代理记账资格并予以公告。具体情形为:①代理记账机构采取欺骗手段获得代理记账许可证书的;②代理记账机构在经营期间达不到本办法规定的设立条件的,由县级以上人民政府财政部门责令其在不超过 60 日内整改,逾期仍达不到规定条件的;③代理记账机构依法终止的;④代理记账机构的行政许可被依法撤销或撤回的。

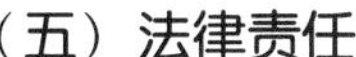

（五）法律责任

1. 代理记账机构的法律责任

① 代理记账机构有向社会公示、变更、设置分支机构、履行义务及向审批机关报送材料等不符合法律规定情形的，应由县级以上人民政府财政部门责令其限期改正，拒不改正的，列入重点关注名单，并向社会公示，提醒其履行有关义务；情节严重的，由县级以上人民政府财政部门按照有关法律、法规给予行政处罚，并向社会公示。

② 代理记账机构从业人员在办理业务中违反会计法律、法规和国家统一的会计制度的规定，造成委托人会计核算混乱、损害国家和委托人利益的，由县级以上人民政府财政部门依据《中华人民共和国会计法》等有关法律、法规的规定处理。

代理记账机构有上述②中行为的，县级以上人民政府财政部门应当责令其限期改正，并给予警告；有违法所得的，可以处违法所得 3 倍以下罚款，但最高不得超过 3 万元；没有违法所得的，可以处 1 万元以下罚款。

③ 未经批准从事代理记账业务的，由县级以上人民政府财政部门按照有关法律、法规予以查处。

2. 委托人的法律责任

委托人故意向代理记账机构隐瞒真实情况或委托人会同代理记账机构共同提供不真实会计资料的，应当承担相应法律责任，同时委托人对代理记账机构在委托合同约定范围内的行为承担责任，但这不改变单位负责人对会计资料真实性和完整性承担的责任。

四、会计工作岗位设置

（一）会计工作岗位设置的意义

会计工作岗位是指一个单位会计机构内部根据业务分工而设置的职能岗位。

在会计机构内部设置会计工作岗位，有利于明确分工和确定岗位职责，建立岗位责任制；有利于会计人员钻研业务，提高工作效率和质量；有利于会计工作的程序化和规范化，加强会计基础工作；有利于强化会计管理职能，提高会计工作的作用。同时，这也是配备数量适当的会计人员的客观依据之一。

（二）会计工作岗位设置的要求

关于会计工作岗位的设置早在《会计基础工作规范》中就对其提出了示范性的要求，如根据会计业务需要设置、符合内部控制制度和有计划定期轮岗等。同时，《内部会计控制规范——基本规范》又明确规定："内部会计控制应当保证单位内部涉及会计工作的机构、岗位的合理设置及职责权限的合理划分，坚持不相容职务相互分离，确保不同机构和岗位之间权责分明、相互制约、相互监督。"因此，各单位设置会计工作岗位应符合下列"五要求"。

1. 要按会计业务需要设岗

各单位会计工作岗位的设置应与业务活动规模、特点和管理要求相适应，以保证单位会计信息的生成、加工、传递真实可靠、及时有效。会计工作岗位可以一人一岗、一人多岗或一岗多人，但出纳人员不得兼管稽核、会计档案保管和收入、费用、债权债务账目的登记工作。

根据《会计基础工作规范》和有关制度的规定，会计工作岗位一般可分为总会计师（或行使总会计师职权）岗位，会计机构负责人或会计主管人员岗位，出纳岗位，财产物资的收发、增减核算岗位,工资核算、成本费用核算、财务成果核算岗位,资本、基金核算岗位,债权债务结算岗位,总账岗位,对外财务报告编制岗位,稽核岗位,会计电算化岗位,会计档案管理岗位等。

一些特殊企业的工作岗位与会计岗位相近,如企业档案部门管理会计档案的人员,医院门诊收费员、住院处收费员、药房收费员、药品库房记账员、商场收费(银)员,单位内部审计、社会审计、政府审计工作人员等,但这些都不属于会计工作岗位。

同步训练 1-22　属于会计工作岗位的有(　　　)。

A. 会计机构负责人　　　　B. 资本、基金核算岗位

C. 医院门诊收费员　　　　D. 稽核岗位

解析:正确答案是ABD。见上述会计工作岗位设置的要求的内容。

2. 要符合内部牵制制度

内部牵制制度是以账目间的相互核对为主要内容并实施岗位分离,以确保所有账目正确无误的一种控制机制。它是内部会计控制制度的重要内容之一。主要包括:内部牵制制度的原则,即机构分离、职务分离、钱账分离、物账分离等;对出纳等岗位的职责和限制性规定;有关部门或领导对限制性岗位的定期检查办法。内部牵制制度的核心是会计工作岗位设置应体现"不相容职务(不相容职务是指不能同时由一个人兼任的职务)相互分离"的原则。会计工作岗位可以一人一岗、一人多岗或一岗多人,但出纳人员不得兼管稽核、会计档案保管和收入、费用、债权债务账目的登记工作。出纳以外的人员不得经管现金、有价证券和票据。

同步训练 1-23　属于出纳不得兼管的会计工作的有(　　　)。

A. 会计档案保管　　　　B. 债权债务账目的登记

C. 收入、费用账目的登记　　　　D. 稽核岗位

解析:正确答案是ABCD。见上述会计工作岗位设置的要求的内容。

3. 要有计划地轮岗

通过轮岗可以促进会计人员全面熟悉业务和提高业务素质。

4. 要建立岗位责任制

会计工作岗位责任制是指明确各项会计工作的职责范围、具体内容和要求,并落实到每个会计工作岗位或会计人员的一种责任制度。设置的目的是提高工作效率,保证会计信息质量。

5. 要符合回避制度

回避制度是指为了保证执法或执业的公正性,对可能影响公正性的执法或执业人员实行职务回避或业务回避的一种制度。根据《会计基础工作规范》的规定,国家机关、国有企业、事业单位任用会计人员应当实行回避制度。单位负责人的直系亲属不得担任本单位的会计机构负责人、会计主管人员,会计机构负责人、会计主管人员的直系亲属不得在本单位会计机构中担任出纳工作。这里所说的直系亲属包括夫妻关系、直系血亲关系、三代以内旁系血亲及近姻亲关系。

（三）总会计师岗位

总会计师是主管本单位财务会计工作的行政领导，协助单位主要行政领导人工作，直接对单位主要行政领导人负责。总会计师只是行政职务，不是专业技术职务，也不是会计机构的负责人或会计主管人员。

1. 总会计师设置的范围

根据规定，国有的和国有资产占控股地位或主导地位的大中型企业必须设置总会计师。其他单位可以根据业务需要，自行决定是否设置总会计师。凡是设置总会计师的单位，不应当再设置与总会计师职责重叠的行政副职。

2. 总会计师的任职资格

根据规定，担任总会计师应当具备 6 个条件：①坚持社会主义方向，积极为社会主义建设和改革开放服务；②坚持原则，廉洁奉公；③取得会计师任职资格后，主管一个单位或单位内一个重要方面的财务会计工作时间不少于 3 年；④有较高的理论政策水平，熟悉国家财经法律、法规、方针、政策和制度，掌握现代化管理的有关知识；⑤具备本行业的基本业务知识，熟悉行业情况，有较强的组织领导能力；⑥身体健康，能胜任本职工作。

3. 总会计师的职责

总会计师的职责如下。

① 编制和执行预算、财务收支计划、信贷计划，拟订资金筹措和使用方案，开辟财源，有效地使用资金。

② 进行成本费用预测、计划、控制、核算、分析和考核，督促本单位有关部门降低消耗、节约费用、提高经济效益。

③ 建立健全经济核算制度，利用财务会计资料进行经济活动分析。

④ 负责对本单位财会机构的设置和会计人员的配备、会计专业职务的设置和聘任提出方案；组织会计人员的业务培训和考核；支持会计人员依法行使职权。

⑤ 协助单位主要行政领导人对企业的生产经营、行政事业单位的业务发展及基本建设投资等问题作出决策。

⑥ 参与新产品开发、技术改造、科技研究、商品（劳务）价格和工资奖金等方案的制订；参与重大经济合同和经济协议的研究审查。

4. 总会计师的权限

总会计师的权限如下。

① 对违反国家财经法律、法规、方针、政策、制度和有可能在经济上造成损失、浪费的行为，有权制止或纠正。制止或纠正无效时，提请单位主要行政领导人处理。

② 有权组织本单位各职能部门和直属基层组织的经济核算、财务会计、成本管理方面的工作。

③ 主管审批财务收支工作。除一般的财务收支可以由总会计师授权的财会机构负责人或其他指定人员审批外，重大的财务收支，需经总会计师审批或由总会计师报单位主要行政领导人批准。

④ 签署。预算、财务收支计划、成本和费用计划、信贷计划、财务专题报告、会计决算报表，涉及财务收支的重大业务计划、经济合同、经济协议等，在单位内部需经总会计师会签。

⑤ 会计人员的任用、晋升、调动、奖惩，应当事先征求总会计师的意见；财会机构负责人

或会计主管人员的人选,应当由总会计师进行业务考核,依照有关规定审批。

5. 总会计师的任免

企业的总会计师由本单位主要行政领导人提名,政府主管部门任命或聘任,免职或解聘程序与任命或聘任程序相同;事业单位和业务主管部门的总会计师依照干部管理权限任命或聘任,免职或解聘程序与任命或聘任程序相同。

五、会计从业资格

为了加强会计从业资格管理,规范会计人员行为,1999年修订的《会计法》规定:“从事会计工作的人员,必须取得会计从业资格证书。”“会计人员从业资格管理办法由国务院财政部门规定。”这是我国首次以法律的形式对从事会计工作的人员实行资格准入制度。财政部根据《会计法》的授权,于2000年5月发布了《会计从业资格管理办法》,并分别于2005年、2012年进行了修订。为了适应我国社会主义市场经济的快速发展,满足会计从业资格管理提出的新问题和挑战,财政部于2016年5月1日对现行的《会计从业资格管理办法》进行了再修订,并决定自2016年7月1日开始施行。新修订的《会计从业资格管理办法》共5章37条,主要对会计从业资格管理部门等内容做了调整。

(一)会计从业资格的概念

会计从业资格是指进入会计职业、从事会计工作的一种法定资质,是进入会计职业的“门槛”,是会计从业人员必须具备的资格。

(二)会计从业资格证书的适用范围

《会计从业资格管理办法》规定,在国家机关、社会团体、企业、事业单位和其他组织中担任会计机构负责人(会计主管)的人员,以及从事出纳,稽核,资本、基金核算,收入、支出、债权债务核算,工资薪酬、成本费用、财务成果核算,财产物资的收发、增减核算,总账,财务报告编制,会计机构内会计档案管理及其他会计工作的人员,必须取得会计从业资格证书。同时还强调,单位不得任用(聘用)不具备会计从业资格的人员从事会计工作。

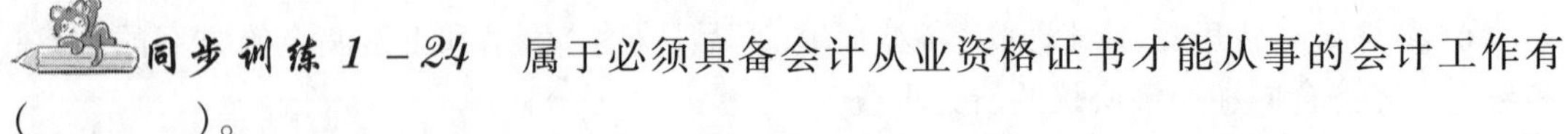

同步训练 1-24 属于必须具备会计从业资格证书才能从事的会计工作有(　　)。

A. 会计机构内会计档案保管工作　　B. 债权债务账目的核算工作

C. 总账工作　　D. 稽核工作

解析:正确答案是ABCD。见上述会计从业资格证书的适用范围的内容。

(三)会计从业资格的管理机构

会计从业资格的管理机构主要包括县级以上地方人民政府财政部门、新疆生产建设兵团财务局、中共中央直属机关事务管理局、国务院机关事务管理局、铁道部、中央军委后勤保障部和中国人民武装警察部队后勤部等。

《会计从业资格管理办法》规定:“县级以上地方人民政府财政部门负责本行政区域内的会计从业资格管理;中共中央直属机关事务管理局、国务院机关事务管理局按照各自权限分别负责中央在京单位的会计从业资格的管理;新疆生产建设兵团财务局负责所属单位的会计从业资格的管理;铁道部负责铁路系统的会计从业资格的管理;中央军委后勤保障部、中国人民武装警察部队后勤部分别负责中国人民解放军、中国人民武装警察部队系统的会计从业资格的管理。”

（四）会计从业资格的取得

1. 会计从业资格的取得实行考试制度

① 考试形式。会计从业资格考试科目实行无纸化考试，无纸化考试题库由财政部统一组织建设。会计从业资格无纸化考试管理相关规定由财政部另行制定。会计从业资格考试大纲、考试合格标准由财政部统一制定和公布。

② 考试科目。会计从业资格考试科目包括财经法规与会计职业道德、会计基础、初级会计电算化（或珠算）3 科，各考试科目应当一次性通过。会计从业资格证书是具备会计从业资格的证明文件，在全国范围内有效。

**同步训练 1－25** 属于会计从业资格考试科目的有（ ）。

A. 财经法规与会计职业道德　　B. 会计基础

C. 初级会计电算化　　D. 会计实务

解析：正确答案是 ABC。见上述会计从业资格考试科目的内容。

③ 考试的组织者。根据规定，省、自治区、直辖市、计划单列市财政厅（局），新疆生产建设兵团财务局，中共中央直属机关事务管理局，国务院机关事务管理局，铁道部，中国人民武装警察部队后勤部和中央军委后勤保障部负责组织实施会计从业资格考试有关工作。

2. 会计从业资格考试报名条件

申请参加会计从业资格考试的人员，应当符合的基本条件：①遵守会计和其他财经法律、法规；②具备良好的道德品质；③具备会计专业基本知识和技能。

不允许报考的情形有：①因有违反《会计法》被依法吊销会计从业资格证书的人员，自被吊销之日起 5 年内（含 5 年）不得参加会计从业资格考试，不得重新取得会计从业资格证书；②因有提供虚假财务会计报告，做假账，隐匿或故意销毁会计凭证、会计账簿、财务会计报告，贪污、挪用公款，职务侵占等与会计职务有关的违法行为，被依法追究刑事责任的人员，不得参加会计从业资格考试，不得取得或重新取得会计从业资格证书；③参加会计从业资格考试舞弊的，2 年内不得参加会计从业资格考试，由会计从业资格管理机构取消其考试成绩，已取得会计从业资格的，由会计从业资格管理机构撤销其会计从业资格。

**同步训练 1－26** 符合会计从业资格考试报名条件的有（ ）。

A. 遵守会计和其他财经法律、法规　　B. 具备良好的道德品质

C. 具备会计专业基本知识和技能　　D. 具备大专以上学历

解析：正确答案是 ABC。见上述会计从业资格考试报名条件的内容。

3. 获取证书的相关规定

① 领证时间规定。会计从业资格管理机构应当在考试结束后及时公布考试结果，通知考试通过人员在考试结果公布之日起 6 个月内到指定的会计从业资格管理机构领取会计从业资格证书。

② 领证的条件规定。通过会计从业资格考试的人员，在规定的期限内到指定的地点领取会计从业资格证书。如果本人领取应当持本人有效身份证件原件；如果委托代理人领取

应当持本人和委托人的有效身份证件原件。

(五)会计从业资格的管理

1. 会计人员继续教育的管理

(1) 会计人员继续教育的概念

会计人员继续教育是指取得会计从业资格的人员持续接受一定形式的、有组织的理论知识、专业技能和职业道德的教育和培训活动,不断提高和保持专业胜任能力和职业道德水平。

(2) 会计人员继续教育的特点

① 针对性,即针对不同对象确定不同的教育内容,采取不同的教育方式,解决实际问题。

② 适应性,即联系实际工作需要,学以致用。

③ 灵活性,即继续教育培训内容、方法、形式等方面具有灵活性。

**同步训练 1-27** 属于会计人员继续教育特点的有(　　)。

A. 针对性　　B. 适应性　　C. 灵活性　　D. 全面性

解析:正确答案是 ABC。见上述会计人员继续教育的特点的内容。

(3) 会计人员继续教育的对象

会计人员继续教育的对象是取得并持有会计从业资格证书的人员。根据教育对象分为高级、中级、初级3个级别。高级会计人员继续教育的对象为取得或受聘高级会计专业技术资格(职称)及具备相当水平的会计人员;中级会计人员继续教育的对象为取得或受聘中级会计专业技术资格(职称)及具备相当水平的会计人员;初级会计人员继续教育的对象为取得或受聘初级会计专业技术资格(职称)的会计人员,以及取得会计从业资格证书但未取得或受聘初级会计专业技术资格(职称)的会计人员。

(4) 会计人员继续教育的内容

会计人员享有参加继续教育的权利和接受继续教育的义务。会计人员继续教育的内容主要包括会计理论、政策法规、业务知识、技能训练和职业道德等。

(5) 会计人员继续教育的形式

会计人员继续教育的形式包括接受培训和在职自学两种。以接受培训为主,在职自学是会计人员继续教育的重要补充。会计人员接受继续教育,采取学分制管理制度。单位应当鼓励和支持持证人员参加继续教育,保证学习时间,提供必要的学习条件。

**同步训练 1-28** 属于会计人员继续教育的形式的有(　　)。

A. 接受培训　　B. 学历教育　　C. 在职自学　　D. 远程教育

解析:正确答案是 AC。见上述会计人员继续教育的形式的内容。

2. 会计从业资格信息化的管理

根据规定,会计从业资格实行信息化管理,目的是提高会计人员管理水平,促进会计人员有效流动。会计从业资格信息化管理主要由会计从业资格管理机构负责建立持证人员从业档案信息系统,及时记载、更新持证人员相关信息,监督检查持证人员信息变更、调转、更换等情况。

① 会计从业资格信息化管理的内容。主要包括持证人员的相关基础信息、从事会计工作情况、变更、调转登记情况、换证情况、接受继续教育情况、受到表彰奖励情况及因违反会计法律、法规、规章和会计职业道德被处罚情况等。其中基础信息包括持证人员的姓名、有效身份证件及号码、照片、学历或学位、会计专业技术职务资格、开始从事会计工作时间等。

② 从业档案信息变更规定。当持证人员从业档案信息发生变化时，应当及时登录所属会计从业资格管理机构指定网站进行信息变更，或者到所属会计从业资格管理机构办理从业档案信息变更。但持证人员基础信息、接受继续教育情况和受到表彰奖励情况发生变化时，只能持相关有效证明和会计从业资格证书，到所属会计从业资格管理机构办理从业档案信息变更。

3. 会计从业资格调转的管理

根据规定，持证人员所属会计管理机构发生变化的，应当及时办理调转登记手续。具体有以下两种情况。

① 省内调转。持证人员所属会计从业资格管理机构在各省级财政部门、新疆生产建设兵团财务局、中央主管单位各自管辖范围内发生变化的，应当持会计从业资格证书、工作证明（或户籍证明、居住证明）到调入地所属会计从业资格管理机构办理调转登记。

② 省外调转。持证人员所属会计从业资格管理机构在各省级财政部门、新疆生产建设兵团财务局、中央主管单位管辖范围之间发生变化的，应当及时填写调转登记表，持会计从业资格证书，到原会计从业资格管理机构办理调出手续。持证人员应当自办理调出手续之日起3个月内，持会计从业资格证书、调转登记表和在调入地的工作证明（或户籍证明、居住证明），到调入地会计从业资格管理机构办理调入手续。

4. 会计从业资格证书补发的管理

根据规定，持证人员应当妥善保管会计从业资格证书，当有遗失、毁损等情形，持证人可以向所属会计从业资格管理机构申请补发会计从业资格证书。具体补发程序如下。

① 遗失补发。持证人员首先应当履行公告程序，然后填写补发申请表，持有关证明材料，向所属会计从业资格管理机构申请补发会计从业资格证书。会计从业资格管理机构核实无误后，应当自受理之日起20个工作日内予以补发。

② 毁损补发。持证人员应当填写补发申请表，持毁损证书原件，向所属会计从业资格管理机构申请补发会计从业资格证书。会计从业资格管理机构核实无误后，应当自受理之日起20个工作日内予以补发。

同步训练 1－29　持证人员将会计从业资格证遗失或毁损可以申请补发，会计从业资格管理机构自受理之日起（　　　　）内予以补发。

A. 10个工作日　　B. 30个工作日　　C. 20个工作日　　D. 15个工作日

解析：正确答案是C。见上述会计从业资格证书补发的管理的内容。

5. 会计从业资格的换证管理

会计从业资格证书实行6年定期换证制度。持证人员应当在会计从业资格证书到期前6个月内，填写定期换证登记表，持有效身份证件原件和会计从业资格证书，到所属会计从业资格管理机构办理换证手续。

同步训练 1－30　根据《会计从业资格管理办法》规定，会计从业资格证书实行定

期换证制度,定期的期限为(　　)。

A. 3年　　B. 2年　　C. 6年　　D. 5年

解析:正确答案是C。见上述会计从业资格的换证管理的内容。

6. 会计从业资格的监督管理

根据规定,会计管理机构应当对从事会计工作的人员持有会计从业资格证书情况实施监督检查,具体包括以下几个方面。

① 从事会计工作的人员持有会计从业资格证书情况。

② 持证人员换发、调转、变更登记会计从业资格证书情况。

③ 持证人员从事会计工作和执行国家统一的会计制度情况。

④ 持证人员遵守会计职业道德情况。

⑤ 持证人员接受继续教育情况。

会计从业资格管理机构在实施监督检查时,持证人员应当如实提供有关情况和材料,有关单位应当予以配合。

7. 会计从业资格的撤销和注销管理

(1) 撤销情形

由会计从业资格管理机构撤销持证人会计从业资格的情形有:①持证人员以欺骗、贿赂、舞弊等不正当手段取得会计从业资格的,会计从业资格管理机构应当撤销其会计从业资格;②参加会计从业资格考试舞弊的,2年内不得参加会计从业资格考试,由会计从业资格管理机构取消其考试成绩,已取得会计从业资格的,由会计从业资格管理机构撤销其会计从业资格;③其他情形。

(2) 注销情形

由会计从业资格管理机构注销持证人会计从业资格的情形有:①死亡或丧失行为能力的;②会计从业资格被依法吊销的。

六、会计专业职务与会计专业技术资格

(一) 会计专业职务

会计专业职务是区别会计人员业务技能的技术等级。会计专业职务分为高级会计师、会计师、助理会计师和会计员。高级会计师为高级职务,会计师为中级职务,助理会计师和会计员为初级职务。

同步训练 1－31 属于会计专业职务的有(　　)。

A. 高级会计师　　B. 会计师

C. 助理会计师和会计员　　D. 注册会计师

解析:正确答案是ABC。见上述会计专业职务的内容。

根据《会计专业职务试行条例》规定,不同级别会计专业职务的任职条件和工作职责各有不同。具体如下。

1. 会计员的任职条件和主要工作职责

① 会计员的基本任职条件。它具体包括:初步掌握财务会计知识和技能;熟悉并能按

照执行有关会计法规和财务会计制度；能担负一个岗位的财务会计工作；大学专科或中等专业学校毕业，在财务会计工作岗位上见习一年期满。

② 会计员的主要工作职责。会计员主要负责具体审核和办理财务收支、编制记账凭证、登记会计账簿、编制会计报表和办理其他会计事务。

2. 助理会计师的任职条件和主要工作职责

① 助理会计师的基本任职条件。掌握一般的财务会计基础理论和专业知识。熟悉并能正确执行有关的财经方针、政策和财务会计法规、制度。能担负一个方面或某个重要岗位的财务会计工作。取得硕士学位、第二学士学位或研究生班结业证书，具备履行助理会计师职责的能力；大学本科毕业，在财务会计工作岗位上见习一年期满；大学专科毕业并担任会计员职务 2 年以上；或者中等专业学校毕业并担任会计员职务 4 年以上。

② 助理会计师的主要工作职责。助理会计师主要负责草拟一般的财务会计制度、规定、办法，解释、解答财务会计法规、制度中的一般规定；分析检查某一方面或某些项目的财务收支和预算的执行情况。

3. 会计师的任职条件和主要工作职责

① 会计师的基本任职条件。较系统地掌握财务会计基础理论和专业知识。掌握并能正确贯彻执行有关的财经方针、政策和财务会计法规、制度。具有一定的财务会计工作经验，能担负一个单位或管理一个地区、一个部门、一个系统某个方面的财务会计工作。取得博士学位，并具有履行会计师职责的能力；取得硕士学位并担任助理会计师职务 2 年左右；取得第二学士学位或研究生班结业证书，并担任助理会计师职务两三年；大学本科或大学专科毕业并担任助理会计师职务 4 年以上。掌握一门外语。

② 会计师的主要工作职责。会计师主要负责草拟比较重要的财务会计制度、规定、办法；解释、解答财务会计法规、制度中的重要问题；分析检查财务收支和预算的执行情况；培养初级会计人才。

4. 高级会计师的任职条件和主要工作职责

① 高级会计师的基本任职条件。较系统地掌握经济、财务会计理论和专业知识。具有较高的政策水平和丰富的财务会计工作经验，能担负一个地区、一个部门或一个系统的财务会计管理工作。取得博士学位，并担任会计师职务两三年；取得硕士学位、第二学士学位或研究生班结业证书，或者大学本科毕业并担任会计师职务 5 年以上。较熟练地掌握一门外语。

② 高级会计师的主要工作职责。高级会计师主要负责草拟和解释、解答在一个地区、一个部门、一个系统或在全国施行的财务会计法规、制度、办法；组织和指导一个地区或一个部门、一个系统的经济核算和财务会计工作；培养中级以上会计人才。

对各级专业职务的学历和从事财务会计工作年限的要求，一般都应具备。但对确有真才实学、成绩显著、贡献突出、符合任职条件的，在确定其相应专业职务时，可以不受本条例规定的学历和工作年限的限制。

（二）会计专业技术资格

1. 会计专业技术资格考试级别

会计专业技术资格分为初级资格、中级资格和高级资格 3 个级别。初级、中级会计资格的取得实行全国统一考试制度；高级会计师资格实行考试与评审相结合制度。

2. 会计专业技术资格考试报名条件

(1) 基本条件

① 坚持原则,具备良好的职业道德品质。

② 认真执行《中华人民共和国会计法》和国家统一的会计制度,以及有关财经法律、法规、规章制度,无严重违反财经纪律的行为。

③ 履行岗位职责,热爱本职工作。

④ 具备会计从业资格,持有会计从业资格证书。

(2) 具体条件

报考初级会计专业技术资格的人员,必须具备教育部门认可的高中毕业以上学历。报考中级会计专业技术资格的人员,必须具备这些条件之一:①取得大学专科学历,从事会计工作满5年;②取得大学本科学历,从事会计工作满4年;③取得双学士学位或研究生班毕业,从事会计工作满2年;④取得硕士学位,从事会计工作满一年;⑤取得博士学位,即可报考。

上述报考条件中所说的学历是指国家教育部门承认的学历,会计工作年限是指取得相应学历前后从事会计工作时间的总和。

(3) 其他条件

对通过全国统一的考试,取得经济、统计、审计专业技术中、初级资格的人员,并具备报考条件中(1)的条件,可报名参加相应级别的会计专业技术资格考试。

3. 会计专业技术资格证书管理

(1) 颁发

会计专业技术资格证书是由各省级人事部门颁发,由人事部、财政部统一印制的。该证书在全国范围内有效。各地在颁发证书时,不得附加任何条件。

(2) 管理

会计专业技术资格实行定期登记制度。会计专业技术资格证书每3年登记一次。持证者应按规定到当地人事、财政部门指定的办事机构办理登记手续;取得会计专业技术资格的人员,应按照财政部的有关规定,接受相应级别会计人员的继续教育。

同步训练 1-32 根据《会计专业技术资格考试暂行规定》,会计专业技术资格实行定期登记制度,定期的期限为(　　　)。

A. 3年　　B. 2年　　C. 6年　　D. 5年

解析:正确答案是A。见上述会计专业技术资格证书管理的内容。

(3) 吊销

对于伪造学历、会计从业资格证书和资历证明,或者考试期间有违纪行为的,由会计考试管理机构吊销其会计专业技术资格,由发证机关收回其会计专业技术资格证书,2年内不得再参加会计专业技术资格考试。

(三) 会计专业职务与会计专业技术资格的关系

会计从业资格证是从事会计工作的上岗证,是对会计人员最基本的要求;会计专业职务是一种技术职称。要想获取不同级别的会计专业职务,必须获取相应的会计专业技术资格。会计专业技术资格是担任会计专业职务的任职资格。因此,持有会计从业资格证书并实际

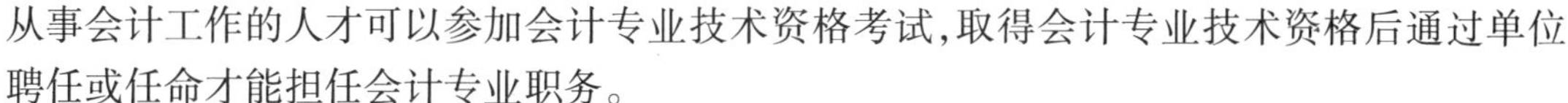

从事会计工作的人才可以参加会计专业技术资格考试，取得会计专业技术资格后通过单位聘任或任命才能担任会计专业职务。

七、会计人员的工作交接

会计人员工作交接是指会计人员调动工作、离职或因病暂时不能工作时，应与接管人员办理工作交接手续的一种工作程序。

（一）交接的范围

① 会计人员工作调动或因故离职，必须将本人经管的会计工作全部移交给接替人员。没有办清交接手续的，不得调动或离职。

② 会计人员临时离职或因病不能工作且需要接替或代理的，会计机构负责人、会计主管人员或单位领导人必须指定有关人员接替或代理，并办理交接手续。

同步训练 1－33 根据《会计基础工作规范》规定，会计人员临时离职或因病不能工作且需要接替或代理的，必须由（　　　　）指定有关人员接替或代理，并办理交接手续。

A. 会计机构负责人　　　　B. 会计主管人员

C. 单位领导人　　　　D. 移交人

解析：正确答案是 ABC。见上述会计人员的工作交接的内容。

③ 临时离职或因病不能工作的会计人员恢复工作的，应当与接替或代理人员办理交接手续。

④ 移交人员因病或其他特殊原因不能亲自办理移交的，经单位领导人批准，可由移交人员委托他人代办移交，但委托人应当承担对所移交的会计凭证、会计账簿、财务会计报告和其他有关资料的合法性、真实性承担法律责任。

（二）交接的程序

1）提出交接申请。

会计人员在向单位或有关机关提出调动工作或离职的申请时，应当同时向会计机构提出会计工作交接申请。

2）交接前的准备工作。

会计人员办理移交手续前，必须及时做好以下工作。

① 已经受理的经济业务尚未填制会计凭证的，应当填制完毕。

② 尚未登记的账目，应当登记完毕，并于最后一笔余额后加盖经办人员印章。

③ 整理应该移交的各项资料，对未了事项写出书面材料。

④ 编制移交清册，列明应当移交的会计凭证、会计账簿、会计报表、印章、现金、有价证券、支票簿、发票、文件、其他会计资料和物品等内容；实行会计电算化的单位，从事该项工作的移交人员还应当在移交清册中列明会计软件及密码、会计软件数据磁盘（磁带等）及有关资料、实物等内容。

3）移交点收。

移交人员在办理移交时，必须将本人经管的会计工作，在规定的期限内，按移交清册逐项全部向接管人移交清楚，接替人员要逐项核对点收。

① 库存现金、有价证券要根据会计账簿有关记录进行点交。库存现金、有价证券必须与会计账簿记录保持一致。接管人员发现不一致或“白条顶库”现象时,移交人员必须限期查清。

同步训练 1-34 在进行现金交接时,接管人员发现不一致或“白条顶库”现象时,应由(　　)限期查清。

A. 移交人员　　B. 接管人员　　C. 会计机构负责人　　D. 监交人员

解析:正确答案是A。见上述会计人员的工作交接的内容。

② 会计凭证、会计账簿、会计报表和其他会计资料必须完整无缺。如果有短缺,必须查清原因,并在移交清册中注明由移交人员负责。

③ 银行存款账户余额要与银行对账单核对,如果不一致,应当编制银行存款余额调节表调节相符。各种财产物资和债权债务的明细账户余额要与总账有关账户余额核对相符。必要时,要抽查个别账户的余额,与实物核对相符,或者与往来单位、个人核对清楚。

④ 移交人员经管的票据、印章和其他实物等,必须交接清楚;移交人员从事会计电算化工作的,要对有关电子数据在实际操作状态下进行交接。

4) 专人负责监交。

一般会计人员办理交接手续,由单位的会计机构负责人、会计主管人员负责监交;会计机构负责人、会计主管人员办理交接手续时,由单位领导人负责监交,必要时,主管单位可以派人会同监交。会计机构负责人、会计主管人员移交时,还必须将全部财务会计工作、重大财务收支和会计人员的情况等,向接替人员详细介绍。对需要移交的遗留问题,应当写出书面材料。

同步训练 1-35 小张是一家企业的出纳,因要到上海进修学习6个月,需要与小王会计办理交接工作。在交接时需要单位的(　　)负责监交。

A. 移交人员　　B. 接管人员　　C. 会计机构负责人　　D. 会计主管人员

解析:正确答案是CD。见上述会计人员的工作交接的内容。

5) 交接后的有关事宜。

① 交接完毕后,交接双方和监交人员要在移交清册上签名或盖章,并应在移交清册上注明单位名称,交接日期,交接双方和监交人员的职务、姓名,移交清册页数及需要说明的问题和意见等。

② 移交清册一般应当填制一式三份,交接双方各执一份,存档一份。

③ 接替人员应当继续使用移交的会计账簿,不得自行另立新账,以保持会计记录的连续性。

(三) 交接人员的责任

移交人员对移交的会计凭证、会计账簿、会计报表和其他会计资料的合法性、真实性承担法律责任。会计资料移交后,如果发现是在其经办会计工作期间内所发生的问题,由原移交人员负责。

同步训练 1-36 小张是一家企业的出纳,因要到上海进修学习6个月,需要与小

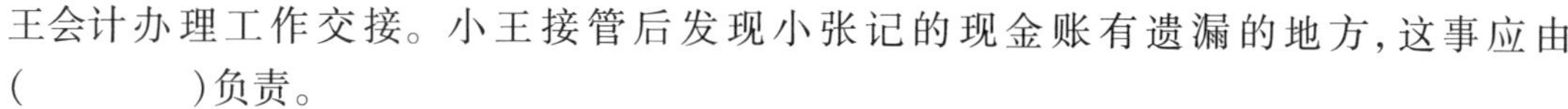

王会计办理工作交接。小王接管后发现小张记的现金账有遗漏的地方，这事应由(　　　)负责。

A. 小张　　B. 小王　　C. 会计机构负责人　　D. 会计主管人员

解析：正确答案是A。见上述交接人员的责任的内容。

第四节　会计核算

工作疑问

1. 原始凭证的填制、取得、审核和更正应当遵守哪些法律规定？
2. 企业应如何选择记账凭证？记账凭证如何填制、更改？
3. 企业应如何建账？如何登账？
4. 期末如何核对账目？
5. 小张是厂长，该厂财务科长拿着本月的财务会计报告让厂长签字，厂长说忙就不用签了。你认为这么说符合法律规定吗？
6. 会计档案包括哪些内容？如何保管？电子盘属于会计档案吗？

会计核算是以货币为主要计量单位，通过确认、计量、记录和报告等环节，对会计主体的生产经营活动进行反映。会计核算是会计基本职能之一。为规范会计核算，我国《会计法》对会计核算的依据、会计核算资料基本要求、会计年度、记账本位币、会计处理方法及会计档案等作出了统一规定。

一、会计核算的总体要求

（一）会计核算的依据

《会计法》第九条规定："各单位必须根据实际发生的经济业务事项进行会计核算、填制会计凭证、登记会计账簿、编制财务会计报告。任何单位不得以虚假的经济业务事项或资料进行会计核算。"

1. 会计核算必须以实际发生的经济业务事项为依据

实际发生的经济业务事项是指各单位在生产经营或预算执行过程中发生的包括引起，或者未引起资金增减变化的经济活动。需要说明的，只有引起资金增减变动的实际发生的经济业务事项，才是会计核算的依据。例如，某企业与另一家企业签订了一项购销合同，在签合同时无须进行会计核算，当履行合同时，涉及购销双方资金增减变动了，此时才是进行会计核算的经济业务事项。因此，以实际发生的经济业务事项为依据进行会计核算，是会计核算的最基本要求和重要前提，是填制会计凭证、登记会计账簿、编制财务会计报告的基础，是保证会计资料质量的关键。

2. 以虚假的经济业务事项或资料进行会计核算，是一种严重的违法行为

虚假的经济业务事项或资料就是根本不存在的、假的经济业务事项和资料，以此进行会计核算会造成会计资料虚假、会计信息失真，会损害会计信息使用者的利益，扰乱社会经济秩序，是一种严重的违法行为。

**同步训练 1－37** 以实际发生的经济事项为依据进行会计核算,说法正确的有(　　)。

A. 是会计核算的重要前提

B. 是填制会计凭证、登记会计账簿、编制财务会计报告的基础

C. 是保证会计资料质量的关键

D. 是会计核算的最基本要求

解析:正确答案是 ABCD。见上述会计核算的依据的内容。

(二) 会计资料的基本要求

会计资料是指在会计核算过程中形成的,记录和反映实际发生的经济业务事项的会计专业资料。它主要包括会计凭证、会计账簿、财务会计报告和其他会计资料。会计资料是会计核算的重要成果,是投资者作出投资决策、经营者管好经营、国家进行经济调控的重要依据。

1. 会计资料必须符合国家统一的会计制度

《会计法》规定:"会计凭证、会计账簿、财务会计报告和其他会计资料,必须符合国家统一的会计制度的规定。"这就是说,会计资料的生成和提供必须符合国家统一的会计制度的规定,以保证会计资料的真实性和完整性。

2. 生成和提供虚假的会计资料是一种严重的违法行为

《会计法》规定:"任何单位和个人不得伪造、变造会计凭证、会计账簿和其他会计资料,不得提供虚假的财务报告。"这就是说,生成和提供虚假的会计资料是一种严重的违法行为。

伪造会计凭证、会计账簿和其他会计资料是指以虚假的经济业务事项为前提,编造不真实的会计凭证、会计账簿和其他会计资料的行为。这种行为可以简要概括为无中生有。

变造会计凭证、会计账簿和其他会计资料是指用涂改、挖补等手段来改变会计凭证、会计账簿和其他会计资料的真实内容、歪曲事实真相的行为。这种行为可以简要概括为篡改事实。

提供虚假的会计资料是指通过编造虚假会计凭证、会计账簿和其他会计资料,编制财务会计报告或直接篡改财务会计报告的数据,使财务会计报告不真实、不完整地反映财务状况和经营成果,借以误导、欺骗会计资料使用者的行为。这种行为可以简要概括为以假乱真。

同步训练 1－38 某单位的采购员出差回单位报销,将 300 元的住宿费发票涂改为 500 元。这种行为属于(　　)。

A. 伪造会计凭证　　B. 变造会计凭证　　C. 伪造会计账簿　　D. 变造会计账簿

解析:正确答案是 B。见上述会计资料的基本要求的内容。

二、会计凭证

会计凭证是指具有一定格式,用以记录经济业务事项的发生和完成情况,明确经济责任,并作为记账依据的书面证明。它是会计核算的重要会计资料。会计凭证按填制程序和用途不同分为原始凭证和记账凭证。

(一) 原始凭证

原始凭证是指在经济业务发生时,由业务经办人员直接取得或填制,用以表明某项经济业务事项已经发生或完成情况并明确有关经济责任的一种凭据。它是会计核算的原始依据,来源于实际发生的经济事项。

1. 原始凭证的种类

① 按照原始凭证的来源,可分为外来原始凭证和自制原始凭证。例如,增值税专用发票属于外来的,领料单、入库单则属于自制的。

② 按照原始凭证的填制方法,可分为一次性原始凭证、累计原始凭证和汇总原始凭证。

③ 按照原始凭证经济业务的类别,可分为款项收付业务原始凭证、出入库业务原始凭证、成本费用原始凭证、购销业务原始凭证、固定资产业务原始凭证和转账业务原始凭证等。

2. 原始凭证的内容

原始凭证是会计核算的第一步,辨别其真伪对保证会计信息的真实完整至关重要。辨别原始凭证,首先要掌握原始凭证的内容。根据《会计法》规定,原始凭证的内容包括以下几点。

① 原始凭证的名称。

② 填制原始凭证的日期,这是指经济业务发生或完成的日期。

③ 填制凭证单位名称或填制人姓名。

④ 经办人员的签名或盖章。

⑤ 接受凭证单位名称。

⑥ 经济业务内容(含数量、单价和金额等)。

⑦ 凭证附件。

3. 原始凭证的取得和填制

及时填制或取得原始凭证,是会计核算工作得以正常进行的前提条件。《会计法》第十四条第二款规定:“办理经济业务事项时必须填制或取得原始凭证并及时送交会计机构。”这一规定包含两层含义:一是办理经济业务事项时必须填制或取得原始凭证;二是填制或取得的原始凭证必须及时送交会计机构。这里及时的时间期限,一般理解为是一个会计结算期。只有及时填制或取得和送交原始凭证,才能保证会计核算有序进行。

原始凭证的取得和填制应注意以下问题。

① 从外单位取得的原始凭证,必须盖有填制单位的公章;从个人取得的原始凭证,必须有填制人员的签名或盖章;自制原始凭证必须有经办单位领导人或其指定人员的签名或盖章。对外开出的原始凭证,必须加盖本单位公章。

② 凡填有大写和小写金额的原始凭证,大写与小写金额必须相符;购买实物的原始凭证,必须有验收证明;支付款项的原始凭证,必须有收款单位和收款人的收款证明。

③ 一式几联的原始凭证,应当注明各联的用途,只能以一联作为报销凭证;一式几联的发票和收据,必须用双面复写纸(发票和收据本身具备复写纸功能的除外)套写,并连续编号。作废时应当加盖“作废”戳记,连同存根一起保存,不得撕毁。

④ 发生销货退回的,除填制退货发票外,还必须有退货验收证明;退款时必须取得对方的收款收据或汇款银行的凭证,不得以退货发票代替收据。

⑤ 职工公出借款凭据,必须附在记账凭证之后;收回借款时,应当另开收据或退还借据

副本,不得退还原借款收据。

⑥ 经上级有关部门批准的经济业务,应当将批准文件作为原始凭证附件。如果批准文件需要单独归档的,应当在凭证上注明批准机关名称、日期和文件字号。

4. 原始凭证的审核

审核原始凭证是监督经济业务事项真伪的第一环节。只有经审核无误、合法的原始凭证才能开始进行账务处理。对原始凭证的审核主要从原始凭证的真实性、合法性、合理性、完整性、正确性和及时性进行审核。

根据规定,原始凭证不得涂改、挖补。会计人员在审核中如果发现原始凭证有问题,有权进行如下处理。

① 在审核中发现原始凭证有错误,应当由开出单位重开或更正,更正处应当加盖开出单位的公章。如果原始凭证的金额出现错误,不得更正,只能由原始凭证开具单位重开。原始凭证开具单位有义务进行重开或更正。

② 对不真实、不合法的原始凭证有权不予接受,并向单位负责人报告,请求查明原因,追究有关当事人的责任。

③ 对记载不准确、不完整的原始凭证予以退回,并要求经办人员按照国家统一的会计制度的规定进行更正、补充。

同步训练 1-39 会计人员在审核原始凭证中如果发现有问题,有权进行处理,下列说法正确的有(　　)。

A. 发现原始凭证有错误,应当由开出单位重开或更正,更正处应当加盖开出单位的公章

B. 对不真实、不合法的原始凭证有权不予接受,并向单位负责人报告,请求查明原因,追究有关当事人的责任

C. 对记载不准确、不完整的原始凭证予以退回,并要求经办人员按照规定进行更正、补充

D. 如果原始凭证的金额出现错误可以更正,也可以由原始凭证开具单位重开

解析:正确答案是ABC。见上述原始凭证的审核的内容。

5. 原始凭证的保管

原始凭证是重要的会计资料,应按会计档案保管规定进行管理。

① 归档管理。对于数量过多的原始凭证,可以单独装订保管,在封面上注明记账凭证日期、编号及种类,同时在记账凭证上注明“附件另订”和原始凭证名称及编号,如工资薪酬表等;对于各种经济合同、存出保证金收据及涉外文件等重要原始凭证,应当另编目录,单独登记保管,并在有关记账凭证和原始凭证上相互注明日期和编号。

② 借阅管理。原始凭证不得外借,其他单位如果因特殊原因需要使用原始凭证时,经本单位会计机构负责人和会计主管人员批准,可以复制。向外单位提供的原始凭证复制件,应当在专设的登记簿上登记,并由提供人员和收取人员共同签名或盖章。

同步训练 1-40 向外单位提供的原始凭证复制件,应当在专设的登记簿上登记,并由(　　)共同签名或盖章。

A. 提供人员和收取人员　　B. 会计档案保管人员和收取人员

C. 会计主管人员和收取人员　　D. 单位负责人和收取人员

解析:正确答案是 A。见上述原始凭证的保管的内容。

③ 遗失管理。从外单位取得的原始凭证如果有遗失,应当取得原开出单位盖有公章的证明,并注明原来凭证的号码、金额和内容等,由经办单位会计机构负责人、会计主管人员和单位领导人批准后,才能代作原始凭证。如果确实无法取得证明的,如火车、轮船和飞机票等凭证,由当事人写出详细情况,由经办单位会计机构负责人、会计主管人员和单位领导人批准后,代作原始凭证。

④ 保管期限。企业和其他组织的原始凭证保管期限一般为 30 年。

同步训练 1－41　根据《会计档案管理办法》规定,企业和其他组织的原始凭证保管期限一般为(　　　　)。

A. 3 年　　B. 5 年　　C. 10 年　　D. 30 年

解析:正确答案是 D。见上述原始凭证的保管的内容。

(二) 记账凭证

记账凭证是指对经济业务事项按其性质加以归类,确定会计分录,并据以登记会计账簿的凭证。记账凭证必须根据原始凭证和有关资料进行编制,是登记会计账簿的直接依据。

1. 记账凭证的基本内容

记账凭证的内容包括填制记账凭证的日期,记账凭证编号,经济业务摘要,会计科目,金额,所附原始凭证张数,记账标记,填制记账凭证人员、稽核人员、记账人员、会计机构负责人、会计主管人员的签名或盖章。收款和付款记账凭证还应当由出纳人员签名或盖章。以自制的原始凭证或原始凭证汇总表代替记账凭证的,也必须具备记账凭证应有的项目。

同步训练 1－42　(　　　　)需要在记账凭证上签名或盖章。

A. 稽核人员　　B. 会计机构负责人

C. 填制凭证人员　　D. 出纳人员

解析:正确答案是 ABCD。见上述记账凭证的内容。

2. 记账凭证的编制要求

① 记账凭证的内容应完整。

② 记账凭证的编号应连续。一笔经济业务需要填制两张以上记账凭证的,可以采用分数编号法编号。

③ 记账凭证的编制依据是原始凭证。记账凭证必须附有原始凭证,但结账和更正错误的记账凭证可以不附原始凭证。企业记账凭证可以根据每一张原始凭证填制,或者根据若干张同类原始凭证汇总填制,也可以根据原始凭证汇总表填制,但不得将不同内容和类别的原始凭证汇总填制在一张记账凭证上。

④ 原始凭证的分割单。当一张原始凭证所列的支出需要几个单位共同负担时,应当将其他单位负担的部分开原始凭证分割单给对方,以便进行结算。

⑤ 记账凭证填制完经济业务事项后,如果有空行,应当自金额栏最后一笔金额数字下

的空行处至合计数上的空行处画线注销。

⑥ 如果在填制记账凭证时发生错误,应当重新填制。

**同步训练 1-43** 属于记账凭证编制依据的有(　　　)。

A. 原始凭证　　　　　　　　　　B. 若干张同类原始凭证汇总

C. 原始凭证汇总表　　　　　　　D. 若干张不同类原始凭证汇总

解析:正确答案是 ABC。见上述记账凭证的编制要求的内容。

3. 记账凭证的审核

为了保证会计信息的质量,在记账之前应由有关稽核人员对记账凭证进行审核。主要审核记账凭证的内容是否真实,项目是否齐全,科目、金额和书写是否正确。

4. 记账凭证的保管

① 整理装订。记账凭证应当连同所附的原始凭证或原始凭证汇总表,按照编号顺序,折叠整齐,按期装订成册,并加具封面,注明单位名称、年度、月份和起讫日期、凭证种类、起讫号码,由装订人在装订线封签外签名或盖章。

② 保管期限。企业和其他组织的记账凭证保管期限一般为 30 年。

三、会计账簿

(一) 依法建账的要求

会计账簿是记录会计核算构成和结构的载体。设置会计账簿是会计工作得以开展的基础环节,也是一个单位经营管理和业务活动得以开展的重要基础。《会计法》第三条规定:"各单位必须依法设置会计账簿,并保证其真实、完整。"这里所指的各单位包括如下 5 个单位。

① 国家机关。国家机关是指从事国家管理和行使国家权力的机关,包括权力机关、行政机关和司法机关。

② 社会团体。社会团体是指为一定目的而由一定数量的社会成员(包括自然人、法人)组成的并取得法人资格的社会组织,包括人民群众团体、社会公益团体和学术研究团体等。

③ 公司、企业。公司、企业是指依法设立的、以营利为目的、从事生产经营和服务等活动的经济组织。它不包括个体工商户。《会计法》第五十一条规定:"个体工商户会计管理的具体办法,由国务院财政部门根据本法的原则另行规定。"

④ 事业单位。事业单位是指不以营利为目的,从事文教、体育、卫生、科研等事业的社会组织。它的经费来源于财政拨款、创造者提供、接受捐赠和向服务对象收取等。

⑤ 其他组织。其他组织是指除国家机关、社会团体、公司、企业、事业单位以外的依法应当设置会计账簿和进行会计核算的社会组织,如农村的村民委员会、外国在我国的常驻机构等。

**同步训练 1-44** 根据《会计法》规定,必须建账的单位有(　　　)。

A. 事业单位　　　B. 社会团体　　　C. 企业、公司　　　D. 个体工商户

解析:正确答案是 ABC。见上述依法建账的要求的内容。

（二）会计账簿的种类

会计账簿是单位进行会计核算的最基本要求。所有实行独立核算的国家机关、社会团体、公司、企业、事业单位和其他组织都必须依法设置、登记会计账簿，以保证会计信息真实完整。

各单位应当设置的会计账簿包括总账、明细账、日记账和其他辅助性账簿。任何单位都不得在法定会计账簿之外私设会计账簿。

① 总账，又称总分类账。它是根据会计科目开设的，其目的就是总括地、分类地反映经济业务事项、提供有关的会计资料。总账一般有订本式和活页式两种。

② 明细账，又称明细分类账。它是根据总账科目所属的明细科目开设的，其目的就是详细地、分类地反映经济业务事项，提供明细的会计资料。从账簿的外观看，明细账一般有订本式、活页式、卡片式；从账页的格式看，有三栏式、多栏式、数量金额式。

③ 日记账，又称序时明细分类账。它是根据经济业务事项发生的时间先后顺序，逐日逐笔地进行登记的账簿，包括现金日记账和银行存款日记账。日记账一般采用订本式、三栏式。

④ 其他辅助账簿，又称备查账簿。它是指对某些未能在明细账和日记账中记载的事项进行补充登记的账簿。企业可以根据业务需要来设置，如租借固定资产备查簿、应收（付）票据备查簿、合同备查簿、抵押备查簿、担保备查簿等。

同步训练 1－45　根据《会计法》规定，各单位应当设置的会计账簿有（　　　　）。

A. 总账　　B. 明细账　　C. 日记账　　D. 其他辅助性账簿

解析：正确答案是 ABCD。见上述会计账簿的种类的内容。

（三）会计账簿的登记要求

1. 账簿登记依据

会计账簿登记必须以经过审核的会计凭证为依据，并符合有关法律、行政法规和国家统一的会计制度的规定。

2. 账簿登记要求

① 内容要求。登记会计账簿时，应当将会计凭证日期、编号、业务内容摘要、金额和其他有关资料逐项记入账内；做到数字准确、摘要清楚、登记及时、字迹工整。

② 书写要求。账簿中书写的文字和数字上面要留有适当空格，不要写满格，一般应占格距的1/2。登记账簿要用蓝黑墨水笔或碳素墨水笔书写，不得使用圆珠笔（银行的复写账簿除外）或铅笔书写。

可以用红色墨水笔记账的情况有：红字冲账的记账凭证，冲销错误记录；在不设借贷等栏的多栏式账页中，登记减少数；在三栏式账户的余额栏前，如果未印明余额方向，在余额栏内登记负数余额；根据国家统一会计制度的规定可以用红字登记的其他会计记录。

③ 顺序登记。各种账簿按页次顺序连续登记，不得跳行、隔页。如果发生跳行、隔页，应当将空行、空页画线注销，或者注明“此行空白”“此页空白”字样，并由记账人员签名或盖章。

④ 及时对账。对账就是核对账目，定期将会计账簿记录的有关数字与库存实物、货币

资金、有价证券、往来单位或个人等进行相互核对,保证账证相符、账账相符、账实相符、账表相符。其目的是保证账簿记录正确可靠。按《会计基础工作规范》规定,各单位每年至少进行一次对账工作。

同步训练1-46 根据《会计基础工作规范》规定,属于对账内容的有(　　)。

A. 账证相符　　B. 账账相符　　C. 账实相符　　D. 账表相符

解析:正确答案是ABCD。见上述会计账簿的登记要求的内容。

同步训练1-47 根据《会计基础工作规范》规定,各单位每年至少进行(　　)对账工作。

A. 1次　　B. 2次　　C. 4次　　D. 5次

解析:正确答案是A。见上述会计账簿的登记要求的内容。

⑤ 定期结账。结账是指在把一定时期内发生的全部经济业务登记入账的基础上,计算并记录本期发生额和期末余额。结账一般分为月度、季度、半年和年结。按规定结账不得提前或延后,必须定期结账。年结日为公历年度的每年12月31日,月度、季度和半年度结账日分别为公历年度每月度、每季度、每半年的最后一天,如3月的结账日为3月31日,第2季度结账日为6月30日。

在实际工作中,凡需要结出余额的账户,结出余额后,应当在借或贷等栏内写明“借”或者“贷”字样。没有余额的账户,应当在借或贷等栏内写“平”字,并在余额栏内用0表示。现金日记账和银行存款日记账必须逐日结出余额。

⑥ 实行会计电算化的单位,其会计账簿的登记、更正应符合国家统一会计制度的规定。

四、财务报告

财务会计报告,又称财务报告。财务报告是企业对外提供的反映企业某一特定日期的财务状况和某一会计期间的经营成果、现金流量等会计信息的文件。财务报告是企业财务会计确认与计量的最终结果体现,会计信息的使用者主要是通过财务报告来了解企业当前的财务状况、经营成果和现金流量等情况,从而预测未来的发展趋势。因此,财务报告是向财务报告使用者提供决策有用信息的媒介和渠道,是会计信息使用者与企业管理层之间信息的桥梁和纽带。

(一) 财务报告的构成

财务报告包括财务报表和其他应当在财务报告中披露的相关信息和资料。

1. 财务报表

财务报表是对企业财务状况、经营成果和现金流量的结构性表述。它由报表本身及附注两部分构成。企业的财务报表至少应当包括资产负债表、利润表、现金流量表和所有者权益变动表等报表。附注是财务报表的有机组成部分,是对会计报表中所列示的项目做的进一步说明,以及对未能在这些报表中列示的项目的说明等。附注由若干附表和对有关项目的文字性说明组成。

财务报表的分类具体如下。

① 按财务报表编报期间的不同,可以分为中期财务报表和年度财务报表。中期财务报

表是以短于一个完整会计年度的报告期间为基础编制的财务报表，包括月报、季报和半年报等。中期财务报表至少应当包括资产负债表、利润表、现金流量表和附注。其中，中期资产负债表、利润表和现金流量表应当是完整报表，其格式和内容应当与年度财务报表相一致。与年度财务报表相比，中期财务报表中的附注披露可适当简略。

② 按财务报表编报主体的不同，可以分为个别财务报表和合并财务报表。个别财务报表是由企业在自身会计核算基础上对账簿记录进行加工而编制的财务报表，主要用以反映企业自身的财务状况、经营成果和现金流量情况；合并财务报表是以母公司和子公司组成的企业集团为会计主体，根据母公司和所属子公司的财务报表，由母公司编制的综合反映企业集团财务状况、经营成果及现金流量的财务报表。

**同步训练 1－48**　企业的财务报表至少应当包括(　　　　)等报表。

A. 资产负债表　　　　B. 现金流量表

C. 利润表　　　　D. 所有者权益变动表

解析：正确答案是 ABCD。见上述财务报告的构成的内容。

2. 其他相关信息资料

财务报表是财务报告的核心内容，但是除了财务报表之外，财务报告还应当包括其他相关信息，具体可以根据有关法律法规的规定和外部使用者的信息需求而定。企业应承担的社会责任、对社区的贡献、可持续发展能力等信息，尽管属于非财务信息，无法包括在财务报表中，但是如果有规定或使用者有需求，企业应当在财务报告中予以披露。

（二）财务报告的编制要求

① 按期编报。企业应当于年度终了时编制年度财务会计报告。国家统一的会计制度规定企业应当编报年度、季度和月度财务会计报告的，从其规定。

② 按规编报。企业编制财务会计报告，应当依据真实的交易、事项及完整、准确的账簿记录等资料，按照国家统一的会计制度规定的编制基础、编制依据、编制原则和方法进行编制。

③ 确认计量合规。企业应当依照《企业财务会计报告条例》和国家统一的会计制度规定，对会计报表中各项会计要素进行合理确认和计量，不得随意改变会计要素的确认和计量标准。

④ 按期结账。企业应当依照《企业财务会计报告条例》和有关法律、行政法规规定的结账日进行结账，不得提前或延迟。年度结账日为公历年度每年的 12 月 31 日；半年度、季度、月度结账日分别为公历年度每半年、每季、每月的最后一天。

⑤ 财产清查。企业在编制会计报告前，应当全面清查资产、核实债务，做到账账、账证、账实相符。

⑥ 内容完整。企业应当按照国家统一的会计制度的会计报表格式和内容，根据登记完整、核对无误的会计账簿记录和其他有关资料编制会计报表，做到内容完整、数字真实、计算准确，不得漏报或任意取舍。

⑦ 勾稽关系相衔接。会计报表之间、会计报表各项目之间，凡有对应关系的数字应当相互一致；会计报表中本期与上期的有关数字应当相互一致；会计报表中本期与上期的有关数字应当相互衔接。

(三)财务报告对外提供的要求

① 真实完整。这是指对外提供的财务会计报告反映的会计信息应当真实完整。

② 按期提供。企业应当依照法律、行政法规和国家统一的会计制度有关财务报告提供期限的规定,及时对外提供财务会计报告。

③ 装订成册。企业对外提供的财务会计报告应当依次编定页数,加具封面,装订成册,加盖公章。封面上应当注明企业名称、企业统一代码、组织形式、地址、报表所属年度或月份、报出日期,并由企业负责人和主管会计工作的负责人、会计机构负责人(会计主管人员)签名并盖章;设置总会计师的企业,还应当由总会计师签名并盖章。

**同步训练 1-49** 企业对外提供的财务会计报告应当由(　　)签名并盖章。

A. 企业负责人　　B. 会计机构负责人(会计主管人员)

C. 主管会计工作的负责人　　D. 总会计师

解析:正确答案是ABCD。见上述财务报告对外提供的要求的内容。

④ 一致性。依照规定企业向有关各方提供的财务会计报告,其编制基础、编制依据、编制原则和方法应当一致,不得提供编制基础、编制依据、编制原则和方法不同的财务会计报告。

**同步训练 1-50** 企业向有关各方提供的财务会计报告,其(　　)应当保持一致。

A. 编制基础　　B. 编制依据　　C. 编制原则　　D. 编制方法

解析:正确答案是ABCD。见上述财务报告对外提供的要求的内容。

⑤ 审计报告同报。财务会计报告必须经注册会计师审计,企业界应当将注册会计师及其会计师事务所出具的审计报告随同财务会计报告一并对外提供。

⑥ 保密原则。按《企业财务会计报告条例》规定,接受企业财务会计报告的组织或个人,在企业财务会计报告未正式对外披露前,应当对其内容保密。

五、会计档案管理

(一)会计档案

会计档案是指单位在进行会计核算等过程中接收或形成的,记录和反映单位经济业务事项,具有保存价值的文字、图标等各种形式的会计资料,包括计算机等电子设备形成、传输和存储的电子会计档案。具体包括如下几类。

① 会计凭证类:原始凭证、记账凭证、汇总凭证和其他会计凭证。

② 会计账簿类:总账、明细账、日记账、固定资产卡片、辅助账簿和其他会计账簿。

③ 财务报告类:月度、季度、半年报、年度财务报告(包括会计报表、附表、附注及文字说明),其他财务报告。

④ 其他类:银行存款余额调节表、银行对账单、会计档案移交清册、会计档案保管清册、会计档案销毁清册、会计档案鉴定意见书及其他具有保存价值的会计资料。

⑤ 电子会计档案类。单位可以利用计算机、网络通信等信息技术手段管理会计档案。

**同步训练 1－51**　属于会计档案的有(　　　　)。

A. 银行存款余额调节表　　　　B. 银行对账单

C. 财务计划　　　　D. 会计规章制度

解析:正确答案是 AB。见上述会计档案的内容。

(二) 会计档案管理部门

1. 全国

财政部和国家档案局主管全国会计档案工作,共同制定全国统一的会计档案工作制度,对全国会计档案工作实行监督和指导。

2. 地方

县级以上地方人民政府财政部门和档案行政管理部门管理本行政区域内的会计档案工作,并对本行政区域内会计档案工作实行监督和指导。

3. 单位

单位自管,即单位的档案机构或档案工作人员所属机构(以下统称单位档案管理机构)负责管理本单位的会计档案;委托代管,即单位也可以委托具备档案管理条件的机构代为管理会计档案。

(三) 会计档案归档

单位的会计机构或会计人员所属机构(以下统称单位会计管理机构)按照归档范围和归档要求,负责定期将应当归档的会计资料整理立卷,编制会计档案保管清册。

(四) 会计档案移交

1. 临时保管期限

当年形成的会计档案,在会计年度终了后,可由单位会计管理机构临时保管 1 年,再移交单位档案管理机构保管。因工作需要确需推迟移交的,应当经单位档案管理机构同意,其临时保管期最长不超过 3 年。同时,单位会计管理机构在临时保管期间,应当按国家档案管理的有关规定进行保管会计档案,且出纳人员不得兼管会计档案。

同步训练 1－52　当年形成的会计档案,在会计年度终了后,可暂由单位会计管理机构保管(　　　　)。

A. 2 年　　　　B. 半年　　　　C. 1 年　　　　D. 5 年

解析:正确答案是 C。见上述会计档案保管部门的内容。

2. 移交管理

(1) 单位内部的移交

单位内部的移交,即单位会计管理机构将临时保管期满的会计档案移交给单位档案管理机构。具体规定如下。

① 编制移交清册。单位会计管理机构在办理会计档案移交时,应当编制会计档案移交清册,并按照国家档案管理的有关规定办理移交手续。

② 移交要求。纸质会计档案移交时应当保持原卷的封装。电子会计档案移交时应当将电子会计档案及其元数据一并移交,且文件格式应当符合国家档案管理的有关规定。特

殊格式的电子会计档案应当与其读取平台一并移交。

③ 接收要求。单位档案管理机构接收电子会计档案时,应当对电子会计档案的准确性、完整性、可用性、安全性进行检测,符合要求的才能接收。

(2) 单位与单位的移交

单位之间交接会计档案时,交接双方应当办理会计档案交接手续。具体规定如下。

① 编制移交清册。移交会计档案的单位,应当编制会计档案移交清册,列明应当移交的会计档案名称、卷号、册数、起止年度、档案编号、应保管期限和已保管期限等内容。

② 移交要求。交接会计档案时,交接双方应当按照会计档案移交清册所列内容逐项交接,并由交接双方的单位有关负责人负责监督。交接完毕后,交接双方经办人和监督人应当在会计档案移交清册上签名或盖章。电子会计档案应当与其元数据一并移交,特殊格式的电子会计档案应当与其读取平台一并移交。

③ 接收要求。档案接受单位应当对保存电子会计档案的载体及其技术环境进行检验,确保所接收电子会计档案的准确、完整、可用和安全。

(五) 会计档案的查阅

各单位应当严格按照相关制度利用会计档案,在进行会计档案查阅、复制、借出时履行登记手续,严禁篡改和损坏。单位保存的会计档案一般不得对外借出。确因工作需要且根据国家有关规定必须借出的,应当严格按照规定办理相关手续。会计档案借用单位应当妥善保管和利用借入的会计档案,确保借入会计档案的安全完整,并在规定时间内归还。

(六) 会计档案的保管期

会计档案的保管期限分为永久和定期两类。定期保管期限分为10年和30年。会计档案的保管期限,应从会计年度终了后的第一天算起。这里所说的会计档案保管期限为最低保管期限。

各企业、单位会计档案的保管期限如表1.2、表1.3所示。

表1.2 企业和其他组织会计档案保管期限

序号	档案名称	保管期限	备　注	序号	档案名称	保管期限	备　注
一	会计凭证类			8	月度、季度、半年财务会计报告	10年	
1	原始凭证	30年		9	年财务会计报告(决算)	永久	
2	记账凭证	30年		四	其他会计资料		
二	会计账簿类			10	会计移交清册	30年	
3	总账	30年		11	会计档案保管清册	永久	
4	明细账	30年		12	会计档案销毁清册	永久	
5	日记账	30年		13	会计档案鉴定意见书	永久	
6	固定资产卡片		固定资产报废清理后保管5年	14	银行余额调节表	10年	
7	其他辅助账簿	30年		15	银行对账单	10年	
三	财务会计报告			16	纳税申报表	10年	

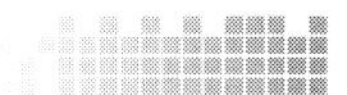

表 1.3　财政总预算、行政单位、事业单位和税收会计档案保管期限

序号	档案名称	保管期限			备　注
		财政总预算	行政、事业单位	税收会计	
一	会计凭证				
1	国家金库编送的各种报表及缴库退库凭证	10 年		10 年	
2	各收入机关编送的报表	10 年			
3	行政、事业单位的各种会计凭证		30 年		包括原始凭证、记账凭证和传票汇总表
4	财政总预算拨款凭证和其他会计凭证	30 年			包括拨款凭证和其他会计凭证
二	会计账簿				
5	日记账		30 年	30 年	
6	总账	30 年	30 年	30 年	
7	税收日记账(总账)			30 年	
8	明细分类、分户账或登记簿	30 年	30 年	30 年	
9	行政单位和事业单位固定资产卡片				固定资产报废清理后保管 5 年
三	财务会计报告				
10	政府综合财务报告	永久			下级财政、本级部门和单位报送的保管 2 年
11	部门财务报告		永久		所属单位报送的保管 2 年
12	财政总决算	永久			下级财政、本级部门和单位报送的保管 2 年
13	部门决算		永久		所属单位报送的保管 2 年
14	税收年报(决算)			永久	
15	国家金库年报(决算)	10 年			
16	基本建设拨、贷款年报(决算)	10 年			
17	行政单位和事业单位会计月、季度报表		10 年		所属单位报送的保管 2 年
18	税收会计报表			10 年	所属税务机关报送的保管 2 年
四	其他会计资料				
19	银行存款余额调节表	10 年	10 年		
20	银行对账单	10 年	10 年	10 年	
21	会计档案移交清册	30 年	30 年	30 年	
22	会计档案保管清册	永久	永久	永久	
23	会计档案销毁清册	永久	永久	永久	
24	会计档案鉴定意见书	永久	永久	永久	

同步训练 1－53　会计档案的保管期限分为永久、定期两类。定期保管期限分为(　　)等。

A. 10 年　　B. 25 年　　C. 15 年　　D. 30 年

解析:正确答案是 AD。见上述会计档案的保管期的内容。

(七) 会计档案的销毁

1. 会计档案销毁前的鉴定工作

各单位应当定期对已到保管期限的会计档案进行鉴定,并形成会计档案鉴定意见书。经鉴定,仍需继续保存的会计档案,应当重新划定保管期限;对保管期满,确无保存价值的会计档案,可以销毁。

会计档案鉴定工作应当由各单位档案管理机构牵头,组织单位会计、审计、纪检监察等机构或人员共同进行。

2. 会计档案的销毁

经鉴定可以销毁的会计档案,应当按照以下程序销毁。

1) 编制销毁清册。各单位档案管理机构编制会计档案销毁清册,列明拟销毁会计档案的名称、卷号、册数、起止年度、档案编号、应保管期限、已保管期限和销毁时间等内容。

2) 签署销毁意见。即在会计档案销毁清册上,单位负责人、档案管理机构负责人、会计管理机构负责人、档案管理机构经办人、会计管理机构经办人应签署销毁意见。

**同步训练 1－54** 某企业保管会计档案已到期,经鉴定同意销毁,销毁时应由(　　)在会计档案销毁清册上签署意见。

A. 单位负责人　　B. 会计管理机构负责人

C. 档案管理机构负责人　　D. 相关经办人

解析:正确答案是 ABCD。见上述会计档案的销毁的内容。

3) 专人监销。单位档案管理机构负责组织会计档案销毁工作,并与会计管理机构共同派员监销。

监销人在会计档案销毁前,应当按照会计档案销毁清册所列内容进行清点核对;在会计档案销毁后,应当在会计档案销毁清册上签名或盖章。

电子会计档案的销毁还应当符合国家有关电子档案的规定,并由单位档案管理机构、会计管理机构和信息系统管理机构共同派员监销。

3. 不得销毁的会计档案

虽保管期满但未结清的债权债务会计凭证和涉及其他未了事项的会计凭证不得销毁,纸质会计档案应当单独抽出立卷,电子会计档案单独转存,保管到未了事项完结时为止。同时,对于单独抽出立卷或转存的会计档案,应当在会计档案鉴定意见书、会计档案销毁清册和会计档案保管清册中列明。

同步训练 1－55 根据《会计档案管理办法》规定,属于保管期已满,不得销毁的会计档案有(　　)。

A. 保管期满但未结清的债权债务原始凭证　　B. 保管期满但未了事项的原始凭证

C. 正在项目建设期间的建设单位　　D. 保管期满的原始凭证

解析:正确答案是 ABC。见上述会计档案的销毁的内容。

(八) 会计档案管理的其他规定

1. 电子会计档案

各单位内部形成的属于归档范围的电子会计资料,仅以电子形式保存必须满足这些条件:①形成的电子会计资料来源真实有效,由计算机等电子设备形成和传输;②使用的会计核算系统能够准确、完整、有效接收和读取电子会计资料,能够输出符合国家标准归档格式的会计凭证、会计账簿、财务会计报表等会计资料,设定了经办、审核、审批等必要的审签程序;③使用的电子档案管理系统能够有效接收、管理、利用电子会计档案,符合电子档案的长期保管要求,并建立了电子会计档案与相关联的其他纸质会计档案的检索关系;④采取有效措施,防止电子会计档案被篡改;⑤建立电子会计档案备份制度,能够有效防范自然灾害、意外事故和人为破坏的影响;⑥形成的电子会计资料不属于具有永久保存价值或其他重要保存价值的会计档案。

2. 单位撤销、解散、破产的会计档案

单位因撤销、解散、破产或其他原因而终止的,在终止或办理注销登记手续之前形成的会计档案,按照国家档案管理的有关规定处置。

3. 单位分立的会计档案

① 原单位存续。单位分立后原单位存续的,其会计档案应当由分立后的存续方统一保管,其他方可以查阅、复制与其业务相关的会计档案。

② 原单位解散。单位分立后原单位解散的,其会计档案应当经各方协商后由其中一方代管或按照国家档案管理的有关规定处置,各方可以查阅、复制与其业务相关的会计档案。

③ 分立中未结清的。单位分立中未结清的会计事项所涉及的会计凭证,应当单独抽出由业务相关方保存,并按照规定办理交接手续。

④ 移交中未结清的。单位因业务移交其他单位办理所涉及的会计档案,应当由原单位保管,承接业务单位可以查阅、复制与其业务相关的会计档案。对其中未结清的会计事项所涉及的会计凭证,应当单独抽出由承接业务单位保存,并按照规定办理交接手续

4. 单位合并的会计档案

单位合并后原各单位解散或一方存续其他方解散的,原各单位的会计档案应当由合并后的单位统一保管。单位合并后原各单位仍存续的,其会计档案仍应当由原各单位保管。

5. 项目建设期形成的会计档案

建设单位在项目建设期间形成的会计档案,应当在办理竣工决算后移交给建设项目的接受单位,并按规定办理交接手续。

6. 单位的会计档案及其复制件需要携带、寄运或传输至境外的

单位的会计档案及其复制件需要携带、寄运或者传输至境外的,应当按照国家有关规定执行。

第五节　会计监督

工作疑问

1. 单位内部监督的主体是谁?其在单位内部监督的职责是什么?
2. 我国会计监督体系是怎样的?各种监督有何联系和区别?
3. 注册会计师审计和内部审计的区别何在?

会计监督是会计的基本职能之一,是我国经济监督体系的重要组成部分。目前,我国已

形成了三位一体的会计监督体系。三位是指一个内部监督和两个外部监督,其中一个内部监督是指单位内部监督,两个外部监督是指政府监督和社会监督;一体是指各层次监督之间相互联系、相互协调形成一个有机整体。单位内部监督的本质是内部控制,是内部管理的重要组成部分;政府监督是对内部监督和社会监督的再监督,其监督行为的特点是无偿性和强制性;社会监督是对内部监督的再监督,其监督行为的特点是有偿性和独立性。

同步训练 1-56 根据《会计法》规定,属于我国会计监督体系的有(　　)。

A. 单位内部监督　B. 社会监督　C. 政府监督　D. 网络监督

解析:正确答案是 ABC。见上述三位一体的会计监督体系的内容。

一、单位内部会计监督

单位内部会计监督制度是指会计机构、会计人员依照法律的规定,通过会计手段对经济活动的合法性、合理性和有效性进行的监督,其本质是一种内部控制。

(一) 单位内部会计监督的主体和对象

1. 单位内部会计监督的主体

单位内部会计监督的主体是本单位会计机构和会计人员。同时,在《会计法》中明确了单位负责人对本单位内部会计控制组织实施,对本单位内部会计监督制度的建立健全及有效实施承担最终责任。

同步训练 1-57 根据《会计法》规定,属于单位内部会计监督主体的有(　　)。

A. 单位负责人　B. 本单位会计机构　C. 注册会计师　D. 本单位会计人员

解析:正确答案是 BD。见上述单位内部会计监督的主体的内容。

2. 单位内部会计监督的对象

单位内部会计监督的对象是本单位的经济活动。

(二) 单位内部会计监督制度的基本要求

各单位应当建立健全本单位内部会计监督制度。单位内部会计监督制度应当做到“四符合”。

① 符合机构控制和职务控制的要求。记账人员与经济业务事项或会计事项的审批人员、经办人员、财物保管人员的职责权限应当明确,并相互分离、相互制约。

② 符合业务处理程序控制的要求。重大对外投资、资产处置、资金调度和其他重要经济业务事项的决策和执行的相互监督、相互制约的程序应当明确,如单位对重大投资决策采用集体审议联签责任制,将会减少投资决策风险。

③ 符合财产安全控制和会计信息控制的要求。财产清查的范围、期限和组织程序应当明确,同时要求单位限制未经授权的人员对财产的直接接触,并采取定期盘点、财产记录、账实核对、财产保险等措施,确保各种财产的安全完整。

④ 符合内部审计控制的要求。对会计资料定期进行内部审计的办法和程序应当明确。

同步训练 1-58 根据《会计法》规定,属于单位内部会计监督基本要求的有(　　)。

A. 记账人员与经济业务事项或会计事项的审批人员、经办人员、财物保管人员的职责权限应当明确,并相互分离、相互制约

B. 重大对外投资、资产处置、资金调度和其他重要经济业务事项的决策和执行的相互监督、相互制约的程序应当明确

C. 财产清查的范围、期限和组织程序应当明确

D. 对会计资料定期进行内部审计的办法和程序应当明确

解析:正确答案是 ABCD。见上述单位内部会计监督制度的基本要求的内容。

同步训练 1－59　记账人员与经济业务事项或会计事项的审批人员、经办人员、财物保管人员的职责权限应当明确,可以相互兼任。这种说法(　　　　)。

A. 正确　　　　　　　　B. 不正确

解析:正确答案是 B。见上述单位内部会计监督制度的基本要求的内容。

(三) 会计机构和会计人员在单位内部会计监督中的职权

① 依法监督。对违反《会计法》和国家统一的会计制度规定的会计事项,有权拒绝办理或按照职权予以纠正。

② 实施监督职权的范围是本单位内部的会计资料和财产物资。如果发现会计账簿记录与实物、款项及有关资料不相符的,按照国家统一的会计制度的规定有权自行处理的,应当及时处理;无权处理的,应当立即向单位负责人报告,请求查明原因,做出处理。

同步训练 1－60　会计机构和会计人员发现会计账簿记录与实物、款项及有关资料不相符的,有权自行处理的,应当及时处理;无权处理的,应当立即向会计机构负责人报告,请求查明原因,做出处理。这种说法(　　　　)。

A. 正确　　　　　　　　B. 不正确

解析:正确答案是 B。见上述会计机构和会计人员在单位内部会计监督中的职权的内容。

(四) 内部控制

1. 内部控制的概念

企业的内部控制是指由企业董事会、监事会、经理层和全体员工实施的,旨在实现控制目标的过程。行政事业单位的内部控制是指单位为实现控制目标,通过制度、实施措施和执行程序,对经济活动的风险进行防范和管控。

2. 内部控制的目标

① 企业内部控制目标。主要包括合理保证企业经营管理合法合规、资产安全、财务报告及相关信息真实完整,提高经营效率和效果,促进企业实现发展。

② 行政事业单位内部控制目标。主要包括合理保证单位经济活动合法合规、资产安全和使用有效、财务信息真实完整,有效防范舞弊和预防腐败,提高公共服务的效率和效果。

3. 内部控制的原则

企业、行政事业单位建立与实施内部控制,均应遵循全面性原则、重要性原则、制衡性原则和适应性原则。此外,企业还应遵循成本效益原则。

① 全面性原则。即内部控制应当贯穿决策、执行和监督全过程,覆盖企业及其所属单位的各种业务和事项,实现全过程、全方位、全员性控制,不存在内部控制空白点。

② 重要性原则。即内部控制应当在全面控制的基础上,关注重要业务事项和高风险领域,并采取更为严格的控制措施,确保不存在重大缺陷。

③ 制衡性原则。即内部控制应当在治理结构、机构设置及权责分配、业务流程等方面形成相互制约、相互监督,同时兼顾运营效率。

④ 适应性原则。即内部控制应当与企业经营规模、业务范围、竞争状况和风险水平等相适应,并随着情况的变化加以调整。适应性原则要求企业建立与实施内部控制应当具有前瞻性,适时地对内部控制系统进行评估,发现可能存在的问题,并及时采取措施予以补救。

⑤ 成本效益原则。内部控制应当权衡实施成本与预期效益,以适当的成本实现有效控制。成本效益原则要求企业内部控制建设必须统筹考虑投入成本和产出效益之比。

4. 内部控制的责任人

对企业而言,董事会负责内部控制的建立健全和有效实施。监事会对董事会建立与实施内部控制进行监督。经理层负责组织领导企业内部控制的日常运行。

对行政事业单位而言,单位负责人对本单位内部控制的建立健全和有效实施负责。单位应当建立适合本单位实际情况的内部控制体系,并组织实施。

5. 内部控制的内容

企业建立与实施有效的内部控制,应包括以下五大要素。

① 内部环境。内部环境是企业实施内部控制的基础,一般包括治理结构、机构设置与权责分配、内部审计、人力资源政策、企业文化等。

② 风险评估。风险评估是企业及时识别、系统分析经营活动中与实现内部控制目标相关的风险,合理确定风险应对策略。

③ 控制活动。控制活动是企业根据风险评估结果,采用相应的控制措施,将风险控制在可承受度之内。

④ 信息与沟通。信息与沟通是企业及时、准确地收集、传递与内部控制相关的信息,确保信息在企业内部、企业与外部之间进行有效沟通。

⑤ 内部监督。内部监督是企业对内部控制建立与实施情况进行监督检查,评价内部控制的有效性,发现内部控制缺陷,应当及时加以改进。

行政事业单位建立与实施的内部控制的具体工作主要包括梳理单位各类经济活动的业务流程,明确业务环节,系统分析经济活动风险,确定风险点,选择风险应对策略,建立健全单位各项内部管理制度并督促认真执行。

行政事业单位风险评估包括单位层面和经济活动业务层面。其中单位层面的风险评估时,应当重点关注内部控制工作的组织情况、内部控制机制的建设情况、内部管理制度的完善情况、内部控制关键岗位工作人员的管理情况、财务信息的编报情况以及其他情况。而进行业务层面的风险评估时,则应当重点关注预算管理、收支管理、政府采购管理、资产管理、建设项目管理、合同管理等情况。

6. 内部控制的控制方法

企业内部控制的控制方法一般包括不相容职务分离控制、授权审批控制、会计系统控制、财产保护控制、预算控制、运营分析控制、绩效考评控制等。

行政事业单位内部控制的控制措施一般包括不相容职务分离控制、内部授权审批控制、归口管理、会计控制、财产保护控制、预算控制、单据控制、信息内部公开等。

二、会计工作的政府监督

（一）会计工作的政府监督的概念

会计工作的政府监督主要是指财政部门代表国家对单位和单位中相关人员的会计行为实施的监督检查，以及对发现的违法会计行为实施的行政处罚，是一种外部监督。政府监督是我国会计监督体系一个重要组成部分，属于最高监督。

（二）会计工作的政府监督主体

① 县级以上财政部门。各单位会计工作监督检查部门，对各单位会计行为行使监督权，对违法的会计行为实施行政处罚。

② 其他部门。审计、税务、人民银行、证券监管、保险监管等部门依照有关法律、行政法规规定的职责和权限，也可以对有关单位的会计资料实施监督检查。例如，《税收征收管理法》规定，税务机关有权检查纳税人的账簿、记账凭证、报表和有关资料。

需要注意的是，政府监督的主体虽然包括财政部门和其他部门，但两者在检查范围和目的等方面有着明显的区别。财政部门是依法对所有单位的会计行为进行检查，目的是规范会计行为，保证会计信息的真实完整，并对违法的会计行为依法进行处罚；其他部门的监督只是在其行政职权范围内对有关单位的会计资料进行监督检查，监督检查的范围和权限有限。

**同步训练 1－61** 根据《会计法》规定，属于会计工作政府监督的主体的有（　　）。

A. 财政部门　　B. 审计部门　　C. 税务部门　　D. 保险部门

解析：正确答案是 ABCD。见上述会计工作的政府监督主体的内容。

（三）财政部门实施会计监督的对象和内容

1. 监督的对象

财政部门实施会计监督检查的对象是会计行为，并对发现的有违法会计行为的单位和个人实施行政处罚。违法会计行为是指公民、法人和其他组织违反《会计法》和其他有关法律、行政法规、国家统一的会计制度的行为。

2. 监督的内容

财政部门对各单位的 5 类事项实施监督：①对单位依法设置会计账簿的检查；②对单位会计资料真实性、完整性的检查；③对单位会计核算情况的检查；④对单位会计人员从业资格和任职资格的检查；⑤对会计师事务所出具的审计报告的程序和内容的检查，即财政部门依法对注册会计师、会计师事务所和注册会计师协会进行监督指导，同时还要对会计师事务所出具审计报告的程序和内容进行监督。

3. 被检查单位的要求

根据《会计法》第三十五条规定：“各单位必须依照有关法律、行政法规的规定，接受有关监督检查部门依法实施的监督检查，如实提供会计凭证、会计账簿、财务会计报告和其他会计资料及有关情况，不得拒绝、隐匿、谎报。”

同步训练1-62 根据《会计法》规定,各单位必须依照规定,接受有关监督检查部门依法实施的监督检查,如实提供会计凭证、会计账簿、财务会计报告和其他会计资料及有关情况,不得(　　)。

A. 拒绝　　B. 隐匿　　C. 谎报　　D. 举报

解析:正确答案是ABC。见上述被检查单位的要求的内容。

三、会计工作的社会监督

(一)会计工作的社会监督的概念

会计工作的社会监督主要是指由注册会计师及其所在的会计师事务所依法对委托单位的经济活动进行的审计、鉴证,并据实做出客观评价的一种监督制度。它是一种外部监督。此外,单位和个人检举违反《会计法》和国家统一的会计制度规定的行为,也属于会计工作社会监督的范畴。

(二)会计师事务所的业务范围

1. 审计业务

① 审查企业会计报表,出具审计报告。

② 验证企业资本,出具验资报告。

③ 办理企业合并、分立、清算事宜中的审计业务,出具有关的报告。

④ 法律、行政法规规定的其他审计业务。注册会计师依法执行审计业务出具的报告具有证明效力。

2. 会计咨询和会计服务业务

会计咨询和会计服务业务主要包括资产评估、代理记账、税务代理、投资咨询、治理咨询、设计财务会计制度、制定会计政策、培训财务会计人员和审计人员等。

(三)内部审计

1. 内部审计的概念

内部审计是指单位内部的一种独立客观的监督和评价活动。它通过单位内部独立的审计机构和审计人员审查和评价本部门、本单位财务收支和其他经营活动以及内部控制的适当性、合法性和有效性,促进单位目标的实现。内部审计主要包括财务审计、经营审计、经济责任审计、管理审计和风险管理等。

2. 内部审计的特点和作用

(1) 内部审计的特点

内部审计的内容更侧重于经营成果是否有效、各项制度是否得到遵守与执行,内部审计结果的客观性和公正性较低,并且以建设性意见为主。

(2) 内部审计的作用

内部审计在单位内部会计监督中具有预防保护、服务促进以及评价鉴证等作用。

(四)注册会计师审计与内部审计的关系

内部审计是由各部门、各单位内部设置的专门机构或人员实施的审计。注册会计师审计是由经政府审核批准的注册会计师组成的会计师事务所进行的审计。内部审计与注册会

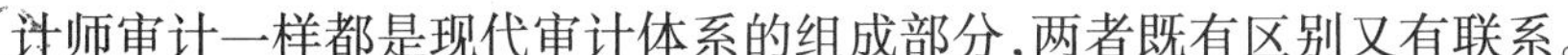

计师审计一样都是现代审计体系的组成部分，两者既有区别又有联系。

1. 区别

（1）独立性不同

内部审计独立性较弱，其主要为组织内部服务，接受总经理或董事会的领导；注册会计师审计独立性较强，其主要为需要可靠信息的第三者提供服务，不受被审计单位管理当局的领导和制约。

（2）审计方式不同

内部审计依照单位经营管理需要自行组织实施，具有较大的灵活性；注册会计师审计主要是受托审计，必须按照执业准则实施审计。

（3）接受审计的自愿程度不同

内部审计作为内部控制的重要组成部分，是代表总经理或董事会实施的组织内部监督，单位内部组织必须接受内部审计人员的监督；注册会计师审计是以独立的第三方对被审计单位进行审计，委托人可自由选择会计师事务所。

（4）审计职责和作用不同

内部审计的结果只对本部门、本单位负责，只作为本部门、本单位加强和改进经营管理的参考，不对外公开；注册会计师审计需要对投资者和债权人及其他利益相关者负责，对外出具的审计报告具有鉴证作用。

2. 联系

内部审计与注册会计师审计一样都是现代审计体系的组成部分。同时，内部审计与注册会计师审计在工作上具有一致性，都关注内部控制的健全性和有效性。注册会计师审计可利用内部审计工作的成果，以提高审计效率。

（五）委托人、注册会计师和会计师事务所的行为规范

① 委托人的责任。需经注册会计师进行审计的单位，应当向受委托的会计师事务所如实提供会计凭证、会计账簿、财务会计报告和其他资料及有关情况。任何单位或个人不得以任何方式要求，或者示意注册会计师及其所在的会计师事务所出具不实或不当的审计报告。

② 财政部门有权对会计师事务所出具审计报告的程序和内容进行监督。

第六节　会计相关法律责任

工作疑问

1. 某单位任用了没有会计从业资格证书的人从事会计工作，应承担什么法律责任？

2. 伪造、变造会计凭证、会计账簿，编制虚假财务报告的应承担什么法律责任？

3. 单位负责人授意、指使、强令会计机构、会计人员及其他人员伪造、变造会计凭证、会计账簿、编制虚假财务报告或隐匿、故意销毁依法应当保存的会计凭证、会计账簿、财务报告应承担什么法律责任？

4. 隐匿或故意销毁依法应当保存的会计凭证、会计账簿、财务报告应承担什么法律责任？

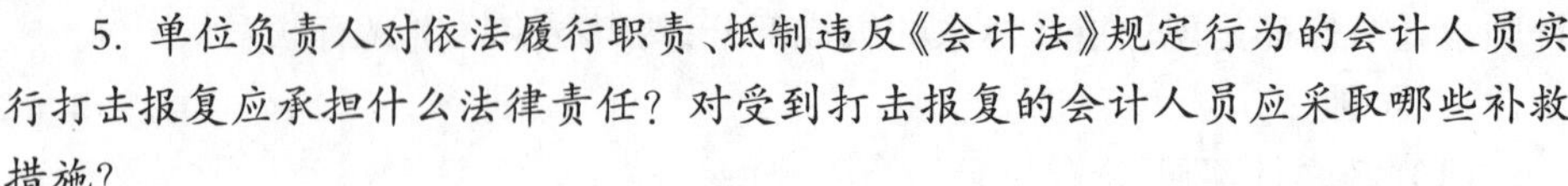
5. 单位负责人对依法履行职责、抵制违反《会计法》规定行为的会计人员实行打击报复应承担什么法律责任?对受到打击报复的会计人员应采取哪些补救措施?

一、法律责任概述

法律责任是指违反法律规定的行为应当承担的法律后果,也就是对违法者的制裁。通常法律责任可分为刑事责任、行政责任和民事责任。

所谓刑事责任,是指违反刑事法律规定应当承担的法律责任。刑事责任包括主刑和附加刑两种。主刑是对犯罪分子适用的主要刑罚方法,包括管制、拘役、有期徒刑、无期徒刑和死刑。附加刑是补充、辅助主刑适用刑罚方法,包括罚金、剥夺政治权利、没收财产、驱逐出境(外国人)。

所谓行政责任,是指单位或个人违反行政管理方面法律规定所应当承担的法律责任。行政责任包括行政处罚和行政处分两种。行政处罚是指行政主体对行政相对人违反行政法律规范尚未构成犯罪的行为所给予法律制裁。行政处罚包括:①警告;②罚款;③没收违法所得、没收非法财物;④责令停产、停业;⑤暂扣或者吊销许可证和营业执照;⑥行政拘留;⑦其他。行政处分是指国家机关、企事业单位对所属的国家工作人员违法失职行为尚不构成犯罪,依据法律、法规所规定的权限而给予的一种惩戒。行政处分包括警告、记过、记大过、降级、撤职和开除6种。

所谓民事责任,是指平等主体之间违反民事法律规范应当承担的法律责任。

**同步训练 1-63** 属于违反《会计法》应承担的法律责任的有(　　)。

A. 刑事责任　　B. 民事责任　　C. 行政责任　　D. 主要责任

解析:正确答案是AC。见上述法律责任的内容。

同步训练 1-64 民事责任是指平等主体之间违反民事法律规范应当承担的法律责任,不属于违反《会计法》应承担的法律责任。这种说法(　　)。

A. 正确　　B. 不正确

解析:正确答案是A。见上述法律责任的内容。

二、违反《会计法》规定的法律责任

违反《会计法》关于会计核算、会计监督、会计机构和会计人员有关规定的,应当承担法律责任。

(一) 违反国家统一会计准则制度规定的法律责任

1. 违法行为

① 不依法设账的行为。这是指违反《会计法》和国家统一会计制度的规定,应当设置账簿的单位未按规定的账簿种类、形式及要求设置会计账簿的行为。例如,《会计法》规定,日记账一般采用订本式,如果某单位采用活页式日记账则属于不依法设置账簿。

② 私设账的行为。这是指不依法设置会计账簿进行核算,而是另外私自设置会计账簿

进行会计核算的行为,如两本账、账外账或小金库等行为。

③ 填制、取得原始凭证的违法行为。这是指未按照规定填制、取得会计原始凭证或填制、取得的原始凭证不符合规定的行为。例如,将大小写金额不符的原始凭证作为会计核算依据,就属于取得原始凭证的违法行为。

④ 记账不合法的行为。这是指以未经审核的会计凭证为依据登记会计账簿或登记会计账簿不符合规定的行为。例如,会计账簿未按照连续编号的页码顺序登记;会计账簿记录发生错误或隔页、缺号、跳行的,未按国家统一的会计制度规定的方法更正等,都属于记账不合法的行为。

⑤ 随意变更会计处理方法的行为。这是指各单位采用会计处理方法时,未保持前后各期一致,并且随意变更,或者未将变更的原因、情况及影响在财务报告中说明的行为。例如,企业存货发出计价方法随物价变动,随意选择计价方法的行为。

⑥ 信息提供不一致的行为。这是指向不同的会计资料使用者提供的财务报告编制依据不一致的行为。根据《会计法》规定,财务会计报告应当根据经过审核的会计账簿记录和有关资料编制,并符合本法和国家的会计制度关于财务会计的编制要求、提供对象和提供期限的规定;不得向不同的会计资料使用者提供编制依据不一致的财务会计报告。

⑦ 未按规定使用会计记录文字或记账本位币的行为。根据《会计法》规定,会计记录的文字应当使用汉字。在民族自治地区,会计记录可以同时使用当地通用的一种民族文字。在中华人民共和国境内的外商投资企业、外国企业和其他外国组织的会计记录可以同时使用一种外国文字。

会计核算以人民币为记账本位币。业务收支以人民币以外的货币为主的单位,可以选定其中一种货币作为记账本位币,但是编报的财务会计报告应当折算为人民币。

⑧ 未按照规定保管会计资料,致使会计资料销毁、灭失的。

⑨ 未按照规定建立并实施单位内部会计监督制度或拒绝依法实施的监督,或者不如实提供有关会计资料及有关情况的。

⑩ 任用会计人员不符合本法规的。

2. 相关的法律责任

① 责令限期改正。责令限期改正是指要求违法行为人在一定期限内停止违法行为并将违法行为恢复到合法状况。县级以上人民政府财政部门有权责令违法行为人限期改正,停止违法行为。

② 罚款。县级以上人民政府财政部门根据违法行为人的违法性质、情节及危害程度,在责令限期改正的同时,有权对单位并处3 000元以上50 000元以下的罚款;对直接负责的主管人员和其他直接责任人员,处2 000元以上20 000元以下的罚款。

③ 行政处分。对上述违法行为直接负责的主管人员和其他直接责任人员中属于国家工作人员的,还应当由所在单位或有关单位依法给予行政处分。

④ 吊销会计从业资格证书。会计工作人员有上述所列违法行为之一、情节严重的,由县级以上人民政府财政部门吊销会计从业资格证书。

⑤ 依法追究刑事责任。

（二）伪造、变造会计凭证、会计账簿，编制虚假财务报告的法律责任

1. 违法行为

伪造会计凭证、会计账簿和其他会计资料是指以虚假的经济业务事项为前提，编造不真实的会计凭证、会计账簿和其他会计资料，这是无中生有，是一种虚假的会计资料。

变造会计凭证、会计账簿和其他会计资料是指用涂改、挖补等手段来改变会计凭证、会计账簿和其他会计资料的真实内容、歪曲事实真相的行为。

提供虚假的财务报告是指通过编造虚假的会计凭证、会计账簿及其他会计资料，编制财务报告或直接篡改财务报告的数据，使财务报告不真实，借以误导、欺骗会计资料使用者的行为。

2. 相关的法律责任

（1）刑事责任

伪造、变造会计凭证、会计账簿，编制虚假财务报告构成犯罪的，依法追究刑事责任。对于伪造、变造会计凭证、会计账簿，编制虚假财务报告的行为，我国《刑法》明确为犯罪的，主要有以下几种情况。

① 根据《刑法》第二百零一条规定，纳税人通过采取伪造、变造、隐匿、擅自销毁账簿、记账凭证，在账簿上多列支出或不列、少列收入，经税务机关通知申报而拒不申报，或者进行虚假的纳税申报等手段不缴或少缴应纳税款，偷税数额占应纳税额的10%以上不满30%并且偷税数额在10 000元以上不满100 000元的，或者因偷税被税务机关给予二次行政处罚又偷税的，处3年以下有期徒刑或拘役，并处偷税数额1倍以上5倍以下罚金；偷税数额占应纳税额的30%以上并且偷税数额在100 000元以上的，处3年以上7年以下有期徒刑，并处偷税数额1倍以上5倍以下罚金。

扣缴义务人采取前款所列手段，不缴或少缴已扣、已收税款，数额占应缴税额的10%以上并且数额在10 000元以上的，依照前款的规定处罚。

对多次犯有前两款行为，未经处理的，按照累计数额计算。

② 根据《刑法》第一百六十一条的规定，公司向股东和社会公众提供虚假的或隐瞒重要事实的财务报告，严重损害股东或其他人利益的，对直接负责的主管人员和其他直接责任人员，处3年以下有期徒刑或拘役，并处或单处20 000元以上200 000元以下罚金。

③ 根据《刑法》第二百二十九条的规定，承担资产评估、验资、验证、会计、审计、法律服务等职责的中介组织的人员故意提供虚假证明文件，情节严重的，处5年以下有期徒刑或拘役，并处罚金。

前款规定的人员，索取他人财物或非法收受他人财物，犯前款罪的，处5年以上10年以下有期徒刑，并处罚金。

（2）行政责任

① 通报。由县级以上人民政府财政部门采取通报的方式对违法行为人予以批评、公告。通报由县级以上人民政府财政部门送达被通报人，并通过一定的媒介在一定的范围内公布。

② 罚款。县级以上人民政府财政部门根据违法行为情节轻重，在予以通报的同时，可以对单位并处5 000元以上100 000元以下的罚款；对直接负责的主管人员和其他直接责任人员，可以处3 000元以上50 000元以下的罚款。

③ 行政处分。对上述违法行为直接负责的主管人员和其他直接责任人员中属于国家工作人员的，还应当由所在单位或有关单位依法给予撤职直至开除的行为处分。

④ 吊销会计从业资格。会计工作人员有上述所列违法行为之一、情节严重的，由县级以上人民政府财政部门吊销会计从业资格证书。

（三）隐匿或故意销毁依法应当保存的会计凭证、会计账簿、财务报告

1. 违法行为

隐匿是指故意转移、隐藏应当保存的会计凭证、会计账簿、财务报告的行为。

销毁是指故意将依法应当保存的会计凭证、会计账簿、财务报告予以毁灭的行为。

2. 相关的法律责任

同伪造、变造会计凭证、会计账簿，编制虚假财务报告的法律责任。

（四）授意、指使、强令会计机构、会计人员及其他人员伪造、变造会计凭证、会计账簿，编制虚假财务报告或隐匿、故意销毁依法应当保存的会计凭证、会计账簿、财务报告的法律责任

1. 违法行为

授意是指暗示他人按其意思行事；指使是指通过明示方式，指示他人按其意思行事；强令是指明知其命令是违反法律的，而强迫他人执行其命令的行为。

2. 相关的法律责任

（1）刑事责任

根据我国《刑法》的有关规定，授意、指使、强令会计机构、会计人员及其他人员伪造、变造会计凭证、会计账簿，编制虚假财务报告或隐匿、故意销毁依法应当保存的会计凭证、会计账簿、财务报告的，应作为伪造、变造会计凭证、会计账簿，编制虚假财务报告或隐匿、故意销毁依法应当保存的会计凭证、会计账簿、财务报告的共同犯罪，定罪处理。共同犯罪是指两人以上共同故意犯罪。

（2）行政责任

① 罚款。县级以上人民政府财政部门根据违法行为情节轻重，对违法行为人，可以处5 000元以上50 000元以下的罚款。

② 行政处分。对授意、指使、强令会计机构、会计人员及其他人员伪造、变造会计凭证、会计账簿，编制虚假财务报告或隐匿、故意销毁依法应当保存的会计凭证、会计账簿、财务报告的国家工作人员，还应当由所在单位或有关单位依法给予降级、撤职直至开除的行政处分。

（五）单位负责人对依法履行职责、抵制违反《会计法》规定行为的会计人员实行打击报复的法律责任

1. 相关的法律责任

（1）刑事责任

单位负责人对依法履行职责、抵制违反《会计法》规定行为的会计人员以降职、撤职、调离岗位、解聘或开除等方式实行打击报复，构成打击报复罪的，依法追究刑事责任。

根据《刑法》第二百五十五条规定，公司、企业、事业单位、机关、团体的领导人，对依法履行职责、抵制违反《会计法》行为的会计人员实行打击报复，情节恶劣的，处3年以下有期徒

刑或拘役。

(2) 行政责任

单位负责人对依法履行职责、抵制违反《会计法》规定行为的会计人员实行打击报复,情节轻微,危害性不大,尚不够成犯罪的,由所在单位或有关单位依法给予行政处分。

2. 补救措施

(1) 恢复名誉

受打击报复的会计人员的名誉受到损害的,其所在单位或上级单位及有关部门应当要求打击报复者向遭受打击报复的会计人员赔礼道歉,并澄清事实,消除影响,恢复名誉。

(2) 恢复原有职务、级别

会计人员受到打击报复,被调离工作岗位、解聘或开除的应当在征得会计人员同意的前提下,恢复工作;被撤职的,应当恢复原有职务;被降级的,应当恢复原有级别。

(六) 财政部门及有关行政部门的工作人员在实施监督管理中滥用职权、玩忽职守、徇私舞弊或泄露国家秘密、商业秘密的法律责任

1. 刑事责任

(1) 滥用职权、玩忽职守罪

根据《刑法》第三百九十七条规定,财政部门及有关行政部门的工作人员滥用职权或玩忽职守,致使公共财产、国家和人民利益遭受重大损失的,处3年以下有期徒刑或拘役;情节特别严重的,处3年以上7年以下有期徒刑。本法另有规定的,依照规定。财政部门及有关行政部门的工作人员徇私舞弊,犯上述罪行的,处5年以下有期徒刑或拘役;情节特别严重的,处5年以上10年以下有期徒刑。

(2) 泄露国家秘密罪

根据《刑法》第三百九十八条规定,财政部门及有关行政部门的工作人员违反《保守国家秘密法》的规定,故意或过失泄露国家秘密,情节严重的,处3年以下有期徒刑或拘役;情节特别严重的,处3年以上7年以下有期徒刑。

2. 行政责任

上述违法行为的责任人尚不构成犯罪的,应该依照《会计法》第四十七条的规定及相关法律、法规的规定,给予行政处分。

(七) 将检举人姓名和检举人材料转给被检举单位和被检举人个人的法律责任

《会计法》规定,将检举人姓名和检举人材料转给被检举单位和被检举人个人的,由所在单位或有关单位依法给予行政处分。

(八) 违反《会计法》同时违反其他法律规定的行为的处罚

违反《会计法》同时违反其他法律规定的,由有关部门在各自职权范围内依法进行处罚。

综合训练

一、单项选择题

1. 根据《会计法》的规定,主管全国会计工作的部门是(　　)。

A. 全国人大常务委员会　　B. 中国会计学会

C. 国务院财政部门　　D. 中国注册会计师协会

2. (　　)是指国家权力机关和行政机关制定的,用以调整会计关系的各种法律、法规和规范性文件的总称。

A. 会计法律制度　　B. 会计法律　　C. 会计法规　　D. 会计规范性文件

3. (　　)负责单位内部的会计工作管理。

A. 会计主管　　B. 单位上一级主管部门

C. 单位负责人　　D. 主管会计部门的单位负责人

4. 民族自治区会计记录(　　)。

A. 只能使用汉字

B. 只能使用当地通用的一种文字

C. 可以使用汉字,也可以同时使用通用的一种民族文字

D. 以上答案都不对

5. 国家统一的会计准则制度是由(　　)发布的。

A. 财政部　　B. 国务院

C. 全国人民代表大会　　D. 全国人民代表大会及其常务委员会

6. 会计核算工作中对会计资料的要求是提供(　　)的会计资料。

A. 合理、完整　　B. 合法、及时　　C. 真实、完整　　D. 准确、完整

7. 单位内部会计监督,可通过(　　)在处理会计业务过程中进行。

A. 单位内部会计机构、会计人员　　B. 单位内部纪检人员

C. 单位负责人　　D. 上级领导

8. 各单位采用的会计处理方法,确有必要变更的,应当按照国家统一的会计制度的规定变更,并将(　　)在财务会计报告中说明。

A. 变更的原因　　B. 变更的依据、影响

C. 变更的原因、影响　　D. 变更的原因、情况及影响

9. 用电子计算机进行会计核算的单位,其使用的会计软件及生成的会计资料应当符合政府有关部门的规定,该政府部门是指(　　)。

A. 财政部门　　B. 国务院税务主管部门

C. 工商行政管理部门　　D. 单位上级业务主管部门

10. 会计档案保管的最长期限是(　　)。

A. 5 年　　B. 10 年　　C. 15 年　　D. 30 年

11. 目前,我国已形成三位一体的会计监督体系,其中国家监督的主体是(　　)。

A. 注册会计师　　B. 会计人员　　C. 政府财政部门　　D. 社会公众

12. 不属于代理记账的规定条件的是(　　)。

A. 5 名以上持有会计从业资格证书的专职从业人员

B. 为依法设立的企业

C. 有健全的代理记账业务内部规范

D. 主管代理记账业务的负责人具有会计师以上专业技术职务资格且为专职从业人员

13. 会计核算的依据和填制会计凭证、登记会计账簿、编制财务会计报告的基础是(　　)。

A. 会计账目　　B. 会计法律

C. 会计资料的基本要求　　D. 实际发生的经济业务事项

14. 会计行政法规制定依据的是(　　)。

A. 会计法　　B. 公司法　　C. 立法法　　D. 证券法

15. 会计工作的主管部门是(　　)。

A. 财政部门　　B. 国务院　　C. 税务部门　　D. 注册会计师协会

16. 属于会计机构和会计人员在办理会计事务过程中以及在管理会计工作中发生的各种经济关系是(　　)。

A. 经济关系　　B. 会计关系　　C. 上下级关系　　D. 合伙人关系

17. 提供虚假财务会计报告是指(　　)。

A. 以虚假的经济业务事项为前提编造不真实的会计凭证、会计账簿和其他会计资料

B. 用涂改、挖补等手段来改变会计凭证、会计账簿等的正式内容,歪曲事实真相的行为

C. 通过编造虚假的会计凭证、会计账簿及其他会计资料或直接篡改财务会计报告上的数据

D. 以上答案都不对

18. 根据《会计档案管理办法》的规定,会计档案保管期限分为永久和定期两类。定期保管的会计档案,其最短期限是(　　)。

A. 10 年　　B. 20 年　　C. 30 年　　D. 50 年

19. 某外商投资企业因货款需向中国建设银行某分行报送年度会计报表,结账截止日应为(　　)

A. 公历 3 月 31 日　　B. 公历 4 月 1 日　　C. 公历 10 月 31 日　　D. 公历 12 月 31 日

20. 1990 年 12 月 31 日国务院发布的《总会计师条例》属于我国会计法律制度中的(　　)层次。

A. 国家统一的会计准则制度　　B. 地方性会计法规

C. 会计法律　　D. 会计行政法规

21. 依照规定,会计机构负责人(会计主管人员)是指在一个单位内部具体负责会计工作的(　　)。

A. 高层领导人　　B. 中层领导人　　C. 基层领导人　　D. 普通员工

22. 根据《会计基础工作规范》规定,原始凭证不得外借,其他单位如果因特殊原因需要使用原始凭证时,经(　　)批准,可以复制。

A. 单位负责人　　B. 会计档案保管员　　C. 总会计师　　D. 会计机构负责人

23. 属于单位负责人的是(　　)。

A. 法人代表　　B. 副厂长　　C. 人事科长　　D. 总会计师

24. 某单位违反《会计法》的规定,任用不具有会计从业资格的徐某担任本单位会计机构负责人。县级以上财政部门可以对该违法行为直接负责的主管人员和其他直接责任人员处以(　　)。

A. 2 000 元以上 20 000 元以下的罚款　　B. 3 000 元以上 30 000 元以下的罚款

C. 5 000 元以上 20 000 元以下的罚款　　D. 5 000 元以上 30 000 元以下的罚款

25. 《会计法》规定,行使行政处罚的行政机关是(　　)。

A. 县级以上人民政府财政部门　　B. 省级以上人民政府财政部门
C. 县级以上工商行政部门　　D. 省级以上工商管理部门

26. 会计行政法规由(　　)发布。
A. 财政部　　B. 国务院
C. 各级主管会计工作的行政部门　　D. 全国人民代表大会及其常务委员会

27. 根据《会计基础工作规范》的规定,单位负责人的直系亲属不得在本单位担任的会计工作岗位是(　　)。
A. 会计机构负责人　B. 稽核　C. 会计档案保管　D. 出纳

28. 有关会计机构的设置的表述,不正确的是(　　)。
A. 不具备条件的,应当委托批准设立从事会计代理记账的中介机构代理记账
B. 企业必须设置会计机构
C. 可以不设置会计机构,在有关会计机构中设置会计人员并制定会计主管人员
D. 各单位根据业务的需要,设置会计机构

29. (　　)是由国务院制定的。
A. 法律　B. 行政法规　C. 宪法　D. 规章

30. (　　)是会计法律制度中层次最高的法律规范,是制定其他会计法规的依据。
A. 会计法　B. 会计行政法规　C. 会计准则　D. 会计制度

31. 不属于违反会计制度规定的行为的是(　　)。
A. 不依法设置会计账簿的行为
B. 向不同的会计资料使用者提供不同的财务会计报告
C. 未按照规定保管会计资料,致使会计资料毁损、灭失的行为
D. 将应收账款的坏账计提由按年末余额一定比例计提法计提改为按账龄分析法计提

32. 年度财务会计报告的保管期限为(　　)。
A. 30 年　B. 永久　C. 10 年　D. 25 年

33. 会计人员继续教育的对象为(　　)。
A. 取得会计从业资格证书人员　　B. 会计
C. 在职会计人员　　D. 单位负责人

34. 各单位内部会计监督(　　)。
A. 通过会计机构进行监督
B. 通过会计人员进行监督
C. 通过单位负责人进行监督
D. 通过建立、健全内部会计监督制度进行监督

35. 某企业因内部管理混乱造成财务会计报告不合法、不真实,对此首先应当承担责任的是(　　)。
A. 企业的会计人员　　B. 企业的会计机构负责人
C. 企业的总会计师　　D. 企业的负责人

36. 一家外商投资企业,业务收支如果主要以美元为主,也有少量的人民币收支业务,根据《会计法》规定,该单位可以采用(　　)作为记账本位币。
A. 人民币　B. 人民币和美元　C. 日元　D. 美元

37. 会计法律制度是调整(　　)的法律规范。

A. 会计关系　　B. 会计人员之间关系

C. 会计事项关系　　D. 会计工作对象关系

38. (　　)与经济业务事项或会计事项的审批人员、经办人员、财物保管人员的职责权限应当明确,并相互分离、相互制约。

A. 记账人员　　B. 会计人员　　C. 审核人员　　D. 审计人员

39. 违反《会计法》,同时违反其他法律规定的,由有关部门在各自职权范围内依法进行处罚。除构成犯罪的,由司法机关依法追究刑事责任外,其他对会计违法行为享有(　　)权的机关,对尚不构成犯罪的会计违法行为,应当按照法定职权做出相应处罚。

A. 行政处罚　　B. 刑事处罚　　C. 民事处罚　　D. 以上选项均不对

40. 属于内部会计监督的是(　　)。

A. 会计人员对违法收支不予理睬　　B. 税务机关的监督

C. 审计机构的监督　　D. 财政机关的监督

41. 单位内部会计监督制度在本质上就是一种(　　)。

A. 内部牵制制度　　B. 内部控制制度　　C. 内部审计制度　　D. 会计档案管理

42. 不属于会计工作岗位的是(　　)。

A. 会计机构负责人　　B. 财产物资核算　　C. 内部审计　　D. 会计档案管理

43.《中华人民共和国会计法》规定,我国会计年度自(　　)。

A. 公历1月1日起至12月31日止　　B. 农历1月1日起至12月30日止

C. 公历4月1日起至次年3月31日止　　D. 公历10月1日起至次年9月30日止

44. 各单位当年形成的会计档案,在会计年度终了后,可由本单位财务会计部门临时保管(　　)。

A. 3年　　B. 2年　　C. 1年　　D. 半年

45. 伪造会计凭证、会计账簿及其他会计资料是指(　　)。

A. 以虚假的经济业务事项为前提编造不真实的会计凭证、会计账簿和其他会计资料

B. 用涂改、挖补等手段来改变会计凭证、会计账簿等的正式内容,歪曲事实真相的行为

C. 通过编造虚假的会计凭证、会计账簿及其他会计资料或直接篡改财务会计报告上的数据

D. 以上答案都不对

46. 企业会计日记账保管期限为(　　)年。

A. 5　　B. 10　　C. 30　　D. 20

47. 会计人员如果有侵占企业财产、私分国有财产和罚没财产行为,应当按照(　　)的有关规定给予定罪处罚。

A.《会计法》　　B.《公司法》　　C.《刑法》　　D.《审计法》

48. 单位进行会计核算的最基本要求是(　　)。

A. 独立核算　　B. 依法设置会计账簿

C. 工商登记　　D. 税务登记

49. 企业季度财务报告的保管期限为(　　)年。

A. 30　　B. 10　　C. 15　　D. 永久

50. 根据《会计法》的规定，对于伪造、变造会计凭证、会计账簿，编制虚假财务会计报告，尚不构成犯罪的，县级以上人民政府财政部门可以对单位处(　　)的罚款。

A. 3 000 元以上，50 000 元以下　　B. 5 000 元以上，100 000 元以下

C. 10 000 元以上，100 000 元以下　　D. 20 000 元以上，200 000 元以下

51. 属于企业内部控制应当遵循的原则的是(　　)。

A. 安全性原则　　B. 真实性原则　　C. 成本效益原则　　D. 独立性原则

52. 《会计法》要求，作为记账凭证编制依据的必须是(　　)的原始凭证和有关资料。

A. 经办人签字　　B. 经过审核　　C. 金额无误　　D. 领导认可

53. 某企业一职工将购买的营养品开成一般药品来单位报销，这一做法违背了原始凭证的(　　)。

A. 准确性　　B. 合法性　　C. 真实性　　D. 合理性

54. 单位负责人对依法履行职责，抵制违反《会计法》行为的会计人员进行打击报复，构成犯罪的应(　　)。

A. 给予罚款　　B. 承担经济责任　　C. 追究刑事责任　　D. 责令限期改正

55. 有关单位内部会计监督制度说法正确的是(　　)。

A. 会计事项的经办人和审批人员可以由一人兼任

B. 记账人员和经济业务的审批人员可以由一人兼任

C. 记账人员和财物保管人员的职责权限应明确，并相互分离

D. 记账人员和业务经办人员可以由一人兼任

56. 对于会计工作政府监督的表述，正确的是(　　)。

A. 中国银行是会计工作政府监督的实施主体

B. 检查会计师事务所出具的审计报告的内容属于会计工作政府监督的范畴

C. 会计工作的政府监督应当遵循全面性与重要性原则

D. 对单位是否依法设置会计账簿的检查不属于会计工作政府监督的范畴

57. 关于会计工作的社会监督的表述，不正确的是(　　)。

A. 社会监督具有很强的权威性和公正性

B. 社会监督是一种外部监督，主要是指注册会计师及其所在的会计师事务所对委托单位会计工作的监督

C. 社会监督是一种外部监督，包括社会各界对会计工作的监督

D. 财政部门有权对会计师事务所出具的审计报告的程序和内容进行监督

58. 法律责任是指违反某种行为应承担的法律后果，此行为是(　　)。

A. 职业道德　　B. 单位纪律　　C. 法律规定　　D. 行业惯例

59. 高级会计师资格的取得实行考试与评审相结合制度，符合报名条件的人员，均可报考，参加考试并达到国家合格标准的人员，由全国会计专业技术资格考试办公室核发高级会计师资格考试合格证，该证书的适用范围是(　　)。

A. 全国　　B. 所属省级行政区域

C. 所属市级行政区域　　D. 所属县级行政区域

60. 会计人员私设会计账簿情节严重的，(　　)不得重新取得会计从业资格证书。

A. 1 年内　　B. 5 年内　　C. 7 年内　　D. 永久

二、多项选择题

1. 刑罚包括主刑和附加刑,其中属于主刑的有(　　)。

A. 管制　B. 拘役　C. 无期徒刑　D. 死刑

2. 我国目前的会计监督体系为(　　)。

A. 单位内部监督　B. 以注册会计师为主体的社会监督

C. 以财政部门为主体的政府监督　D. 舆论监督

3. 属于会计法律制度的有(　　)。

A.《会计法》　B. 企业会计准则制度

C.《总会计师条例》　D. 单位内部会计核算流程

4. 以实际发生的经济业务事项为依据进行会计核算是(　　)。

A. 会计核算的重要前提

B. 填制会计凭证、登记会计账簿、编制财务会计报告的基础

C. 保证会计资料质量的关键

D. 其他

5. 属于进行会计核算的经济业务的有(　　)。

A. 款项和有价证券的收付　B. 账物收发、增减和使用

C. 债权、债务发生和结算　D. 资本、基金增减

6. 单位内部控制的方法有(　　)。

A. 会计系统控制　B. 授权批准控制

C. 预算控制　D. 财产保护控制

7. 根据《会计法》的规定,单位出纳人员不得兼任的工作有(　　)。

A. 稽核　B. 会计档案保管

C. 银行存款日记账登记工作　D. 费用账目登记工作

8. 根据《会计工作基础规范》的规定,单位负责人的直系亲属不得担任本单位的(　　)。

A. 会计机构负责人　B. 会计主管人员　C. 会计　D. 出纳

9. 从我国会计工作实情出发,建立单位内部控制,应当遵循的原则有(　　)。

A. 全面性原则　B. 重要性原则　C. 制衡性原则　D. 适应性原则

10. 财政部门在会计人员管理中的工作职责主要包括(　　)。

A. 会计从业资格管理　B. 会计专业技术职务资格管理

C. 会计人员评优表彰奖惩　D. 会计人员继续教育管理

11. 财政部门对各单位实施监督的事项主要包括(　　)。

A. 是否依法设置会计账簿

B. 从事会计工作的人员是否具备会计从业资格

C. 会计凭证、会计账簿、财务会计报告和其他会计资料是否真实完整

D. 会计核算是否符合《会计法》和国家统一的会计制度的规定

12.《会计法》对生成和提供会计资料所做的基本要求是任何单位和个人(　　)。

A. 不得伪造会计凭证、会计账簿　B. 不得变造会计凭证、会计账簿

C. 不得提供虚假的财务会计报告　　D. 不得伪造、变造其他会计资料

13. 财务会计报表由(　　　　)组成。

A. 资产负债表　　B. 利润表

C. 现金流量表　　D. 所有者权益变动表

14. 注册会计师及所在的会计师事务所可依法承办的审计业务有(　　　　)。

A. 审查企业财务会计报告,出具审计报告

B. 验证企业资本、出具验资报告

C. 办理企业合并、分立、清算事宜中的审计业务,出具有关报告

D. 法律、行政法规规定的其他审计业务

15. 属于代理记账业务范围的有(　　　　)。

A. 代理申请工商登记

B. 根据委托人提供的原始凭证和其他资料进行会计核算

C. 向税务机关提供税务资料

D. 对外提供财务会计报告

16. 根据《会计从业资格管理办法》的规定,必须取得会计从业资格证书后才能从事的工作有(　　　　)。

A. 会计机构负责人　　B. 出纳

C. 资本、基金核算　　D. 会计机构内会计档案管理

17. 属于会计从业资格考试报名基本条件的有(　　　　)。

A. 遵守《会计法》和其他财经法律、法规　　B. 具有良好的道德品质

C. 年龄在60岁以下　　D. 具备会计专业基本知识和技能

18. 会计监督是会计的基本职能之一,依照《会计法》的规定,我国会计监督的种类包括(　　　　)。

A. 单位内部监督　　B. 政府监督

C. 社会监督　　D. 单位上级主管部门的监督

19. 单位内部会计监督制度应当符合的要求有(　　　　)。

A. 记账人员与经济业务事项或会计事项的审批人员、经办人员、财物保管人员的职责权限应当明确,并相互分离、相互制约

B. 重大对外投资、资产处置、资金调度和其他重要经济业务事项的决策和执行的相互监督、相互制约的程序应当明确

C. 财产清查的范围、期限和组织程序应当明确

D. 对会计资料定期进行内部审计的办法和程序应当明确

20. 《会计法》规定的法律责任可分为(　　　　)。

A. 赔偿责任　　B. 连带责任　　C. 行政责任　　D. 刑事责任

21. 会计人员有(　　　　)行为之一,情节严重的,由县级以上人民政府财政部门吊销会计从业资格证书。

A. 随意变更会计处理方法的

B. 未按照规定保管会计资料,致使会计资料毁损、灭失的

C. 私设会计账簿的

D. 无故不参加会计人员继续教育的

22. 根据《会计法》的规定,单位负责人对本单位的会计工作和会计资料的(　　)。

A. 真实性负责　B. 完整性负责　C. 直接性负责　D. 间接性负责

23. 代理记账机构能够接受委托,代表委托人办理的业务包括(　　)。

A. 审核原始凭证　B. 编制财务会计报告

C. 申报纳税　D. 出具审计报告

24. 各单位要依法设置(　　)。

A. 总账和日记账　B. 发票登记簿　C. 明细账　D. 其他辅助账簿

25. 从事代理记账工作的人员应遵守的规则有(　　)。

A. 依法履行职责

B. 保守商业秘密

C. 对委托人示意要求提供不实会计资料,应当拒绝

D. 对委托人提出的有关会计处理原则问题负有解释的责任

26. 我国会计法律的基本构成包括(　　)。

A. 会计法律　B. 会计行政法规

C. 地方性会计法规　D. 会计部门规章

27. 会计资料是在会计核算过程中形成的、记录和反映实际发生的经济业务事项的资料,包括(　　)。

A. 会计凭证　B. 会计账簿　C. 财务会计报告　D. 其他会计资料

28. 属于会计工作社会监督特性的有(　　)。

A. 重要性　B. 全面性　C. 独立性　D. 有偿性

29. 属于会计岗位的有(　　)。

A. 工资核算岗位　B. 资金核算岗位

C. 计划管理岗位　D. 会计档案管理岗位

30. 根据《会计专业职务试行条例》的规定,属于会计专业职务的有(　　)。

A. 总会计师　B. 高级会计师

C. 会计师　D. 助理会计师、会计员

31. 根据《中华人民共和国会计法》的规定,属于违法会计行为的有(　　)。

A. 未按照规定保管会计资料,致使会计资料毁损、灭失的行为

B. 未按照规定建立并实施单位内部会计监督制度的行为。

C. 向不同的会计资料使用者提供财务会计报告编制依据不一致的行为

D. 任用不具有会计从业资格的人员从事会计工作的行为

32. 根据《中华人民共和国会计法》的规定,出纳员不得兼任的工作有(　　)。

A. 登记收入、支出账目　B. 登记债权、债务账目

C. 保管会计档案　D. 保管人事档案

33. 属于《中华人民共和国会计法》规定的行政处罚的形式有(　　)。

A. 罚款　B. 行政拘留

C. 吊销会计从业资格证书　D. 没收违法所得

34. 关于会计档案的表述中,符合《会计档案管理办法》规定的有(　　)。

A. 单位会计档案经本单位会计机构负责人批准后可以对外提供查询
B. 单位会计档案销毁需经单位负责人批准
C. 保管期满但未结清债权债务的原始凭证,不得销毁
D. 正在项目建设期间的建设单位,保管期满的会计档案不得销毁

35. 属于企业年度财务会计报告组成部分的有(　　)。
A. 会计凭证　B. 会计报表　C. 会计报表附注　D. 会计账簿

36. 行政法规是由(　　)发布的。
A. 全国人民代表大会　B. 国务院
C. 财政部　D. 国务院有关部门拟定经国务院批准

37. 单位档案管理机构接收电子会计档案时,应当对电子会计档案的(　　)进行检测,符合要求的才能接收。
A. 准确性　B. 完整性　C. 安全性　D. 可用性

38. 下列文件材料,应当执行文书档案管理规定,不适用会计档案管理办法的有(　　)。
A. 原始凭证　B. 预算　C. 计划　D. 制度

39. 会计处理方法包括(　　)等。
A. 会计确认方法　B. 会计计量方法　C. 会计记录方法　D. 会计报告方法

40. 主管全国会计档案工作,共同制定全国统一的会计档案工作制度,对全国会计档案工作实行监督和指导的有(　　)。
A. 财政部　B. 国家档案局　C. 审计局　D. 公安局

41. (　　)需要在会计档案销毁清册上签署意见。
A. 单位负责人　B. 档案管理机构负责人
C. 会计管理机构负责人　D. 档案管理机构和会计管理机构经办人

42. 有关会计工作交接的说法正确的有(　　)。
A. 临时离职需要接替的,会计机构负责人或单位负责人必须指定专人接替,并办理会计工作交接手续
B. 临时离职或因病不能工作的会计人员恢复工作时,应当与接替或代理人员办理接替手续
C. 有价证券的数量要与会计账簿记录一致,有价证券面额与发行价不一致时,按照会计账簿余额交接
D. 公章、收据、空白支票、发票等必须交接清楚

43. 会计从业资格的考试科目为(　　)。
A.《财经法规与会计职业道德》　B.《会计基础》
C.《初级会计电算化》　D.《会计实务》

44. 规范会计资料的国家统一的会计制度目前主要有(　　)。
A.《会计法》　B.《会计基础工作规范》
C.《会计档案管理办法》　D.《企业会计制度》

45. 不属于注册会计师及其所在的会计师事务所的法定业务范围的有(　　)。
A. 检查企业会计工作情况　B. 承办会计咨询、会计服务业务
C. 依法承办审计业务　D. 检查企业生产经营完成情况

46. 根据《会计档案管理办法》的规定，对保管期满的会计档案进行整理以备销毁时，（　　）不得销毁。

A. 未结清的债权债务会计凭证

B. 涉及其他未了事项的会计凭证

C. 超过会计档案保管期限但尚未报废的固定资产购买凭证

D. 对保管期满，确无保存价值的会计档案

47. 会计档案需要永久保管的有（　　）。

A. 会计档案移交清册　　B. 会计档案保管清册

C. 会计档案销毁清册　　D. 会计档案鉴定意见书

48. 根据《会计基础工作规范》的规定，不属于会计岗位的有（　　）。

A. 药房记账人员　　B. 单位内部审计工作

C. 商场收款员　　D. 住院部收费员

49. 根据《会计基础工作规范》的规定，会计工作交接完毕后，交接双方和监交人要在移交清册上签名盖章，并在移交清册上注明（　　）等。

A. 单位名称　　B. 移交清册页数及需要说明的问题和意见

C. 交接双方和监交人的职务、姓名　　D. 交接日期

50. 授意、指使、强令会计机构、会计人员及其他人员伪造、变造会计凭证、会计账簿、编制虚假财务会计报告或隐匿、故意销毁依法应当保存的会计凭证、会计账簿、财务会计报告，尚不构成犯罪的，除依法可处以规定数额的罚款外，对于属于国家工作人员的，还应当由其所在单位或有关单位依法给予的行政处罚有（　　）。

A. 降级　　B. 撤职　　C. 开除　　D. 警告

三、判断题

1. 行政责任是指犯有一般违法行为的单位或个人，依照法律法规的规定应承担的法律责任。（　　）

2. 伪造会计凭证是指用涂改、挖补等手段来改变会计凭证的真实内容，歪曲事实真相的行为。（　　）

3. 公司、企业可以根据不同报表使用者的需要采取不同的编制基础、编制依据、编制原则和编制方法，分别编制并提供财务会计报告。（　　）

4. 会计档案的保管期限分为永久和定期两类，保管期限从会计年度终了后的第一天算起。（　　）

5. 因单位负责人对本单位会计工作和会计资料的真实性、完整性承担第一责任，所以会计人员对本单位的会计信息失真没有责任。（　　）

6. 国务院发布的《总会计师条例》的法律地位低于全国人大常委会通过的《中华人民共和国会计法》。（　　）

7. 持证人员参加继续教育采取学分制管理制度。（　　）

8. 记账人员与会计事项的审批人员、经办人员、财务保管人员的职责权限应当明确，并相互分离、相互制约。（　　）

9. 隐匿、故意销毁依法应当保存的会计凭证、会计账簿、财务会计报告的行为，应当承

担法律责任。（　）

10. 业务收支以人民币以外的货币为主的单位，可以选择其中一种外币编制财务会计报告。（　）

11. 会计从业资格证书实行 6 年定期换证制度。（　）

12. 会计机构、会计人员对记载不准确、不完整的原始凭证有权予以退回，并要求经办人员按照国家统一的会计制度的规定进行更正、补充。（　）

13. 当单位利益与社会公众利益发生冲突时，会计人员可以首先考虑单位利益，然后再考虑社会公众利益。（　）

14. 会计人员对不真实、不合法的原始凭证，有权不予受理。（　）

15. 会计从业资格考试全科合格的申请人可以按规定向有关财政部门申请会计从业资格证书，也可以委托代理人申请。（　）

16. 授意、指使、强令会计机构、会计人员及其他人员编制虚假财务会计报告或隐匿、故意销毁依法应保存的会计凭证、会计账簿、财务会计报告，尚构不成犯罪的，可以处以 5 000 元以上 5 万元以下的罚款。（　）

17. 提供虚假的会计凭证不属于违法行为。（　）

18. 会计人员对于违反《会计法》和国家统一的会计制度规定的行为有权予以检举，收到检举的部门，有权处理的，应当依法按照职责分工及时处理；无权处理的，应当及时移送有权处理的部门处理。（　）

19. 会计报表附注是会计报表的补充，主要对会计报表不能包括的内容或不能详尽披露的内容所做的进一步解释说明。会计报表附注弥补了会计报表只能在固定的格式下根据严格的定义和规范提供定量财务信息的局限性，有利于更加真实完整地提供会计信息。（　）

20. 会计工作是一项经济管理活动，为了规范会计工作，保证会计工作在经济管理中的作用，政府部门应该在宏观上对会计工作进行必要的指导、监督和管理。《会计法》规定由国家国务院财政部门主管全国的会计工作，这一点也为我国多年的实践和经验证明是切实可行的。（　）

21. 单位可以聘用没有会计从业资格证书的人员从事会计工作，但是其不得担任会计主管工作。（　）

22. 根据内部会计控制制度的规定，会计、出纳必须分设。（　）

23. 区级财政部门可以依法吊销会计人员的从业资格证书。（　）

24. 记账凭证必须连续编号，如果写错作废时，应加盖作废章，并全部保存，不得撕毁。（　）

25. 原始凭证记载的各项内容不得涂改，原始凭证的内容有错误的，应当由出具单位重开；原始凭证金额有错误的，应当由出具单位重开或更正，更正处加盖单位公章。（　）

26. 销售产品一批，货款金额共计伍万零玖元肆角整，在填写发票小写金额时应为 50 009. 4 元。（　）

27. 自制原始凭证是由企业财会部门自行填制的原始凭证。（　）

28. 会计凭证只有经过审核后才能登记账簿。（　）

29. 记账凭证按填制方式不同，分为一次凭证和累计凭证。（　）

30. 如果一笔经济业务涉及的会计科目较多，需填制多张会计凭证的，可采用分数编号

法,也可以采用连续编号法。 ( )

31. 对于不真实、不合法的原始凭证,会计机构、会计人员应予以退回。 ( )

32. 红色墨水仅限结账、划线更正时使用。 ( )

33. 会计账簿是编制会计报表的主要根据。 ( )

34. 我国会计从业资格的取得实行考试制度。 ( )

35. 会计人员的任用、晋升、调动、奖惩,应当事先征求总会计师的意见。 ( )

36. 伪造会计凭证、会计账簿及其他会计资料是指以虚假的经济业务事项为前提编造不真实性的会计凭证、会计账簿及其他会计资料。 ( )

37. 行政事业单位的风险评估包括单位层面风险评估和经济业务层面的风险评估。 ( )

38. 会计资料的真实性和完整性,是会计资料最基本的质量要求,是会计工作的生命。 ( )

39. 生成和提供虚假的会计资料是一种严重的违法行为。 ( )

40. 会计凭证按照编制的程序和用途不同,可分为原始凭证和记账凭证。 ( )

41. 国务院财政部门和各省、自治区、直辖市人民政府财政部门,依法对注册会计师、会计师事务所和注册会计师协会进行监督指导。 ( )

42. 代理记账机构为委托人编制的财务会计报告,只需经委托人签名并盖章后,就可以对外提供。 ( )

43.《会计法》中所指的单位负责人包括单位的副职领导人。 ( )

44. 根据规定,会计人员继续教育的对象为所有持有会计从业资格证书的人员。 ( )

45. 向不同的会计资料使用者可以提供编制依据不一致的财务会计报告。 ( )

46. 会计工作岗位可以一人一岗、一人多岗或一岗多人。 ( )

47. 为提高会计工作效率,经单位会计机构负责人批准,出纳人员可以兼管会计档案保管和债权债务账目的登记工作。 ( )

48. 会计资料移交后,如果发现移交人员在经办会计工作期间内发生的问题,应由移交人员和接收人员共同对这些会计资料的合法性、真实性承担法律责任。 ( )

49. 会计人员因病暂时不能工作的,可以不与接管人员办理工作交接手续。 ( )

50. 财政部门有权对会计师事务所出具的审计报告的程序和内容进行监督。 ( )

51. 会计工作的社会监督主要是指由注册会计师及所在的会计师事务所依法对受托单位的经济活动进行审计、鉴证的一种监督制度。 ( )

52. 会计机构、会计人员对违反《会计法》和国家统一的会计制度规定的事项,有权拒绝办理或按照职权予以纠正。 ( )

53. 对犯有打击报复会计人员罪的单位负责人,可处3年以下有期徒刑或拘役。 ( )

54. 因提供虚假财务会计报告被依法追究刑事责任的会计人员,不得重新取得会计从业资格证书。 ( )

55. 变造会计凭证的行为是指以虚假的经济业务或资金往来为前提,编造虚假的会计凭证的行为。 ( )

56. 会计处理方法一般一经确定,不得随意变更。 ( )

57. 单位提供的担保、未决诉讼等事项，属于企业的负债，在资产负债表中予以反映。（　）

58. 单位保存的会计档案一般不得对外借出。（　）

59. 企业的收支管理情况，属于行政事业单位的单位层面的风险评估。（　）

60. 在中国内地从事会计工作的外籍人员，不必具备会计从业资格。（　）

61. 会计监督的对象是本单位的会计机构和会计人员。（　）

62. 代理记账是指企业委托有会计资格证书的人员记账的行为。（　）

63. 变造会计凭证是指用涂改、挖补等手段改变会计凭证真实内容的行为。（　）

64. 各单位制定的内部会计监督制度，是单位管理内部的组成部分。（　）

65. 目前我国实行的三位一体的会计监督体系中以注册会计师为主体的监督属于政府监督。（　）

66. 出纳人员不得兼任何账目的登记工作。（　）

67. 在会计工作交接中，接替会计人员在交接时因疏忽没有发现接收的会计资料在真实性、完整性方面存在问题，如果事后发现问题，那么则应由接替会计人员承担相应的法律责任。（　）

68. 会计人员如果有侵占企业财产、私分国有财产和罚没财产的行为，应当按照《会计法》的有关规定给予处罚。（　）

69. 行政事业单位的风险评估包括单位层面风险评估和经济业务层面的风险评估。（　）

四、案例分析题

（一）2013 年，某省财政部门在对甲企业进行检查时，发现如下情况。

1. 为了粉饰财务报表，单位负责人王某授意会计人员李某虚构交易事项，编造虚假会计凭证，虚增利润 800 000 元。

2. 单位负责人王某授意会计人员张某变更固定资产折旧政策以虚增利润，张某坚持原则，予以抵制，后王某将张某解聘。

3. 为了掩盖违法行为，王某授意会计机构负责人刘某将以前年度虚假的会计资料销毁。

要求：根据上述情况，请回答下列问题。

1. 上述事项中，违反《会计法》规定的有（　）。

A. 事项 1　　B. 事项 2 中王某的行为

C. 事项 2 中张某的行为　　D. 事项 3

2. 针对事项 1 中李某的行为，说法正确的有（　）。

A. 属于伪造会计凭证的违法行为

B. 属于变造会计凭证的违法行为

C. 省级财政部门可吊销李某的会计从业资格证书

D. 可处李某 3 000 元以上 50 000 元以下的罚款

3. 针对事项 2 中王某的行为，说法正确的有（　）。

A. 可对王某处 3 000 元以上 50 000 元以下的罚款

B. 可对王某处 5 000 元以上 50 000 万元以下的罚款

C. 可对王某处3年以下有期徒刑或拘役

D. 对张某应恢复其名誉、原有职务、级别

4. 针对事项3,说法正确的有(　　)。

A. 可对王某处5 000元以上50 000元以下的罚款

B. 可对该企业处5 000元以上100 000元以下的罚款

C. 构成犯罪,还应依法追究刑事责任

D. 刘某是在王某授意下进行的销毁,不承担任何责任

5. 针对上述事项,说法正确的有(　　)。

A. 王某未直接实施违法行为,不承担任何责任

B. 王某授意他人实施违法会计行为,应承担法律责任

C. 王某解聘张某的行为属于正常的人事任免,未违反法律规定

D. 王某解聘张某的行为属于对依法履行职责,抵制违反《会计法》规定行为的会计人员实施打击报复,应承担相应的法律责任

(二)2013年6月,某市财政部门派出检查组对某国有企业会计工作进行检查。了解到如下情况。

1. 2010年5月,会计刘某临时离职。因刘某当时正生病住院,无法亲自到场办理会计工作交接手续,自行委托其他会计代办。

2. 会计张某未按规定保管会计档案,造成重要会计资料毁损,对企业造成重大不利影响。

3. 该企业2010年亏损200 000元,会计科长授意会计人员采取伪造会计凭证等手段虚增收入,将本年利润调整为盈利500 000元,并将调整后的财务会计报告经单位负责人及有关人员签名盖章后向有关单位报送。

4. 2010年3月,会计机构负责人王某将其弟弟小王调入企业任出纳,小王于2011年3月取得会计从业资格证书。

要求:根据以上情况,请回答下列问题。

1. 针对事项1中,按照《会计基础工作规范》的相关规定,说法正确的是(　　)。

A. 刘某自行委托其他会计代办交接工作是符合规定的

B. 刘某必须经单位负责人同意后方可委托他人代办会计交接工作

C. 办理交接手续后,刘某不再对其经办会计工作期间的工作负责

D. 办理交接手续后,刘某对其经办会计工作期间的工作负责

2. 针对事项2中,说法正确的是(　　)。

A. 属于未按规定保管会计资料的行为,违反了《会计法》

B. 属于未按规定保管会计资料的行为,但不违反《会计法》

C. 可对张某处2 000元以上20 000元以下罚款

D. 可对张某处3 000元以上50 000元以下罚款

3. 针对事项3,说法正确的是(　　)。

A. 单位负责人对会计科长授意会计人员采取伪造会计凭证等手段调整财务会计报告的行为,不应承担法律责任

B. 单位负责人对会计科长授意会计人员采取伪造会计凭证等手段调整财务会计报告

的行为,应承担法律责任

C. 由于是会计科长授意造假,因此会计人员不应对其会计造假行为承担责任

D. 虽然是会计科长授意造假,但会计人员应对其会计造假行为承担责任

4. 关于会计人员回避制度,表述不正确的是(　　)。

A. 任何单位任用会计人员均应当实行回避制度

B. 单位领导人的直系亲属不得担任本单位的会计机构负责人、会计主管人员

C. 会计机构负责人、会计主管人员的直系亲属不得在本单位会计机构中担任出纳工作

D. 需要回避的直系亲属包括夫妻关系、直系血亲关系、三代以内旁系血亲及近姻亲关系

5. 针对事项4,说法正确的是(　　)。

A. 任何单位任用会计人员均应当实行回避制度

B. 会计机构负责人王某将其弟弟小王调入企业任出纳,属于违法行为

C. 从事会计工作必须取得会计从业资格证书,这是法定资质

D. 根据《会计法》的规定,可对会计科长王某处3 000元以上50 000元以下的罚款,并吊销其会计从业资格证书

第二章
结算法律制度

学习指引

货币资金是支付能力最强的资产，是会计核算最重要的组成部分。会计从业人员每天都会与货币资金打交道，时时刻刻都要进行判断、选择用哪种支付结算方式，怎样支付更安全？在什么情况下可以使用现金支付？单位在购货时，能刷卡吗？这些都是本章要解决的问题。本章主要介绍支付结算过程中涉及的各种主要支付工具及结算方式的特点、办理程序及基本使用规定。

第一节　现金结算

工作疑问

1. 用现金进行支付结算需要注意哪些方面？如何按规定使用？
2. 企业如何核定库存限额？在实际工作中超限额如何处理？
3. 如何建立健全现金核算与内部控制？
4. 企业使用现金违规，应承担什么样的法律责任？

一、现金结算的概念、特点及渠道

（一）现金结算的概念

现金结算是指在商品交易、劳务供应等经济往来中直接使用现金进行应收应付款结算的一种行为，是货币结算的形式之一。在我国主要适用于单位与个人之间的款项收付以及单位之间在转账结算起点金额以下的零星小额收付。

（二）现金结算的特点

现金是支付能力最强的流动资产。用现金进行企业经济业务往来款项结算，具有直接和便利、不安全性、不易宏观控制和管理、费用较高等特点。因此，国家实行现金管理，要求各人民银行对各开户银行的现金进行监督和稽核，各开户银行对各开户单位的现金进行监管。只有这样才能限制现金结算的范围。

同步训练 2－1　根据《现金管理暂行条例》规定，负责现金管理的具体实施，并对开户单位收支、使用现金进行监督管理的机构是(　　　　)。

A. 开户银行　　　　B. 中国人民银行总行

C. 银监会　　　　　　　　　　　　　D. 中国人民银行各级分行

解析:正确答案是 A。见上述现金结算的特点的内容。

(三) 现金结算的渠道

现金结算主要有 2 种渠道:一种是直接付,即付款人直接将现金支付给收款人,不通过银行等中介机构;另一种是委托付,即付款人委托银行和非银行金融机构或非金融机构将现金支付给收款人。

二、现金结算的范围

为改善现金管理,促进商品生产和流通,加强对社会经济活动的监督,按《现金管理暂行条例》规定各单位必须在下列范围内使用现金。

① 职工工资、津贴。

② 个人劳务报酬。

③ 根据国家规定颁发给个人的科学技术、文化艺术、体育等各种奖金。

④ 各种劳保、福利费用及国家规定的对个人的其他支出。

⑤ 向个人收购农副产品和其他物资的价款。

⑥ 出差人员必须随身携带的差旅费。

⑦ 结算起点以下的零星支出。结算起点为多少,由中国人民银行确定,并报国务院备案。现行结算起点为 1 000 元。由此说明,开户单位支付给个人的款项,在结算起点 1 000 元以下的,可以用现金支付;超过使用现金限额的部分,应当以支票或银行本票支付;确需全额支付现金的,经开户银行审核后,予以支付现金。但单位向个人支付收购农副产品和其他物资的价款及出差人员必须随身携带的差旅费不受现金结算起点限制。

⑧ 中国人民银行确定需要支付现金的其他支出。例如,因采购地点不固定,交通不便,生产或市场急需,抢险救灾以及其他特殊情况必须使用现金的,应当向开户银行提出申请,由本单位财会部门负责人签字盖章,经开户银行审核后,予以支付现金。

同步训练 2－2　根据《现金管理暂行条例》规定,现金结算起点为 1 000 元,需要增加时,由中国人民银行分行确定后,报中国人民银行总行备案。这种说法(　　　)。

A. 正确　　　　B. 不正确

解析:正确答案是 B。见上述开户单位使用现金的范围的内容。

三、现金使用的限额

库存现金限额是指为了保证各单位日常零星支出按规定允许留存的现金的最高数。库存现金限额是由开户银行根据开户单位实际需要和距离银行的远近核定,一般按照开户单位 3～5 天的日常零星开支所需的现金确定。边远地区和交通不便地区的开户单位的库存现金限额,可以多于 5 天,但不得超过 15 天的日常零星开支。

经核定的库存现金限额,开户单位必须严格遵守。需要增加或减少库存现金限额的,应当向开户银行提出申请,由开户银行核定。

对没有在银行单独开立账户的附属单位也要实行现金管理,必须保留的现金,也要核定限额,其限额包括在开户单位的库存限额之内。

商业和服务行业的找零备用现金也要根据营业额核定定额,但不包括在开户单位库存现金限额之内。

同步训练2-3 根据《现金管理暂行条例》规定,库存现金限额是由开户银行核定的,一般按照开户单位(　　　)的日常零星开支所需的现金确定。

A. 1~3天　　B. 3~5天　　C. 5~10天　　D. 10~15天

解析:正确答案是B。见上述现金使用的限额的内容。

四、现金收支的基本要求

(一)现金收入管理要求

各单位现金收入应当于当日送存开户银行。当日送存确有困难的,由开户银行确定送存时间。同时规定,开户单位在销售活动中,取得的转账结算凭证具有同现金相同的支付能力,不得拒收支票、银行汇票和银行本票,不得对现金结算给予比转账结算优惠的待遇。

(二)现金支出管理要求

① 原则上不得坐支。坐支是指各开户单位直接从本单位的现金收入用于现金支付。根据《现金管理暂行条例》规定,各开户单位支付现金可以从本单位库存现金限额中支付或从开户银行提取,不得坐支。

② 特殊情形依法坐支。因特殊情况需要坐支现金的,应当事先报经开户银行审查批准,由开户银行核定坐支范围和限额。坐支单位应当定期向开户银行报送坐支金额和使用情况。

③ 提取现金规定。根据《现金管理暂行条例》规定,各单位从开户银行提取现金,应当写明用途,由本单位财会部门负责人签字盖章,经开户银行审核后,予以支付现金;因采购地点不固定、交通不便、生产或市场急需、抢险救灾及其他特殊情况必须使用现金的,应当向开户银行提出申请,由本单位财会部门负责人签字盖章,经开户银行审核后,予以支付现金。

(三)现金账目管理要求

各开户单位应当建立健全现金账目,并逐日逐笔记载现金收支。做到账目日清月结,账款相符。同时要遵守“八不准”规定,即不准用不符合财务制度的凭证顶替库存现金;不准单位之间互相借用现金;不准谎报用途套取现金;不准利用银行账户代其他单位和个人存入或支取现金;不准将单位收入的现金以个人名义存入储蓄;不准保留账外公款(即小金库);不准以任何代币券在市场上流通(变相发行货币);购置国家规定的专项控制商品,不准使用现金,必须采取转账结算方式。

五、建立健全现金核算与内部控制

现金是各单位流动性最强的资产。为了保护各单位资产的安全完整,加强对单位货币资金的内部控制和管理,财政部印发了《内部会计控制规范——货币资金(试行)》,其中对建立健全现金核算与内部控制工作提出了具体要求。

（一）单位应当建立货币资金内部控制

各单位应当根据国家有关法律法规和《内部会计控制规范——货币资金(试行)》,结合部门或系统的货币资金内部控制规定,建立适合本单位业务特点和管理要求的货币资金内部控制制度,并组织实施。

（二）单位负责人在货币资金内部控制的责任

单位负责人对本单位货币资金内部控制的建立健全和有效实施及货币资金的安全完整负责。

（三）岗位分工要求

① 单位应当建立货币资金业务的岗位责任制,明确相关部门和岗位的职责权限,确保办理货币资金业务的不相容岗位相互分离、制约和监督;出纳人员不得兼任稽核、会计档案保管和收入、支出、费用、债权债务账目的登记工作;单位不得由一人办理货币资金业务的全过程。

② 单位办理货币资金业务,应当配备合格的人员,并根据单位具体情况进行岗位轮换。办理货币资金业务的人员应当具备良好的职业道德,忠于职守、廉洁奉公、遵纪守法、客观公正,不断提高会计业务素质和职业道德水平。

（四）授权批准要求

① 授权制度。单位应当对货币资金业务建立严格的授权批准制度,要明确审批人对货币资金业务的授权批准方式、权限、程序、责任和相关控制措施,规定经办人办理货币资金业务的职责范围和工作要求。

② 审批制度。审批人应当在授权范围内进行审批,不得超越审批权限;经办人应当在职责范围内,按照审批人的批准意见办理货币资金业务。如果审批人超越授权范围审批的货币资金业务,经办人员有权拒绝办理,并及时向审批人的上级授权部门报告。

③ 集体审批制度。单位对于重要货币资金支付业务,应当实行集体决策和审批,并建立责任追究制度,防范贪污、侵占、挪用货币资金等行为。

同步训练 2－4　根据《现金管理暂行条例》规定,单位对于资金支付业务,应当实行集体决策和审批,并建立责任追究制度,防范贪污、侵占、挪用货币资金等行为。这种说法(　　　)

A. 正确　　　　　　　B. 不正确

解析:正确答案是 B。见上述建立健全现金核算的内容控制的内容。

（五）单位应当按照规定的程序办理货币资金支付业务

1) 支付申请。单位有关部门或个人用款时,应当提前向审批人提交货币资金支付申请,注明款项的用途、金额、预算、支付方式等内容,并附有效经济合同或相关证明。

2) 支付审批。审批人根据其职责、权限和相应程序对支付申请进行审批。对不符合规定的货币资金支付申请,审批人应当拒绝批准。

3) 支付复核。复核人应当对批准后的货币资金支付申请进行复核,复核货币资金支付申请的批准范围、权限、程序是否正确,手续及相关单证是否齐备,金额计算是否准确,支付方式、支付单位是否妥当等。复核无误后,交由出纳人员办理支付手续。

4) 办理支付。出纳人员应当根据复核无误的支付申请,按规定办理货币资金支付手续,及时登记现金和银行存款日记账。

(六) 禁令规定

严禁未经授权的机构或人员办理货币资金业务,或者直接接触货币资金。

此外,单位应当建立对货币资金业务的监督检查制度,明确监督检查机构或人员的职责权限,定期或不定期地进行检查。

第二节 支付结算概述

工作疑问

1. 是否所有的单位和个人均可以办理支付结算?
2. 如何辨别支付结算凭证上的签章?需要掌握哪些要领?
3. 如何降低各种支付工具和结算方式的风险?怎样填制票据和结算凭证?
4. 支付结算的特征有哪些?如何理解支付结算要式行为?

一、支付结算的概念和特征

(一) 支付结算的概念

支付结算是指单位、个人在社会经济活动中使用票据、信用卡和汇兑、托收承付、委托收款等结算方式进行货币给付及资金清算的行为,主要功能是完成资金从一方当事人向另一方当事人的转移。

1. 支付结算的主体

银行、城市信用合作社、农村信用合作社(以下简称银行)及单位(含个体工商户)和个人是办理支付结算的主体。其中,银行是支付结算和资金清算的中介机构。

同步训练2-5 符合《支付结算办法》规定的支付结算主体的有(　　)。

A. 银行　　B. 单位　　C. 个人　　D. 证券公司

解析:正确答案是ABC。见上述支付结算的主体的内容。

2. 支付结算的方式

支付结算的方式分为票据结算方式和非票据结算方式。票据结算方式包括支票、银行本票、银行汇票、商业汇票;非票据结算方式包括汇兑、委托收款、托收承付、信用卡、信用证、电子支付等。

(二) 支付结算的特征

1. 支付结算的中介机构需批准

这是指必须是通过中国人民银行批准的金融机构才能办理支付结算业务,未经中国人民银行批准的非银行金融机构和其他单位不得作为中介机构经营支付结算业务。

2. 支付结算是一种要式行为

要式行为是指法律规定必须按照一定形式进行的行为。如果该行为不符合法律规定的形式要件,则无效。例如,《支付结算办法》规定,票据和结算凭证是办理支付结算的工具。单位、个人和银行办理支付结算,必须使用按中国人民银行统一规定印制的票据凭证和统一规定的结算凭证。未使用按中国人民银行统一规定印制的票据,票据无效;未使用中国人民银行统一规定格式的结算凭证,银行不予受理。

3. 支付结算的发生取决于委托人的意志

支付结算的当事人对在银行的存款有自主支配权,任何支付结算的发生都取决于当事人的意志。对单位、个人在银行开立的存款账户的存款,除国家法律、行政法规另有规定外,银行不得为任何单位或个人查询;除国家法律另有规定外,银行不代任何单位或个人冻结、扣款,不得停止单位或个人存款的正常支付。

4. 支付结算实行统一管理和分级管理相结合的管理体制

支付结算是一项政策性很强的活动,与当事人的利益息息相关。因此,必须实行统一管理。

(1) 统一管理

主要由中国人民银行总行对支付结算进行统一管理。其主要职责如下。

① 负责制定统一的支付结算制度。

② 组织、协调、管理、监督全国的支付结算工作。

③ 调解、处理银行之间的支付结算纠纷。

④ 负责中国人民银行分、支行上报的支付结算实施细则和政策性银行、商业银行总行上报的具体管理实施办法的审批管理。

(2) 分级管理

分级管理主要由中国人民银行各分行、政策性银行和商业银行总行来完成,各银行职责如下。

① 中国人民银行省、自治区、直辖市分行的管理。它们的主要职责是根据统一的支付结算制度制定实施细则,报总行备案;根据需要制定单项支付结算办法,报经中国人民银行总行批准后执行。

② 中国人民银行分、支行管理。它们的主要职责是负责组织、协调、管理、监督本辖区的支付结算工作,调解、处理本辖区银行之间的支付结算纠纷。

③ 政策性银行、商业银行总行的管理。它们的主要职责是根据统一的支付结算制度,结合本行情况,制定具体管理实施办法,报经中国人民银行总行批准后执行;负责组织、管理、协调本行内的支付结算工作,调解、处理本行内分支机构之间的支付结算纠纷。

5. 支付结算必须依法进行

根据《支付结算办法》规定,银行及单位和个人,办理支付结算必须遵守国家的法律、行政法规和本办法的各项规定,不得损害社会公共利益。因此,支付结算的当事人必须严格依法进行支付结算活动。

同步训练2-6 符合支付结算特点的有(　　　　)。

A. 支付结算是一种要式行为

B. 支付结算的发生取决于委托人的意志

C. 支付结算实行统一管理和分级管理相结合的管理体制

D. 支付结算必须依法进行

解析:正确答案是 ABCD。见上述支付结算的特征的内容。

二、支付结算的基本原则

支付结算的基本原则是单位、个人和银行在进行支付结算活动时必须遵循的行为准则。

支付结算工作的任务是根据经济往来组织支付结算,准确、及时、安全办理支付结算,按照有关法律、行政法规和《支付结算办法》的规定管理支付结算,保障支付结算活动的正常进行。

只有单位、个人和银行遵守支付结算的基本原则,才能保证支付结算工作顺利完成。应遵守的基本原则如下。

① 恪守信用,履约付款。

② 谁的钱进谁的账,由谁支配。银行在办理结算时,必须按照存款人的委托,将款项支付给指定的收款人;对存款人的资金,除国家法律另有规定外,必须由其自主支配。

③ 银行不垫款。在办理支付结算过程中,银行只负责办理结算当事人之间的款项划拨,不承担垫付任何款项的责任。

**同步训练 2-7** 属于支付结算任务的有(　　　　)。

A. 根据经济往来组织支付结算

B. 准确、及时、安全办理支付结算

C. 按照有关法律、行政法规和《支付结算办法》的规定管理支付结算

D. 保障支付结算活动的正常进行

解析:正确答案是 ABCD。见上述支付结算的基本原则的内容。

三、支付结算的主要法律依据

为了规范支付结算工作,我国制定了一系列支付结算方面的法律法规和规章,如《票据法》《票据管理实施办法》《支付结算办法》《中国人民银行银行卡业务管理办法》《人民币银行结算账户管理办法》《电子支付指引(第一号)》《非金融机构支付服务管理办法》和《异地托收承付结算办法》等。

四、办理支付结算的具体要求

(一) 要使用统一规定印制的票据和结算凭证

票据和结算凭证是办理支付结算的工具。单位、个人和银行办理支付结算必须使用按中国人民银行统一规定印制的票据和结算凭证。未使用按中国人民银行统一规定印制的票据,票据无效;未使用中国人民银行统一规定格式的结算凭证,银行不予受理。

**同步训练 2-8** 符合办理支付结算要求的有(　　　　)。

A. 票据和结算凭证是办理支付结算的工具

B. 单位、个人和银行办理支付结算必须使用按中国人民银行统一规定印制的票据和结算凭证

C. 未使用按中国人民银行统一规定印制的票据,票据无效

D. 未使用中国人民银行统一规定格式的结算凭证,银行不予受理

解析:正确答案是 BCD。见上述办理支付结算的具体要求的内容。

(二) 要按规定开立、使用账户

单位、个人和银行应当按照《人民币银行结算账户管理办法》的规定开立、使用账户。单位和个人通过在银行开立存款账户办理支付结算的,其账户内必须有足够的资金保证支付。没有开立存款账户的个人向银行交付款项后,也可以通过银行办理支付结算。

同步训练 2-9 只有通过单位和个人在银行开立的存款账户才能办理支付结算。这种说法(　　　　)。

A. 正确　　　　B. 不正确

解析:正确答案是 B。见上述办理支付结算的具体要求的内容。

(三) 签章与记载事项应当真实

票据和结算凭证上的签章和其他记载事项应当真实,不得伪造、变造。

1. 签章应当真实,不得伪造、变造

签章是签字盖章的合称。即在当事人的姓名或单位名上加盖印章。

(1) 签章的种类

根据《支付结算办法》规定,票据和结算凭证上的签章,为签名、盖章或签名加盖章。

同步训练 2-10 根据《支付结算办法》规定,票据和结算凭证上的签章有(　　　　)。

A. 签名　　　　B. 盖章　　　　C. 签名加盖章

解析:正确答案是 ABC。见上述办理支付结算的具体要求的内容。

(2) 签章的形式

① 单位在票据和结算凭证上的签章,为该单位盖章加法定代表人或其授权的代理人的签名或盖章。

② 个人在票据和结算凭证上的签章,应为该个人本名的签名或盖章。

③ 银行在票据上的签章,为该银行盖章加法定代表人或其授权的代理人的签名或盖章。

(3) 违法签章的行为

根据《支付结算办法》规定,伪造是指无权限人假冒他人或虚构人的名义签章的行为;变造是指无权更改票据内容的人,对票据上签章以外的记载事项加以改变的行为。票据上有伪造、变造的签章的,不影响票据上其他当事人真实签章的效力。

2. 记载事项应当真实,不得伪造、变造

根据《支付结算办法》规定,票据和结算凭证上的记载事项应当真实。票据和结算凭证的金额、出票或签发日期、收款人名称不得更改,更改的票据无效;更改的结算凭证,银行不予受理。对票据和结算凭证上的其他记载事项,原记载人可以更改,更改时应当由原记载人在更改处签章证明。尤其值得注意的是,单位和银行的名称填写应当规范,应当记载全称或规范化简称,以防他人篡改。

3. 票据和结算凭证金额规范要求

票据和结算凭证金额以中文大写和阿拉伯数字同时记载,两者必须一致,两者不一致的票据无效;两者不一致的结算凭证,银行不予受理。

同步训练 2-11 根据《支付结算办法》规定,票据上中文大写金额和阿拉伯数字记载的金额不一致时,表述正确的是(　　)。

A. 票据无效

B. 以中文大写和阿拉伯数字两者中较小的为准

C. 以中文大写金额为准

D. 以阿拉伯数字为准

解析:正确答案是A。见上述票据和结算凭证金额规范要求的内容。

(四) 填写票据和结算凭证的基本要求

票据和结算凭证是办理支付结算和现金收付的重要依据,是银行、单位和个人凭以记载账务的会计凭证,是记载经济业务和明确经济责任的一种书面证明。填写票据和结算凭证应当规范,做到要素齐全、数字正确、字迹清晰、不错不漏、不潦草,防止涂改。

1. 中文大写金额数字填写要求

(1) 关于"人民币"的填写要求

中文大写金额数字前应标明"人民币"字样,大写金额数字应紧接"人民币"字样填写,不得留有空白。大写金额数字前未印"人民币"字样的,应加填"人民币"3个字。

(2) 关于"字体"和"繁简体"的要求

中文大写金额数字应用正楷或行书填写,不得自造简化字。如果金额数字书写中使用繁体字,也应受理,如壹、贰、叁、肆、伍、陆、柒、捌、玖、拾、佰、仟、万(萬)、亿、元、角、分、零、整(正)等字样。

同步训练 2-12 根据《支付结算办法》规定,符合中文大写金额数字填写要求的有(　　)。

A. 应用正楷填写　B. 不得自造简化字　C. 可以使用繁体字　D. 应用行书填写

解析:正确答案是ABC。见上述填写票据和结算凭证的基本要求的内容。

(3) 关于"整(正)"的填写要求

① 中文大写金额数字到元为止的,在"元"之后应写"整"(或"正")字。

工作实例 2-1 ¥85元,应写为"人民币捌拾伍元整(正)",如果只写"人民币捌拾伍元",则会被改写为"人民币捌拾伍元陆角"或其他。

② 中文大写金额数字到角为止的,在"角"之后可以不写"整"(或"正")字。

工作实例 2-2 ¥85.60元,应写为"人民币捌拾伍元陆角整(正)",或者写为"人民币捌拾伍元陆角"。

③ 中文大写金额数字有分的,"分"后面不写"整"(或"正")字。

工作实例 2-3 ¥85.65元,应写为"人民币捌拾伍元陆角伍分",不能写为"人民币捌拾伍元陆角伍分整”。

2. 阿拉伯小写金额数字填写要求

① 阿拉伯小写金额数字前面,均应填写人民币符号“¥”。阿拉伯小写金额数字要认真填写,不得连写。

② 阿拉伯数字中间有0时,中文大写金额要写“零”字。

工作实例2-4 ¥2 409.50,应写成“人民币贰仟肆佰零玖元伍角”。

③ 阿拉伯数字中间连续有几个0时,中文大写金额中间可以只写一个“零”字。

工作实例2-5 ¥3 007.14,应写成“人民币叁仟零柒元壹角肆分”。

④ 阿拉伯金额数字万位或元位是0时,中文大写金额中可以只写一个“零”字,也可以不写“零”字。

工作实例2-6 ¥1 680.32,应写成“人民币壹仟陆佰捌拾元零叁角贰分”,或者写成“人民币壹仟陆佰捌拾元叁角贰分”。

工作实例2-7 ¥101 685.32,应写成“人民币壹拾万零壹仟陆佰捌拾伍元叁角贰分”,或者写成“人民币壹拾万壹仟陆佰捌拾伍元叁角贰分”。

阿拉伯金额数字中间连续有几个0,万位、元位也是0,但千位、角位不是0时,中文大写金额中可以只写一个“零”字,也可以不写“零”字。

工作实例2-8 ¥107 000.53,应写成“人民币壹拾万柒仟元零伍角叁分”,或者写成“人民币壹拾万零柒仟元伍角叁分”。

⑤ 阿拉伯金额数字角位是0,而分位不是0时,中文大写金额元后面应写“零”字。

工作实例2-9 ¥16 409.02,应写成“人民币壹万陆仟肆佰零玖元零贰分”。

(五) 票据的出票日期必须使用中文大写

1. 需要加“零”字的要求

① 当月为壹、贰和壹拾的,应当在其前面加“零”字。

工作实例2-10

出票日期为2017年1月25日,应写成“贰零壹柒年零壹月贰拾伍日”。

出票日期为2017年2月24日,应写成“贰零壹柒年零贰月贰拾肆日”。

出票日期为2017年10月28日,应写成“贰零壹柒年零壹拾月贰拾捌日”。

② 当日为壹至玖和壹拾、贰拾、叁拾的,应当在其前面加“零”字。

工作实例2-11

出票日期为2017年1月5日,应写成“贰零壹柒年零壹月零伍日”。

出票日期为2017年2月10日,应写成“贰零壹柒年零贰月零壹拾日”。

出票日期为2017年10月20日,应写成“贰零壹柒年零壹拾月零贰拾日”。

2. 需要加"壹"字的要求

工作实例2-12 当填写日为拾壹至拾玖日时,应在其前面加"壹"。

出票日期为2017年1月11日,应写成"贰零壹柒年零壹月壹拾壹日"。

出票日期为2017年2月12日,应写成"贰零壹柒年零贰月壹拾贰日"。

出票日期为2017年10月17日,应写成"贰零壹柒年零壹拾月壹拾柒日"。

3. 票据出票日期大小要求

票据出票日期使用小写填写的,银行不予受理。大写日期未按要求规范填写的,银行可予受理;但由此造成损失的,由出票人自行承担。

第三节　银行结算账户

工作疑问

1. 存款人在银行可以开立哪些账户进行支付结算?哪些账户需要核准?
2. 哪些人可以开立基本存款账户?个人可以开立基本存款账户吗?
3. 单位哪些款项可以转入个人结算账户?
4. 单位银行结算账户中,哪些可以办理现金支付业务?

一、银行结算账户的概念、特点和种类

(一)银行结算账户的概念与特点

1. 银行结算账户的概念

① 人民币银行结算账户(以下简称银行结算账户)。这是指存款人在经办银行开立的办理资金收付结算的人民币活期存款账户。

② 存款人。这是指在中国境内开立银行结算账户的机关、团体、部队、企业、事业单位、其他组织(以下统称单位)、个体工商户和自然人。

③ 银行。这是指在中国境内经中国人民银行批准经营支付结算业务的政策性银行、商业银行(含外资独资银行、中外合资银行和外国银行分行)、城市信用合作社、农村信用合作社等。

2. 银行结算账户的特点

① 办理人民币业务。这是指该账户只办理人民币业务,而不办理外币业务,外币业务主要通过外币存款账户来受理。

② 办理资金收付结算业务。这是指该账户主要办理资金收付结算业务,不含储蓄业务,储蓄业务通过储蓄账户来受理。储蓄账户不具有资金收付结算业务的功能。

③ 活期存款账户。这是指该账户的存款期限是活期的,不是定期的。一般来说,单位活期存款账户具有结算功能,而单位定期存款账户不具有结算功能,这就是二者的区别。

同步训练2-13 根据《人民币银行结算账户管理办法》规定,属于银行结算账户特点的有(　　)。

A. 办理人民币业务　　　　　　　　　　　　　B. 办理资金收付结算业务
C. 是活期存款账户　　　　　　　　　　　　　D. 办理外币业务

解析:正确答案是 ABC。见上述银行结算账户的特点的内容。

（二）银行结算账户的种类

① 银行结算账户按存款人不同,分为单位银行结算账户和个人银行结算账户。单位银行结算账户是指存款人以单位名称开立的银行结算账户,包括个体工商户凭营业执照以字号或经营者姓名开立的银行结算账户;个人银行结算账户是指存款人以个人名义开立的银行结算账户,包括邮政储蓄机构办理个人银行卡业务开立的账户。

② 单位银行结算账户按用途不同,分为基本存款账户、一般存款账户、专用存款账户和临时存款账户。其中,财政部门为实行财政国库集中支付的预算单位在商业银行开设的零余额账户(简称预算单位零余额账户)、合格境外机构投资者在境内从事证券投资开立的人民币特殊账户和人民币结算资金账户(简称 QFII 专用存款账户)均属于专用存款账户。

③ 银行结算账户按开户地不同,分为本地银行结算账户和异地银行结算账户。本地银行结算账户是指存款人在注册地或住所地开立银行结算账户;异地银行结算账户是指存款人根据《人民币银行结算账户管理办法》规定的条件在异地(跨省、市、县)开立银行结算账户。所谓注册地,是指存款人的营业执照等开户证明文件上记载的住所地。

二、银行结算账户管理应当遵守的基本原则

1. 一个基本账户原则

单位银行结算账户的存款人只能在银行开立一个基本存款账户,不得开立多个基本存款账户。

2. 自主选择银行开立银行结算账户原则

存款人可以自主选择银行开立银行结算账户。除国家法律、行政法规和国务院规定外,任何单位和个人不得强令存款人到指定银行开立银行结算账户。

3. 守法合规原则

开立和使用银行结算账户应当遵守法律、行政法规,不得利用银行结算账户从事偷逃税款、逃避债务、套取现金及其他违法犯罪活动。

4. 存款信息保密原则

银行应依法为存款人的银行结算账户信息保密。对单位银行结算账户的存款和有关资料,除国家法律、行政法规另有规定外,银行有权拒绝任何单位或个人查询;对个人银行结算账户的存款和有关资料,除国家法律另有规定外,银行有权拒绝任何单位或个人查询。

同步训练 2-14　根据《人民币银行结算账户管理办法》规定,属于银行结算账户管理应遵守的基本原则有(　　　)。

A. 一个基本账户原则　　　　　　　　　　　B. 自主选择银行开立银行结算账户原则
C. 守法合规原则　　　　　　　　　　　　　D. 存款信息保密原则

解析:正确答案是 ABCD。见上述银行结算账户管理应当遵守的基本原则的内容。

三、银行结算账户的开立、变更和撤销

(一) 银行结算账户的开立

存款人应在注册地或住所地开立银行结算账户;符合异地(跨省、市、县)开户条件的,也可以在异地开立银行结算账户。

1. 核准制和备案制

(1) 核准制

① 核准制。这是指经过中国人民银行核准后方可开立的银行结算账户。这类账户的开立、变更和撤销通过人民银行行政许可后才正式生效。

② 核准类存款账户。需要人民银行核准的账户包括基本存款账户、临时存款账户(因注册验资和增资验资开立的除外)、预算单位专用存款账户和QFII专用存款账户。

同步训练2-15 根据《人民币银行结算账户管理办法》规定,属于需要核准的银行结算账户有(　　)。

A. 基本存款账户

B. QFII专用存款账户

C. 预算单位专用存款账户

D. 临时存款账户(因注册验资和增资验资开立的除外)

解析:正确答案是ABCD。见上述银行结算账户的开立的内容。

③ 核准类账户工作流程(见图2.1)。

图2.1　核准类账户工作流程

注:开户许可证是中国人民银行依法准予申请人在银行开立核准类银行结算账户的行政许可证件,是核准类银行结算账户合法性的有效证明。

开户许可证应载明这些事项:"开户许可证"字样;开户许可证编号;开户核准号;中国人民银行当地分支行账户管理专用章;核准日期;存款人名称;存款人的法定代表人或单位负责人姓名;开户银行名称;账户性质、账号,等等。

正式开立之日具体是指:对于核准类银行结算账户,正式开立之日为中国人民银行当地分支行的核准日期;对于非核准(备案制)类单位银行结算账户,正式开立之日为银行为存款人办理开户手续的日期。

同步训练2-16 根据《人民币银行结算账户管理办法》规定,属于开户许可证的内容的有(　　)。

A. 存款人名称　　B. 存款人的法定代表人或单位负责人姓名

C. 账户性质　　D. 中国人民银行当地分支行账户管理专用章

解析:正确答案是ABCD。如图2.1附注中的内容。

同步训练2-17 根据《人民币银行结算账户管理办法》规定,存款人开立专用存款账户一定时间后,方可使用该账户办理付款业务。一定时间是指(　　)。

A. 自正式开立之日起3个工作日　　B. 自正式开立之日起5个工作日

C. 自正式开立之日起 10 个工作日　　　　　D. 自正式开立之日起 15 个工作日

解析:正确答案是 A。见上述核准类账户工作流程的内容。

(2) 备案制

① 备案制。这是指开户银行对存款人报送的申请书、账户证明文件等材料进行审核,符合条件的可以直接办理开户、变更和撤销账户。账户开立(变更、撤销)后,需在完成行内系统处理后,通过人民币银行结算账户管理系统向中国人民银行营业管理部备案。

② 备案类存款账户。需要开户银行备案的账户包括一般存款账户、个人银行结算账户和非预算单位专用存款账户。

③ 备案类账户工作流程(见图 2.2)。

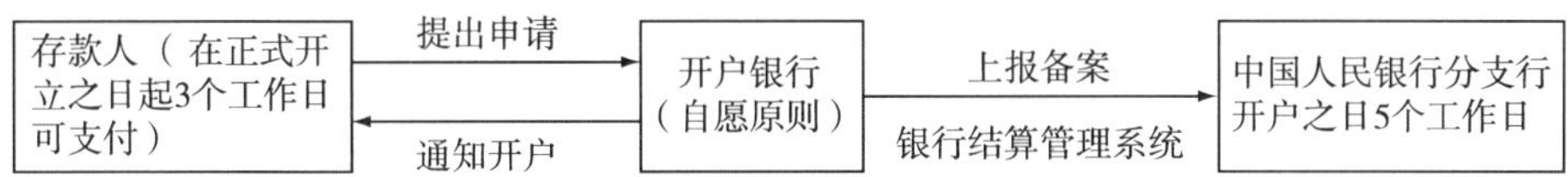

图 2.2　备案类账户工作流程

同步训练 2-18　根据《人民币银行结算账户管理办法》规定,属于需要开户银行备案的银行结算账户的有(　　　　)。

A. 一般存款账户　　　　　　　　　　B. QFII 专用存款账户

C. 非预算单位专用存款账户　　　　　D. 个人银行结算账户

解析:正确答案是 ACD。见上述备案类存款账户的内容。

2. 存款人开户应注意的事项

存款人申请开立银行结算账户时,应填制开户申请书。银行应对存款人的开户申请书填写的事项和证明文件的真实性、完整性、合规性进行审查,同时应注意以下几点。

(1) 预留签章

① 单位预留签章。单位预留签章为该单位的公章或财务专用章加法定代表人(单位负责人)或其授权的代理人的签名或盖章。单位预留签章可以是 4 种情况之一:第一,单位的公章加法定代表人(单位负责人)或其授权的代理人的签名;第二,单位的公章加法定代表人(单位负责人)或其授权的代理人的盖章;第三,单位的财务专用章加法定代表人(单位负责人)或其授权的代理人的签名;第四,单位的财务专用章加法定代表人(单位负责人)或其授权的代理人的盖章。

② 个人预留签章。个人预留签章为个人的签名或盖章。

(2) 名称的一致性

名称的一致性是指存款人申请开立的银行结算账户的账户名称、出具的开户证明文件上记载的存款人名称的全称及预留银行签章中公章或财务专用章的名称一般应当保持一致。

① 单位开立银行结算账户。账户的名称应与其提供的申请开户证明文件的名称全称相一致;但因注册验资开立的临时存款账户,其账户名称为工商行政管理部门核发的企业名称预先核准通知书或政府有关部门批文中注明的名称,其预留银行签章中公章或财务专用章的名称应是存款人与银行在银行结算账户管理协议中约定的出资人名称。

② 个体工商户开立银行结算账户。有字号的个体工商户,其账户的名称应与营业执照的字号相一致;无字号的个体工商户开立的单位银行结算账户,其账户的名称由“个体户”字样和营业执照记载的经营者姓名组成。预留签章中公章或财务专用章应是个体户加营业执照上载明的经营者的签字,或者盖章。

③ 自然人开立银行结算账户。账户的名称应与其提供的有效身份证件中的名称全称相一致。如果预留银行签章中公章或财务专用章的名称依法可使用简称,账户名称应与其保持一致。

(3) 信息查询

中国人民银行当地分支行在核准存款人开立基本存款账户后,应为存款人打印初始密码,由开户银行转交存款人。存款人可到中国人民银行当地分支行或基本存款账户开户银行,提交基本存款账户开户许可证,使用密码查询已经开立的所有银行结算账户的相关信息。

(二) 银行结算账户的变更

1. 银行结算账户变更的情形

银行结算账户变更是指存款人的账户信息资料发生或改变。其主要包括:①银行结算账户名称;②单位的法定代表人或主要负责人;③地址、电话、邮编等其他开户资料。存款人因组织结构的变化需要变更银行账户名称的,应撤销原账户,再按银行结算账户管理的规定开立新账户。

2. 银行结算账户变更的手续

1) 申请并通知开户银行。存款人申请办理银行结算账户信息变更时,应填写变更银行结算账户申请书。属于申请变更单位银行结算账户的,应加盖单位公章;属于申请变更个人银行结算账户的,应加盖个人签章。存款人银行结算账户有法定变更事项的,应于5日内书面通知开户银行并提供有关证明。

2) 报送中国人民银行当地分支行。对于核准类银行结算账户的存款人因存款人名称、法定代表人或单位负责人的变更申请变更时,开户银行应在接到变更申请后的2个工作日内,将存款人的变更银行结算账户申请书、开户许可证及有关证明文件报送中国人民银行当地分支行。符合变更条件的,中国人民银行当地分支行核准变更申请,收回原开户许可证,颁发新的开户许可证;不符合变更条件的,中国人民银行当地分支行不核准变更申请。

同步训练 2-19 根据《人民币银行结算账户管理办法》规定,存款人更改银行结算账户名称,但不改变开户银行及账户的,应于(　　)内书面通知开户银行并提供有关证明。

A. 5日　　B. 3日　　C. 2日　　D. 10日

解析:正确答案是A。见上述银行结算账户变更的手续的内容。

(三) 银行结算账户的撤销

撤销是指存款人因开户资格或其他原因终止银行结算账户使用的行为。

1. 银行结算账户撤销的情形

存款人有以下情形之一的,应向开户银行提出撤销银行结算账户的申请。

① 被撤并、解散、宣告破产或关闭的。

② 注销、被吊销营业执照的。

③ 因迁址需要变更开户银行的。

④ 其他原因需要撤销银行结算账户的。

2. 银行结算账户撤销的手续

1）核对余额。存款人撤销银行结算账户，必须与开户银行核对银行结算账户存款余额。

2）还清债务。存款人应还清欠开户银行的债务，如果有尚未清偿开户银行债务的，不得申请撤销银行结算账户。

3）提交凭证。存款人应交回各种重要空白票据、结算凭证和开户登记证，如果未按规定交回各种重要空白票据及结算凭证，应出具有关证明，造成损失的，由存款人自行承担。

4）申请核销。存款人申请撤销银行结算账户时，应填写撤销银行结算账户申请书。属于申请撤销单位银行结算账户的，应加盖单位公章；属于申请撤销个人银行结算账户的，应加盖个人签章。开户银行在收到存款人撤销银行结算账户的申请后，经审核对于符合销户条件的，应在2个工作日内办理撤销手续。

5）撤销银行结算账户的顺序。撤销银行结算账户时，应先撤销一般存款账户、专用存款账户和临时存款账户，将账户资金转入基本存款账户后，方可办理基本存款账户的撤销。其具体操作流程如下。

① 存款人因被撤并、解散、宣告破产或关闭，或者被注销、被吊销营业执照等原因撤销基本存款账户的，存款人基本存款账户的开户银行应自撤销银行结算账户之日起2个工作日内将撤销该基本存款账户的情况书面通知该存款人其他银行结算账户的开户银行；存款人其他银行结算账户的开户银行，应自收到通知之日起2个工作日内通知存款人撤销有关银行结算账户；存款人应自收到通知之日起3个工作日内办理其他银行结算账户的撤销。

② 存款人超过规定期限未主动办理撤销银行结算账户手续的，银行有权停止其银行结算账户的对外支付。银行撤销单位银行结算账户时应在基本存款账户开户登记证上注明销户日期并签章，同时于撤销银行结算账户之日起2个工作日内，向中国人民银行报告。

3. 办理销户时，应注意的事项

① 未获得工商行政管理部门核准登记的单位，在验资期满后，应向银行申请撤销注册验资临时存款账户，账户资金应退还到原汇款人账户。注册验资资金以现金方式存入，出资人需提取现金的，应出具交存现金时的现金交款单原件及有效身份证件。

② 开户银行对已开户的但一年内未发生任何业务的账户，应通知存款人自发出通知30日内到开户银行办理销户手续，逾期视同自愿销户，未划转款项列入久悬未取专户管理。

③ 存款人因迁址需要变更开户银行等原因撤销基本存款账户后，需要重新开立基本存款账户的，应在撤销原基本存款账户后10日内申请重新开立基本存款账户。

同步训练2-20 根据《人民币银行结算账户管理办法》规定，银行对一年未发生收付活动且尚未清偿开户银行债务的单位银行结算账户，应通知单位自发出通知（　　）内办理销户手续，逾期视同自愿销户，未划转款项列入久悬未取专户管理。

A. 30日　　B. 15日　　C. 20日　　D. 10日

解析:正确答案是A。见上述办理销户时应注意的事项的内容。

四、基本存款账户

(一) 基本存款账户的概念与特点

1. 基本存款账户的概念

基本存款账户是指存款人办理日常转账结算和现金收付而开立的银行结算账户,是存款人的主要存款账户。它主要办理存款人日常经营活动的资金收付,以及存款人的工资、奖金和现金的支取。

2. 基本存款账户的特点

基本存款账户的特点有两个:一是唯一性,即任何单位无论是在注册地(或经营地)还是异地只能在一家银行一个营业机构开立一个基本存款账户;二是基本存款账户既可以办理现金收入业务,也可以办理现金支出业务。

同步训练 2-21 单位员工的工资、奖金和现金的支付只能通过(　　)办理。

A. 基本存款账户　B. 一般存款账户　C. 专用存款账户　D. 临时存款账户

解析:正确答案是A。见上述基本存款账户的概念的内容。

(二) 基本存款账户的开户要求

1. 可申请开立基本存款账户的存款人的要求

可申请开立基本存款账户的存款人包括:①企业法人;②非法人企业;③机关、事业单位;④团级(含)以上军队、武警部队及分散执勤的支(分)队;⑤社会团体;⑥民办非企业组织;⑦异地常设机构;⑧外国驻华机构;⑨个体工商户;⑩居民委员会、村民委员会、社区委员会;⑪单位设立的独立核算的附属机构;⑫其他组织,等等。

同步训练 2-22 根据《人民币银行结算账户管理办法》规定,不可以申请基本存款账户的是(　　)。

A. 个体工商户　B. 村民委员会　C. 居民个人　D. 外国驻华机构

解析:正确答案是C。见上述可申请开立基本存款账户的存款人的要求的内容。

2. 开立基本存款账户所需证明文件的要求

① 企业法人,应出具企业法人营业执照正本。

② 非法人企业,应出具企业营业执照正本。

③ 机关和实行预算管理的事业单位,应出具政府人事部门或编制委员会的批文或登记证书和财政部门同意开户的证明;非预算管理的事业单位,应出具政府人事部门或编制委员会的批文或登记证书。

④ 军队、武警团级(含)以上单位及分散执勤的支(分)队,应出具军队军级以上单位财务部门、武警总队财务部门的开户证明。

⑤ 社会团体,应出具社会团体登记证书,宗教组织还应出具宗教事务管理部门的批文或证明。

⑥ 民办非企业组织,应出具民办非企业登记证书。

⑦ 外地常设机构,应出具驻在地政府主管部门的批文。

⑧ 外国驻华机构,应出具国家有关主管部门的批文或证明;外资企业驻华代表处、办事处,应出具国家登记机关颁发的登记证。

⑨ 个体工商户,应出具个体工商户营业执照正本。

⑩ 居民委员会、村民委员会、社区委员会,应出具主管部门的批文或证明。

⑪ 独立核算的附属机构,应出具主管部门的基本存款账户开户登记证和批文。

⑫ 其他组织,应出具政府主管部门的批文或证明。

同时还规定,存款人如果为从事生产、经营活动的纳税人,还应出具税务部门颁发的税务登记证。但根据国家有关规定,存款人无法取得税务登记证的,在申请开立基本存款账户时可不出具税务登记证。

同步训练 2－23　根据《人民币银行结算账户管理办法》规定,存款人申请开立基本存款账户提供的证明文件正确的有(　　　　)。

A. 机关和实行预算管理的事业单位,应出具政府人事部门或编制委员会的批文或登记证书和财政部门同意开户的证明;非预算管理的事业单位,应出具政府人事部门或编制委员会的批文或登记证书

B. 外国驻华机构,应出具国家有关主管部门的批文或证明;外资企业驻华代表处、办事处应出具国家登记机关颁发的登记证

C. 个体工商户,应出具个体工商户营业执照正本

D. 居民委员会、村民委员会、社区委员会,应出具主管部门的批文或证明

解析:正确答案是 ABCD。见上述开立基本存款账户所需证明文件的要求的内容。

同步训练 2－24　军队、武警团级(含)以上单位及分散执勤的支(分)队,可以申请开立基本存款账户,但需要提供相关证明,这种说法(　　　　)《人民币银行结算账户管理办法》的规定。

A. 符合　　　　B. 不符合

解析:正确答案是 A。见上述开立基本存款账户所需证明文件的要求的内容。

(三) 开立基本存款账户的工作流程

1) 存款人提出申请。存款人根据《人民币银行结算账户管理办法》的有关规定申请开户时,应填制开户申请书,提供规定的证明文件。

2) 银行审查并报送。银行对存款人的开户申请书填写的事项和证明文件的真实性、完整性、合规性进行认真审查,签署审查意见,同时将审查的资料报送中国人民银行当地分支行。

3) 中国人民银行核准。中国人民银行应在 2 个工作日内,对银行报送的基本存款账户的开户资料的合规性及唯一性进行审核。符合开户条件的,予以核准;不符合开户条件的,应在开户银行申请意见书上签署意见,连同有关证明文件一并退回报送银行。

4) 银行通知存款人。银行将中国人民银行核准开立基本存款账户的信息告知存款人,存款人可以在正式开立之日(核准日)起 3 个工作日办理支付业务。

五、一般存款账户

(一) 一般存款账户的概念与特点

1. 一般存款账户的概念

一般存款账户是指存款人因借款或其他结算需要,在基本存款账户开户银行以外的银行营业机构开立的银行结算账户。一般存款账户主要用于办理存款人借款转存、借款归还和其他结算的资金收付。

2. 一般存款账户的特点

一般存款账户的特点有两个:一是可以办理现金缴存,但不得办理现金支取;二是存款人开立一般存款账户没有数量限制,可以自主选择除基本存款账户开户银行以外的银行营业机构开立。

(二) 一般存款账户的开户要求

1. 可申请开立一般存款账户的存款人的要求

开立基本存款账户的存款人都可以开立一般存款账户,只要存款人有借款和其他结算业务的需要,均可申请开立一般存款账户。

2. 开立一般存款账户所需证明文件的要求

存款人申请开立一般存款账户,应向银行出具下列证明文件。

① 开立基本存款账户规定的证明文件。

② 基本存款账户开户许可证。

③ 存款人因向银行借款需要,应出具借款合同。

④ 存款人因其他结算需要,应出具有关证明。

同步训练 2－25 根据《人民币银行结算账户管理办法》规定,存款人申请开立一般存款账户,应向银行出具的证明文件有(　　　　)。

A. 开立基本存款账户规定的证明文件

B. 基本存款账户开户许可证

C. 存款人因向银行借款需要,应出具借款合同

D. 存款人因其他结算需要,应出具有关证明

解析:正确答案是ABCD。见上述开立一般存款账户所需证明文件的要求的内容。

(三) 开立一般存款账户的工作流程

存款人开立一般存款账户实行备案制,无须中国人民银行核准。

1) 存款人提出申请。存款人根据《人民币银行结算账户管理办法》的有关规定申请开户时,应填制开户申请书,提供规定的证明文件。

2) 银行审查同意开户。银行对存款人的开户申请书填写的事项和证明文件的真实性、完整性、合规性进行认真审查,符合开立一般存款账户的,银行应办理开户手续。同时,应在其基本存款账户开户登记证上登记账户名称、账号、账户性质、开户银行、开户日期,并签章。

3) 向中国人民银行备案。银行将符合开立一般存款账户的存款人的信息,于开户之日起5个工作日内向中国人民银行当地分支行备案。

4）通知基本存款账户开户银行。一般存款账户开户银行应自开立一般存款账户之日起3个工作日书面通知基本存款账户开户银行。

同步训练2－26　根据《人民币银行结算账户管理办法》规定，存款人开立一般存款账户实行备案制，无须中国人民银行核准。这种说法（　　　　）。

A. 正确　　　　B. 不正确

解析：正确答案是A。见上述开立一般存款账户的工作流程的内容。

六、专用存款账户

（一）专用存款账户的概念与特点

1. 专用存款账户的概念

专用存款账户是指存款人按照法律、行政法规和规章，对有特定用途的资金进行专项管理和使用而开立的银行结算账户。特定用途资金主要是指基本建设资金，更新改造资金，财政预算外资金，粮、棉、油收购资金，证券交易结算资金，期货交易保证金，信托基金，政策性房地产开发资金，金融机构存放同业资金，单位银行卡账户的资金，住房基金，社会保障基金，党、团、工会经费，收入汇缴和业务支出资金等。

同步训练2－27　对资金的管理与使用，存款人可以申请开立专用存款账户的有（　　　　）。

A. 财政预算外资金　B. 基本建设资金　　C. 社会保障基金　　D. 住房基金

解析：正确答案是ABCD。见上述专用存款账户的概念的内容。

2. 专用存款账户的特点

专用存款账户的特点有3个：一是对有特定用途资金进行专项管理和使用而开立；二是同一证明文件，只能开立一个专用存款账户；三是专用存款账户使用现金，按照国家现金管理的规定支付。不同资金支付的特点也不同，具体如下。

① 单位银行卡账户的资金必须由其基本存款账户转账存入。该账户不得办理现金收付业务。

② 财政预算外资金、证券交易结算资金、期货交易保证金和信托基金专用存款账户不得支取现金。

③ 基本建设资金、更新改造资金、政策性房地产开发资金、金融机构存放同业资金账户需要支取现金的，应在开户时报中国人民银行当地分支行批准。中国人民银行当地分支行应根据国家现金管理的规定审查批准。

④ 粮、棉、油收购资金，社会保障基金，住房基金和党、团、工会经费等专用存款账户支取现金应按照国家现金管理的规定办理。

⑤ 收入汇缴账户除向基本存款账户或预算外资金财政专用存款户划缴款项外，只收不付，不得支取现金；业务支出账户除从基本存款账户拨入款项外，只付不收，现金支取必须按照国家现金管理的规定办理。应该注意的是，收入汇缴资金和业务支出资金，是指基本存款账户存款人附属的非独立核算单位或派出机构发生的收入和支出的资金。因收入汇缴资金和业务支出资金开立的专用存款账户，应使用隶属单位的名称。

同步训练 2-28 根据《人民币银行结算账户管理办法》规定,符合开立专用存款账户的条件是(　　)。

A. 设立临时机构　　B. 办理基本建设资金

C. 办理注册验资　　D. 办理汇兑

解析:正确答案是 B。见上述专用存款账户的概念的内容。

(二) 专用存款账户的开户要求

1. 可申请开立专用存款账户的存款人的要求

存款人对基本建设资金,更新改造资金,财政预算外资金,粮、棉、油收购资金,证券交易结算资金,期货交易保证金,信托基金,政策性房地产开发资金,金融机构存放同业资金,单位银行卡账户的资金,住房基金,社会保障基金,党、团、工会经费,收入汇缴和业务支出资金等资金的管理与使用,均可申请开立专用存款账户。

2. 开立专用存款账户所需证明文件的要求

存款人申请开立专用存款账户,应向银行出具开立基本存款账户规定的证明文件、基本存款账户开户许可证和下列证明文件。

① 基本建设资金、更新改造资金、政策性房地产开发资金、住房基金、社会保障基金,应出具主管部门批文。

② 财政预算外资金,应出具财政部门的证明。

③ 粮、棉、油收购资金,应出具主管部门批文。

④ 单位银行卡备用金,应按照中国人民银行批准的银行卡章程的规定出具有关证明和资料。

⑤ 证券交易结算资金,应出具证券公司或证券管理部门的证明。

⑥ 期货交易保证金,应出具期货公司或期货管理部门的证明。

⑦ 金融机构存放同业资金,应出具其证明。

⑧ 收入汇缴资金和业务支出资金,应出具基本存款账户存款人有关的证明。

⑨ 党、团、工会设在单位的组织机构经费,应出具单位或有关部门的批文或证明。

⑩ 合格境外机构投资者在境内从事证券投资开立的人民币特殊账户和人民币结算资金账户纳入专用存款账户管理,开立人民币特殊账户时应出具国家外汇管理部门的批复文件,开立人民币结算资金账户时应出具证券管理部门的证券投资业务许可证。需要注意的是,合格境外机构投资者申请开立 QFII 专用存款账户无须出具基本存款账户开户许可证。

⑪ 其他按规定需要专项管理和使用的资金,应出具有关法规、规章或政府部门的有关文件。

(三) 开立专用存款账户的工作流程

开立专用存款账户可以采用核准制和备案制。对于预算单位专用存款账户和 QFII 专用存款账户,采用核准制,开立账户的工作流程与基本存款账户的核准工作流程相同;除预算单位专用存款账户和 QFII 专用存款账户外,均采用备案制,与开立一般存款账户工作流程相同。

七、临时存款账户

（一）临时存款账户的概念与特点

1. 临时存款账户的概念

临时存款账户是指存款人因临时需要并在规定期限内使用而开立的银行结算账户。临时需要主要是指设立临时机构和从事临时经营活动，如工程指挥部、筹备领导小组、摄制组等临时机构，公司的注册验资和增资验资活动等。存款人可以申请开立临时存款账户的情形有设立临时机构、异地临时经营活动、注册验资和境外（含港澳台地区）机构在境内从事经营活动，军队、武警部队承担基本建设或者异地执行作战、演习、抢险救灾、应对突发事件等临时任务等。

同步训练 2－29　根据《人民币银行结算账户管理办法》规定，符合开立临时存款账户条件的有（　　）。

A. 设立临时机构　　B. 办理增资验资

C. 办理注册验资　　D. 办理异地建筑施工及安装

解析：正确答案是 ABCD。见上述临时存款账户的概念的内容。

2. 临时存款账户的特点

临时存款账户的特点有 3 个。一是期限性，临时存款账户有使用期限的限定，有效期最长不得超过 2 年。存款人在账户的使用中需要延长期限的，应在有效期限内向开户银行提出申请，并由开户银行报中国人民银行当地分支行核准后办理展期。二是按规支取现金，临时存款账户支取现金，应按照国家现金管理的规定办理。注册验资的临时存款账户在验资期间只收不付。三是开户的数量限定，存款人为临时机构的，只能在驻在地开立一个临时存款账户，不得开立其他银行结算账户；存款人在异地从事临时活动的，只能在临时活动地开立一个临时存款账户；建筑施工及安装单位企业在异地同时承建多个项目的，可根据建筑施工及安装合同开立不超过项目合同个数的临时存款账户。

同步训练 2－30　根据《人民币银行结算账户管理办法》规定，开立银行存款账户有使用期限限定条件的账户是（　　）。

A. 一般存款账户　　B. 基本存款账户　　C. 专用存款账户　　D. 临时存款账户

解析：正确答案是 D。见上述临时存款账户的特点的内容。

（二）临时存款账户的开户要求

1. 可申请开立临时存款账户的存款人的要求

存款人有设立临时机构、异地临时经营活动、注册验资和增资验资及境外（含港澳台地区）机构在境内从事经营活动的均可申请开立临时存款账户。

2. 开立临时存款账户所需证明文件的要求

存款人申请开立临时存款账户，应向银行出具下列证明文件。

① 设立临时机构。设立临时机构，应出具驻在地主管部门同意设立临时机构的批文。

② 异地建筑施工及安装单位，应出具基本存款账户开户许可证、营业执照正本或其隶

属单位的营业执照正本,以及施工及安装地建设主管部门核发的许可证或建筑施工及安装合同。

③ 异地从事临时经营活动的单位,应出具基本存款账户开户许可证、营业执照正本及临时经营地工商行政管理部门的批文。

④ 注册验资资金,应出具工商行政管理部门核发的企业名称预先核准通知书或有关部门的批文。

⑤ 增资验资资金,应出具基本存款账户开户许可证、股东会或董事会决议等证明文件。应注意的是,由增资验资开立的临时存款账户的使用和撤销比照因注册验资开立的临时存款账户管理。

⑥ 境外(含港澳台地区)机构在境内从事经营活动的,应出具政府有关部门批准从事该项活动的证明文件。

⑦ 军队、武警部队承担基本建设或异地执行作战、演习、抢险救灾、应对突发事件等临时任务的,开户银行应当凭军队、武警团级以上单位后勤(联勤)部门出具的批件或证明,先开户并启用,后补办相关手续。

同步训练 2-31 根据《人民币银行结算账户管理办法》规定,在开立临时存款账户时必须出具基本存款账户许可证的情形有(　　)。

A. 注册验资　　B. 异地从事临时经营活动的单位

C. 异地建筑施工及安装单位　　D. 增资验资

解析:正确答案是BCD。见上述开立临时存款账户所需证明文件的要求的内容。

(三) 开立临时存款账户的工作流程

除因注册验资和增资验资开立临时存款账户的以外,临时存款账户开立均采用核准制。临时存款账户采用核准制,其开立账户的工作流程与基本存款账户的核准工作流程相同。银行在办理临时存款账户开户手续时,应在其基本存款账户开户登记证上登记账户名称、账号、账户性质、开户银行、开户日期,并签章,但临时机构和注册验资需要开立的临时存款账户除外。银行为存款人开立临时存款账户的,应自开户之日起3个工作日内书面通知基本存款账户开户银行。

八、个人银行结算账户

(一) 个人银行结算账户的概念与特点

1. 个人银行结算账户的概念

个人银行结算账户是指存款人有投资、消费、结算等需要而凭个人身份证件以自然人名称开立的银行结算账户。

2. 个人银行结算账户的特点

个人银行结算账户的特点有3个:一是个人银行结算账户既可以办理个人转账结算,又可以办理现金支取业务,而一般个人储蓄账户仅限于办理现金存取业务,不得办理转账结算;二是具有活期储蓄功能;三是运用范围广,使用支票、信用卡等信用支付工具办理汇兑、定期借记、定期贷记、借记卡等结算业务的,均可以申请开立个人银行结算账户。

需要注意的是，邮政储蓄机构办理银行卡业务开立的账户也属于个人银行结算账户的范围，而个体工商户开立银行结算账户属于单位银行结算账户。

（二）个人银行结算账户的开户要求

1. 开立方式

一是自然人可根据需要申请开立个人银行结算账户；二是自然人可以在已开立的储蓄账户中选择并向开户银行申请确认为个人银行结算账户。

2. 开立个人存款账户所需证明文件的要求

存款人申请开立个人银行结算账户，应向银行出具下列证明文件。

① 中国居民，应出具居民身份证或临时身份证。

② 中国人民解放军军人，应出具军人身份证件。

③ 中国人民武装警察，应出具武警身份证件。

④ 中国香港、澳门居民，应出具港澳居民往来内地通行证；中国台湾居民，应出具台湾居民来往大陆通行证或其他有效旅行证件。

⑤ 外国公民，应出具护照。

⑥ 法律、法规和国家有关文件规定的其他有效证件。居住在境内的中国公民，可出具户口簿或护照；军队（武装警察）离退休干部及在解放军军事院校学习的现役军人，可出具离休干部荣誉证、军官退休证、文职干部退休证或军事院校学员证；居住在境内或境外的中国籍华侨，可出具中国护照；外国边民在我国边境地区的银行开立个人银行账户，可出具所在国制发的《边民出入境通行证》；获得在中国永久居留资格的外国人，可出具外国人永久居留证。

同步训练 2－32　根据《人民币银行结算账户管理办法》规定，在开立个人银行结算账户时必须出具证明文件的情形有（　　　　）。

A. 居民身份证　　　　B. 武警身份证件

C. 护照　　　　D. 边民出入境通行证

解析：正确答案是 ABCD。见上述开立个人银行结算账户所需证明文件的要求的内容。

3. 可以转入个人银行结算账户的款项

① 工资、奖金收入。

② 稿费、演出费等劳务收入。

③ 债券、期货、信托等投资的本金和收益。

④ 个人债权或产权转让收益。

⑤ 个人贷款转存。

⑥ 证券交易结算资金和期货交易保证金。

⑦ 继承、赠与款项。

⑧ 保险理赔、保费退还等款项。

⑨ 纳税退还。

⑩ 农、副、矿产品销售收入。

⑪ 其他合法款项。

同步训练2-33 根据《人民币银行结算账户管理办法》规定,可以转入个人银行结算账户的款项有(　　)。

A. 工资、奖金收入　　B. 纳税退还

C. 农、副、矿产品销售收入　　D. 证券交易结算资金和期货交易保证金

解析:正确答案是ABCD。见上述可以转入个人银行结算账户的款项的内容。

4. 单位从银行结算账户支付给个人银行结算账户的规定

(1) 付款金额、依据的限定

单位从银行结算账户支付给个人银行结算账户的款项,每笔超过50 000元的,应向开户银行提供这些付款依据:①代发工资协议和收款人清单;②奖励证明;③新闻出版、演出主办等单位与收款人签订的劳务合同或支付给个人款项的证明;④证券公司、期货公司、信托投资公司、奖券发行或承销部门支付或退还给自然人款项的证明;⑤债权或产权转让协议;⑥借款合同;⑦保险公司的证明;⑧税收征管部门的证明;⑨农、副、矿产品购销合同;⑩其他合法款项的证明。

(2) 提供完税凭证的规定

从单位银行结算账户支付给个人银行结算账户的款项应纳税的,税收代扣单位付款时应向开户银行提供完税证明。

(3) 提供收款依据的规定

提供收款依据的规定有:①个人持出票人为单位的支票向开户银行委托收款,将款项转入个人银行结算账户的,个人应出具有关收款依据;②个人持申请人为单位的银行汇票和银行本票向开户银行提示付款,将款项转入个人银行结算账户的,个人应出具有关收款依据。

同步训练2-34 根据《人民币银行结算账户管理办法》规定,单位从银行结算账户支付给个人银行结算账户的款项,每笔超过50 000元的,应向开户银行提供的付款依据有(　　)。

A. 代发工资协议和收款人清单

B. 奖励证明

C. 新闻出版、演出主办等单位与收款人签订的劳务合同或支付给个人款项的证明

D. 证券公司、期货公司、信托投资公司、奖券发行或承销部门支付或退还给自然人款项的证明

解析:正确答案是ABCD。见上述单位从银行结算账户支付给个人银行结算账户的规定的内容。

(三) 个人银行结算账户开户的工作流程

个人银行结算账户主要用于个人转账收付和现金支取,实行备案制。因此,开立个人银行结算账户的工作流程与开立一般存款账户工作流程相同。

九、异地银行结算账户

(一) 异地银行结算账户的特点

异地银行结算账户是指存款人符合法定条件,根据需要在异地开立相应的银行结算账

户。其特点是在异地开立银行结算账户方便了结算、提高了结算的效率，是账户管理的一种突破。

（二）异地银行结算账户的开户要求

1. 异地银行结算账户的开立条件

根据《人民币银行结算账户管理办法》规定，存款人有下列情形之一的，可以在异地开立有关银行结算账户。

① 营业执照注册地与经营地不在同一行政区域（跨省、市、县），需要开立基本存款账户的。

② 办理异地借款和其他结算需要开立一般存款账户的。

③ 存款人因附属的非独立核算单位或派出机构发生的收入汇缴或业务支出需要开立专用存款账户的。

④ 异地临时经营活动需要开立临时存款账户的。

⑤ 自然人根据需要在异地开立个人银行结算账户的。

同步训练 2－35　根据《人民币银行结算账户管理办法》规定，存款人可以在异地开立有关银行结算账户的情形有（　　）。

A. 营业执照注册地与经营地不在同一行政区域（跨省、市、县），需要开立基本存款账户的

B. 办理异地借款和其他结算需要开立一般存款账户的

C. 存款人因附属的非独立核算单位或派出机构发生的收入汇缴或业务支出需要开立专用存款账户的

D. 异地临时经营活动需要开立临时存款账户的

解析：正确答案是 ABCD。见上述异地银行结算账户的开立条件的内容。

2. 开立异地银行结算账户所需的证明文件

存款人在异地开立银行结算账户应按照规定的程序办理并提交有关证明文件。

存款人需要在异地开立单位银行结算账户，除出具开立基本存款账户、一般存款账户、专用存款账户、临时存款账户规定的有关证明文件外，还应出具下列相应的证明文件。

① 经营地与注册地不在同一行政区域的存款人，在异地开立基本存款账户的，应出具注册地中国人民银行分支行的未开立基本存款账户的证明。但是，中国人民银行分支行开具未开立基本存款账户的证明只有在这 3 种情形下开具：注册地已运行账户管理系统，但经营地尚未运行账户管理系统的；经营地已运行账户管理系统，但注册地尚未运行账户管理系统的；注册地和经营地均未运行账户管理系统的。

② 异地借款的存款人，在异地开立一般存款账户的，应出具在异地取得贷款的借款合同，同时还要出具基本存款账户开户许可证。

③ 因经营需要在异地办理收入汇缴和业务支出的存款人，在异地开立专用存款账户的，应出具隶属单位的证明及基本存款账户开户许可证。

④ 存款人需要在异地开立个人银行结算账户，应出具的证明文件与前述开立个人结算账户要求的证明文件程序相同。

同步训练2-36 根据《人民币银行结算账户管理办法》规定,存款人在异地开立个人银行结算账户时,应出具的证明文件是( )。

A. 居民身份证　B. 户口簿　C. 工作证　D. 异地居住证

解析:正确答案是A。见上述开立异地银行结算账户所需的证明文件的内容。

(三) 开立异地银行结算账户的工作流程

在异地开立不同种类银行结算账户,开立账户的工作流程与前述相关账户开立的工作流程相同。

十、银行结算账户的管理

(一) 中国人民银行的管理

中国人民银行是银行结算账户的监督管理部门,其主要职责如下。

① 负责监督、检查银行结算账户的开立和使用,对存款人、银行违反《人民币银行结算账户管理办法》规定的行为予以处罚。

② 对银行结算账户的开立和使用实施监控和管理。中国人民银行当地分支行通过账户管理系统与支付系统、同城票据交换系统等系统的连接,实现相关银行结算账户信息的比对,依法监测和查处未经中国人民银行核准或未向中国人民银行备案的银行结算账户。

③ 负责基本存款账户、临时存款账户和预算单位专用存款账户开户登记证的管理。

④ 开户许可证的管理。开户许可证是重要空白凭证,中国人民银行负责开户许可证的印制、保管、领用、颁发、收缴和销毁制度的管理。任何单位和个人不得伪造、变造及私自印制开户许可证。

⑤ 银行机构代码的管理。中国人民银行负责银行机构代码信息的统一管理和维护。银行机构代码是识别银行身份的唯一标识,是账户管理系统的基础数据,银行应按要求准确、完整、及时地向中国人民银行当地分支行申报银行机构代码信息。

同步训练2-37 根据《人民币银行结算账户管理办法》规定,银行结算账户的监督管理部门是( )。

A. 各级财政部门　B. 中国人民银行

C. 各开户银行　D. 国务院及地方各级人民政府

解析:正确答案是B。见上述中国人民银行的管理的内容。

(二) 银行的管理

银行在中国人民银行监督管理下履行以下主要职责。

① 银行负责所属营业机构银行结算账户开立和使用的管理,监督和检查其执行《人民币银行结算账户管理办法》的情况,纠正违规开立和使用银行结算账户的行为。

② 银行应明确专人负责银行结算账户的开立、使用和撤销的审查和管理,负责对存款人开户申请资料的审查,并按照《人民币银行结算账户管理办法》的规定及时报送存款人开销户信息资料,建立健全开销户登记制度,建立银行结算账户管理档案,按会计档案进行管理。银行结算账户管理档案的保管期限为银行结算账户撤销后10年。

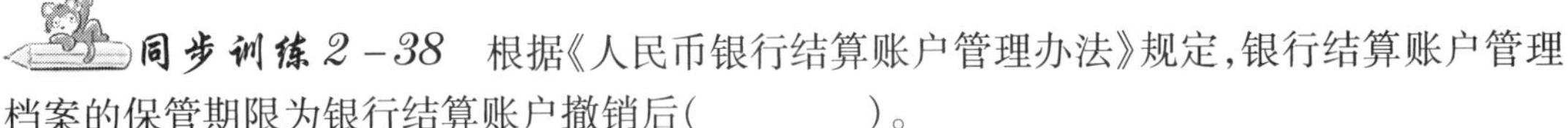

同步训练 2-38 根据《人民币银行结算账户管理办法》规定，银行结算账户管理档案的保管期限为银行结算账户撤销后(　　)。

A. 5年　　B. 10年　　C. 15年　　D. 25年

解析:正确答案是B。见上述银行的管理的内容。

③ 银行应对已开立的单位银行结算账户实行年检制度，检查开立的银行结算账户的合规性，核实开户资料的真实性。对不符合《人民币银行结算账户管理办法》规定开立的单位银行结算账户，应予以撤销;对经核实的各类银行结算账户的资料变动情况，应及时报告中国人民银行当地分支行。

银行应对存款人使用银行结算账户的情况进行监督，对存款人的可疑支付应按照中国人民银行规定的程序及时报告。

(三) 存款人的管理

1. 预留银行签章的管理

存款人应加强对预留银行签章的管理，应与银行按规定核对账务。

(1) 单位预留银行签章的管理

① 预留公章或财务专用章更换的管理。单位存款人应向开户银行出具书面申请、提交原预留公章或财务专用章等相关证明材料。如果无法提供原预留公章或财务专用章，应向开户银行出具原印签卡片、开户许可证、营业执照正本、司法部门的证明等相关证明文件。在办理此业务时，如果由法定代表人或单位负责人直接办理，除出具相应的证明文件外，还应出具法定代表人或单位负责人的身份证件;如果授权他人办理，除出具相应的证明文件外，还应出具法定代表人或单位负责人的身份证件及其出具的授权书，以及被授权人的身份证件。

② 预留个人签章更换的管理。由法定代表人或单位负责人直接办理的，应出具加盖单位公章的书面申请及法定代表人或单位负责人的身份证件;授权他人办理的，应出具加盖单位公章的书面申请、法定代表人或单位负责人身份证件及其出具的授权书、被授权人的身份证件。无法出具法定代表人或单位负责人身份证件的，应出具加盖单位公章的书面申请、单位出具的授权书及被授权人的身份证件。

③ 预留银行签章遗失的管理。单位遗失预留公章或财务专用章的，应向开户银行出具书面申请、开户登记证、营业执照等相关证明文件;更换预留公章或财务专用章时，应向开户银行出具书面申请、原预留签章的式样等相关证明文件。

(2) 个人预留银行签章的管理

遗失或更换预留个人印章，或者更换签字人时，应向开户银行出具经签名确认的书面申请，以及原预留印章或签字人的个人身份证件。银行应留存相应的复印件，并凭此办理预留银行签章的变更。

2. 实名制管理

存款人应以实名开立银行结算账户，并对出具的开户(变更、撤销)申请资料实质内容的真实性负责，法律、行政法规另有规定的除外。存款人应按照账户管理规定使用银行结算账户办理结算业务，不得出租、出借银行结算账户，不得利用银行结算账户套取银行信用或进行洗钱活动。

3. 账户密码管理

存款人应妥善保管密码,存款人在收到开户银行转交的初始密码之后,应到中国人民银行当地分支行或基本存款账户开户银行办理密码变更手续。存款人遗失密码的,应持开户时需要出具的证明文件和基本存款账户开户许可证到中国人民银行当地分支行申请重置密码。

十一、违反银行账户结算管理制度的处罚

(一)存款人违反账户管理制度的处罚

1. 存款人违反开立、撤销银行结算账户的处罚

(1)违法行为

① 违反规定开立银行结算账户。

② 伪造、变造证明文件欺骗银行开立银行结算账户。

③ 违反规定不及时撤销银行结算账户。

(2)处罚规定

① 非经营性的存款人,有上述所列行为之一的,给予警告并处以1 000元的罚款。

② 经营性的存款人,有上述所列行为之一的,给予警告并处以10 000元以上30 000元以下的罚款;构成犯罪的,移交司法机关依法追究刑事责任。

③ 上述违法行为构成犯罪的,移交司法机关依法追究刑事责任。

同步训练2-39 根据《人民币银行结算账户管理办法》规定,经营性存款人违反规定不及时撤销银行结算账户,未构成犯罪的,给予的处罚是(　　)。

A. 警告　　B. 警告并处以10 000元以上30 000元以下的罚款

C. 50 000元以上罚款　　D. 10 000元以上30 000元以下的罚款

解析:正确答案是B。见上述存款人违反账户管理制度的处罚的内容。

2. 存款人违反使用银行结算账户规定的处罚

(1)违法行为

① 违反规定将单位款项转入个人银行结算账户。

② 违反规定支取现金。

③ 利用开立银行结算账户逃废银行债务。

④ 出租、出借银行结算账户。

⑤ 从基本存款账户之外的银行结算账户转账存入、将销货收入或现金存入单位信用卡账户。

(2)处罚规定

① 非经营性的存款人,有上述所列行为之一的,给予警告并处以1 000元罚款。

② 经营性的存款人,有上述所列行为之一的,给予警告并处以5 000元以上30 000元以下的罚款。

同步训练2-40 根据《人民币银行结算账户管理办法》规定,属于存款人违反使用银行结算账户规定的有(　　)。

A. 违反规定将单位款项转入个人银行结算账户

B. 出租、出借银行结算账户

C. 利用开立银行结算账户逃废银行债务

D. 违反规定支取现金

解析:正确答案是ABCD。见上述存款人违反使用银行结算账户规定的处罚的内容。

3. 存款人违反变更银行结算账户的处罚

(1) 违法行为

存款人的法定代表人或主要负责人、存款人地址及其他开户资料的变更事项未在规定期限内通知银行。

(2) 处罚规定

存款人有上述所列行为的,给予警告并处以1 000元的罚款。

4. 存款人违反开户许可证使用规定的处罚

(1) 违法行为

存款人违反规定,伪造、变造、私自印刷开户许可证的行为。

(2) 处罚规定

① 非经营性的存款人,有上述所列行为的,处以1 000元的罚款。

② 经营性的存款人,有上述所列行为的,处以1万元以上3万元以下的罚款。

③ 上述违法行为构成犯罪的,移交司法机关依法追究刑事责任。

同步训练2-41 根据《人民币银行结算账户管理办法》规定,经营性存款人违反规定,伪造、变造、私自印刷开户许可证,未构成犯罪的给予的处罚是(　　)。

A. 警告　　B. 处以1万元以上3万元以下的罚款

C. 1 000元罚款　　D. 50 000元以上的罚款

解析:正确答案是B。见上述存款人违反开户许可证使用规定的处罚的内容。

(二) 银行及有关人员违反账户管理制度的处罚

1. 银行违反开立银行结算账户规定的处罚

(1) 违法行为

① 违反规定为存款人多头开立银行结算账户。

② 明知或应知是单位资金,而允许以自然人名称开立账户存储。

(2) 处罚规定

银行有上述所列行为之一的,给予警告并处以50 000元以上300 000元以下的罚款;对银行直接负责的高级管理人员、其他直接负责的主管人员、直接责任人员按规定给予纪律处分;情节严重的,中国人民银行有权停止对其开立基本存款账户的核准,责令该银行停业整顿或吊销经营金融业务许可证;构成犯罪的,移交司法机关依法追究刑事责任。

同步训练2-42 根据《人民币银行结算账户管理办法》规定,银行违反规定为存款人多头开户的处罚是(　　)。

A. 警告　　B. 警告并处以50 000元以上300 000元以下的罚款

C. 1 000元罚款　　D. 50 000元以上的罚款

解析:正确答案是B。见上述银行及有关人员违反账户管理制度的处罚的内容。

2. 银行违反使用银行结算账户规定的处罚

(1) 违法行为

① 提供虚假开户申请资料欺骗中国人民银行许可开立基本存款账户、临时存款账户、预算单位专用存款账户。

② 开立或撤销单位银行结算账户,未按规定在基本存款账户开户登记证上予以登记、签章或通知相关开户银行。

③ 违反规定办理个人银行结算账户转账结算。

④ 为储蓄账户办理转账结算。

⑤ 违反规定为存款人支付现金或办理现金存入。

⑥ 超过期限或未向中国人民银行报送账户开立、变更、撤销等资料。

(2) 处罚规定

银行有上述所列行为之一的,给予警告并处以5 000元以上30 000元以下的罚款;对该银行直接负责的高级管理人员、其他直接负责的主管人员、直接责任人员按规定给予纪律处分;情节严重的,中国人民银行有权停止对其开立基本存款账户的核准;构成犯罪的,移交司法机关依法追究刑事责任。

第四节 票据结算

工作疑问

1. 什么是票据?有价证券是票据吗?《票据法》中说的票据有哪几种?
2. 在实际工作中,支票在什么情况下可以授权补记?
3. 票据可以转让吗?如何判断票据背书是否连续?
4. 何谓空头支票?签发空头支票应当承担什么样的法律责任?
5. 商业汇票出票时必须记载的事项有哪些?

一、票据概述

(一) 票据的概念和种类

1. 票据的概念

票据是由出票人签发的、约定自己或委托付款人在见票时或指定的日期向收款人或持票人无条件支付一定金额的有价证券。

2. 票据的种类

票据有广义和狭义之分:广义上的票据包括各种有价证券和凭证,如股票、企业债券、发票、提单等;狭义上的票据,即我国《票据法》中规定的票据,包括银行汇票、商业汇票、银行本票和支票。本节所述的票据是指狭义上的票据。

(二) 票据的特征和功能

1. 票据的特征

① 票据是完全有价证券。完全有价证券是指权利完全证券化、权利与证券融为一体不

可分离的一类证券。也就是说，证券上权利的存在、行使和移转，都与证券分不开，即做成票据，票据权利始得发生；持有票据，就享有票据上的权利；行使票据权利，以提示票据为必要；转让票据上的权利，需转让票据；票据毁损灭失的，不可以其他凭证代替票据行使票据权利，经法定程序许可后才能补救，防止利益受损。总之，票据是票据上的权利的唯一象征和代表，无票据即无票据上的权利。

② 票据是文义证券。文义证券是指票据上的一切权利义务必须严格依照票据记载的文义而定，文义之外的任何理由、事项均不得作为根据，即使文义记载有错误，也不得用票据之外的其他方法变更或补充。具体地说，票据上的权利与义务、票据债权人与债务人、票据权利有效期等均由票据上依法记载的文字的含义来确定，任何人都不得以票据文义之外的因素认定或改变票据权利义务及票据债权人、债务人。

③ 票据是金钱债权证券。金钱债权证券是指票据代表的是财产权利，是金钱给付请求权，属于债权，持票人只能请求票据债务人给付票面记载的金钱。

④ 票据是要式证券。要式证券是指票据的制作、形式、文义都有规定的格式和要素，必须符合《票据法》的规定。

⑤ 票据是流通证券。流通证券是指票据可以按照《票据法》规定的方式自由流通，而且流通的法定方式简捷便利，能够迅速完成，加之转让次数越多，票据信用度越高，可靠性愈强，因而比其他一般有价证券的流通性要强。

⑥ 票据是无因证券。无因证券，又称不要因证券，是指证券效力与做成证券的原因完全分离，证券权利的存在和行使，不以做成证券的原因为要件的一类证券。也就是说，票据如果符合《票据法》规定的条件，票据权利就成立，持票人不必证明取得票据的原因，仅以票据文义请求履行票据权利。

同步训练 2－43　根据《票据法》规定，属于票据特征的有（　　　　）。

A. 完全有价证券　　B. 文义证券　　C. 信用证券　　D. 流通证券

解析：正确答案是 ABD。见上述票据的特征的内容。

2. 票据的功能

一般来说，票据具有支付、汇兑、信用、结算和融资等职能。

① 支付功能。票据以支付一定金额为目的，所以票据可以充当支付工具，代替现金使用。

② 汇兑功能。票据最初的功能是汇兑，是异地输送现金和兑换货币的工具。

③ 信用功能。票据可作为信用工具，在商业和金融中发挥融资等作用。

④ 结算功能。即债务抵销功能，也就是说，通过票据交换，使各方收付相抵，相互债务冲减。

⑤ 融资功能。即融通资金或调度资金，功能主要通过票据的贴现、转贴现和再贴现来实现。

同步训练 2－44　根据《票据法》规定，属于票据功能的有（　　　　）。

A. 支付功能　　B. 汇兑功能　　C. 担保功能　　D. 融资功能

解析：正确答案是 ABD。见上述票据的功能的内容。

(三) 票据的当事人

票据当事人是指在票据法律关系中,享有票据权利、承担票据义务的主体。票据当事人分为基本当事人和非基本当事人。

1. 基本当事人

基本当事人是指在票据做成和交付时就已存在的当事人,是构成票据法律关系的必要主体。它包括出票人、收款人和付款人。

① 出票人。出票人是指在票据上签名并发出票据的人,或者说是签发票据的人。银行汇票的出票人为银行;商业汇票的出票人为银行以外的企业和其他组织;银行本票的出票人为出票银行;支票的出票人为在银行开立存款账户的企业、其他组织和个人。

② 收款人。收款人是指从出票人那里接受票据并有权向付款人请求付款的人。

③ 付款人。付款人是指由出票人委托付款或自行承担付款责任的人。商业承兑汇票的付款人是合同中应给付款项的一方当事人,也是汇票的承兑人;银行承兑汇票的付款人是承兑银行;支票的付款人是出票人的开户银行;本票的付款人是出票人。

2. 非基本当事人

非基本当事人是指在票据做成并交付后,通过一定的票据行为加入票据关系而享有一定权利、义务的当事人。它包括承兑人、背书人、被背书人和保证人。

① 承兑人。承兑人是指接受汇票出票人的付款委托同意承担支付票据义务的人。

② 背书人。背书人是指在票据转让时,在票据背面签字或盖章并将票据交付给受让人的票据收款人或持票人。

③ 被背书人。被背书人是指被记名受让票据或接受票据转让的人。背书后,被背书人成为票据新的持票人,享有票据的所有权利。

④ 保证人。保证人是指为票据债务提供担保的人,由票据债务人以外的他人担当。保证人在被保证人不能履行票据付款责任时,以自己的金钱履行票据付款义务,延后取得持票人的权利,向票据债务人追索。

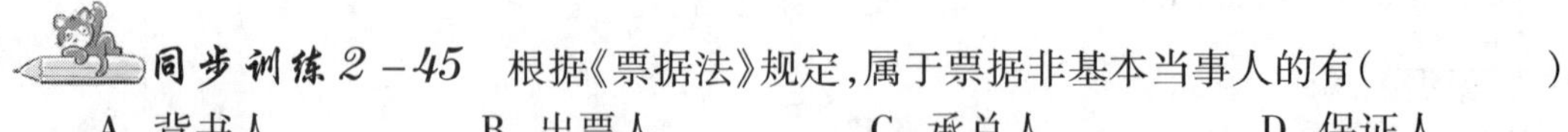

同步训练2-45 根据《票据法》规定,属于票据非基本当事人的有(　　)。

A. 背书人　　B. 出票人　　C. 承兑人　　D. 保证人

解析:正确答案是ACD。见上述非基本当事人的内容。

同步训练2-46 根据《票据法》规定,属于本票的基本当事人的有(　　)。

A. 背书人　　B. 保证人　　C. 收款人　　D. 出票人

解析:正确答案是CD。见上述基本当事人的内容。

(四) 票据记载事项

票据记载事项是指依法在票据上记载票据相关内容的行为。它分为绝对记载事项、相对记载事项、任意记载事项等。

同步训练2-47 根据《票据法》规定,属于票据记载事项的有(　　)。

A. 绝对记载事项　　B. 相对记载事项　　C. 任意记载事项　　D. 可记可不记事项

解析:正确答案是ABC。见上述票据记载事项的内容。

(1) 绝对记载事项

绝对记载事项是《票据法》规定票据上必须记载,否则就不能使票据生效的事项。包括:①票据文句,即表明票据种类、名称的字样,如票据、本票、支票;②无条件支付的委托(在本票上,则是无条件支付的承诺);③确定的金额;④付款人名称(本票为已付证券,出票人即为付款人,不必另记这一事项);⑤收款人名称;⑥出票日期;⑦出票人签章。

我国《票据法》为确立这些事项的绝对必要性,一方面规定必须记载,另一方面又明确告知未记载这些事项之一的,票据无效。可见,这些事项是票据权利的构成要素。在绝对记载事项中,签名具有极其重要的作用。《票据法》规定:"票据上签名者需就票据文义负担票据责任。"

(2) 相对记载事项

相对记载事项是指《票据法》规定应当记载,但如果不记载时,法律另行拟制,推定效果,不致票据无效的事项。这些事项,从性质上讲,不是构成票据权利的因素,而是持票人行使票据权利需要的时间、地点等方面的条件。

需要注意的是,相对记载事项绝不是可有可无的。例如,付款日期,如果允许不存在,持票人行使票据权利请求付款就无时间保障,结果必然对票据债务人有利而对票据债权人有害。为防止损害票据债权人利益的情况发生,《票据法》对不记载这些事项的,做了有利票据债权人的推定。例如,以《票据法》第二十三条为例,该条第二款、第三款分别规定:"汇票上未记载付款日期的,为见票即付。""汇票上未记载付款地的,付款人的营业场所、住所或经常居住地为付票地。"这样,为持票人及早实现票据权利,获得付款,提供了最有利的条件,也避免了当事人之间因付款地不明确而可能发生的分歧。

**同步训练 2-48**　根据《票据法》规定,属于票据相对记载事项的有(　　)。

A. 背书日期　B. 保证日期　C. 承兑日期　D. 被保证人

解析:正确答案是 ABCD。以上事项在没记载时,《票据法》均做出推定。

(3) 任意记载事项

任意记载事项是指《票据法》允许当事人按其意思记载或不记载,但一经记载也发生票据上效力的事项。我国《票据法》第二十七条第二款规定:"出票人在汇票上记载'不得转让'字样的,汇票不得转让。"这里的不得转让事项,就是任意记载事项。第三十四条规定:"背书人在汇票上记载'不得转让'字样,其后手再背书转让的,原背书人对后手的被背书人不承担保证责任。"这就属于任意记载事项记载于票据后发生的效力。任意记载事项,一般由当事人特别约定,记载于票据后,对直接当事人、第三人均有效。

(五) 票据行为

票据行为是指以发生票据权利义务为目的而依照票据法实施的法律行为。我国《票据法》规定的票据行为是指票据当事人以发生票据债务为目的,以在票据上签名或签章为权利义务成立要件的法律行为,包括出票、背书、承兑、保证4种行为。

**同步训练 2-49**　根据《票据法》规定,属于票据行为的有(　　)。

A. 背书　B. 保证　C. 承兑　D. 出票

解析:正确答案是 ABCD。见上述票据行为的内容。

1. 出票

出票是指出票人签发票据并将其交付给收款人的票据行为。出票工作过程:一是做成票据,即出票人依照《票据法》的规定做成票据,在原始票据上记载法定事项并签章;二是交付票据,即将做成的票据交付给他人占有。这两者缺一不可。

2. 背书

背书是指在票据背面或粘单上记载有关事项并签章的一种附属票据行为。

(1) 背书的种类

通常按背书的目的不同,将背书分为转让背书和非转让背书。转让背书是指以转让票据权利为目的的背书;非转让背书是指以授予他人行使一定的票据权利为目的的背书。非转让背书包括委托收款背书和质押背书。

委托收款背书是背书人委托被背书人行使票据权利的背书。背书记载“委托收款”字样的,被背书人有权代背书人行使被委托的票据权利。但是,被背书人不得再背书转让票据。

质押背书是以担保债务而在票据上设定质权为目的的背书。被背书人依法实现质权时,可以行使票据权利。

(2) 背书记载事项

背书时,必须记载事项有背书人签章和被背书人名称,其属于绝对记载事项;而背书日期属于相对记载事项,若背书时未记载日期的,则视为在票据到期日前背书。

对于非转让背书,如委托收款背书还应记载“委托收款”字样,质押背书还应记载“质押”字样。

(3) 禁止背书的记载

禁止背书是指出票人或背书人在票据上记载了“不得转让”字样,以禁止票据权利的转让。若出票人在汇票的正面记载“不得转让”字样的,其票据不得转让;而背书人在汇票的背面记载“不得转让”字样的,其后手再背书转让的,原背书人对后手的被背书人不承担保证责任。

(4) 粘单的使用

第一位使用粘单的背书人必须将粘单粘接在票据上,并在汇票和粘单的粘接处签章。

(5) 背书连续及效力

背书连续是指在票据转让中,转让票据的背书人与受让票据的被背书人在票据上的签章依次前后衔接。以背书转让的票据,背书应当连续,如图2.3所示。

收款人(第一次背书人) —第一次转让→ 被背书人(第二次背书人) —第二次转让→ 被背书人(背书人) —最后转让→ 最后被背书人

图2.3 背书连续

持票人以背书的连续,证明票据权利;非经背书转让,而以其他合法方式取得票据的,依法举证,证明票据权利。背书人以背书转让票据后,即承担保证其后手所持票据承兑和付款的责任。

(6) 其他情形的背书

① 条件背书是指背书不得附有条件,背书时附有条件的,所附条件不具有票据上的效力。

② 部分背书是指将票据金额的一部分转让的背书,或者将票据金额分别转让给两人以

上的背书,部分背书属于无效背书。

③ 期后背书是指票据被拒绝承兑、被拒绝付款或超过付款提示期限的,不得背书转让,即此类背书属于法定禁止的背书。如果背书转让,背书人应当承担票据责任。

**同步训练 2-50**　根据《票据法》规定,属于转让权利的背书有(　　)。

A. 质押背书　　B. 贴现背书　　C. 委托收款背书　　D. 转让背书

解析:正确答案是 BD。见上述票据背书的内容。

**同步训练 2-51**　根据《票据法》规定,属于不得背书转让的情形有(　　)。

A. 条件背书　　B. 部分背书

C. 记载“不得转让”字样的票据　　D. 票据被拒绝承兑的

解析:正确答案是 ABCD。见上述票据背书的内容。

3. 承兑

(1) 承兑的概念

承兑是指汇票付款人承诺在汇票到期日支付汇票金额并签章的票据行为。承兑仅限于商业汇票。

(2) 承兑工作程序

承兑工作程序包括提示承兑、受理承兑、记载承兑事项等。

1) 提示承兑。提示承兑是指持票人向付款人出示汇票,并要求付款人承诺付款的行为。

2) 受理承兑。即付款人收到持票人提示承兑的汇票时,应当向持票人签发收到汇票的回单。回单上应当记明汇票提示承兑日期并签章。付款人对向其提示承兑的汇票,应当自收到提示承兑的汇票之日起 3 日内承兑或拒绝承兑。

3) 记载承兑事项。付款人同意承兑的汇票,应当在汇票正面记载“承兑”字样和承兑日期并签章。其中,承兑文句和承兑人签章是绝对记载事项,而承兑日期属于相对记载事项。汇票上未记载承兑日期的,应当以收到提示承兑的汇票之日起 3 日内最后一日为承兑日期。对于见票后定期付款的汇票,在承兑时,还应当记载付款日期。

(3) 承兑效力

付款人承兑汇票,不得附有条件;承兑附有条件的,视为拒绝承兑。付款人承兑汇票后,应当承担到期付款的责任。

4. 保证

(1) 保证的概念

保证是票据债务人之外的人为担保债务的履行而在票据上记载担保文字并签名的票据行为。

其中,保证人应由票据债务人以外的他人担当。如果国家机关、以公益为目的的事业单位、社会团体、企业法人的分支机构和职能部门作为票据保证人,票据保证无效,但经国务院批准为使用外国政府或国际经济组织贷款进行转贷,国家机关提供票据保证的,以及企业法人的分支机构在法人书面授权的范围内提供票据保证的除外。

(2) 保证记载事项

保证人必须在票据或粘单上记载这些事项。绝对记载事项:表明“保证”的字样;保证人签章。相对记载事项:被保证人的名称(注:已承兑的票据,承兑人为被保证人;未承兑的票据,出票人为被保证人);保证日期(注:未记载保证日期的,出票日期为保证日期);保证人名称和住所。需要注意的是,为出票人、付款人、承兑人保证的,其记载应在汇票的正面;若为背书人保证,则记载应在汇票的背面或粘单上。

(3) 保证责任

被保证的票据,保证人应当与被保证人对持票人承担连带责任;保证人为两人以上的,保证人之间承担连带责任。票据到期后得不到付款的,持票人有权向保证人请求付款,保证人应当足额付款。保证人清偿票据债务后,可以行使持票人对被保证人及前手的追索权。

(4) 保证效力

保证人对合法取得票据的持票人享有的票据权利,承担保证责任。但是,被保证人的债务因票据记载事项欠缺而无效的除外。保证不得附有条件;附有条件的,不影响对票据的保证责任。

**同步训练 2-52** 根据《票据法》规定,不能作为票据保证人的有(　　)。

A. 国家机关

B. 以公益为目的的事业单位

C. 企业法人的职能部门

D. 在法人书面授权的范围内提供票据保证的企业法人的分支机构

解析:正确答案是ABC。见上述票据行为中保证的内容。

(六) 票据签章

票据签章是指票据有关当事人在票据上的签名、盖章或签名加盖章的行为。票据签章是票据行为生效的重要条件,也是票据行为表现形式中不可缺少的记载事项。如果票据缺少当事人的签章,将导致票据无效或该项票据行为无效。

不同的票据行为,签章的当事人也不同。票据出票时,由出票人签章;票据转让时,由背书人签章;票据承兑时,由承兑人签章;票据保证时,由保证人签章;持票人行使票据权利时,由持票人签章。《票据法》规定,出票人在票据上的签章不符合法律规定的,票据无效;背书人在票据上的签章不符合法律规定的,签章无效,但不影响其前手符合规定的签章的效力;承兑人、保证人在票据上的签章不符合法律规定的,签章无效,但不影响其他符合规定的签章的效力。

一般说来,法人和其他使用票据的单位在票据上的签章,为该法人或该单位的盖章加法定代表人或其授权的代理人的签章;个人在票据和结算凭证上的签章,应为该个人本名的签名或盖章。

(七) 票据权利和责任

1. 票据权利

票据权利是指持票人向票据债务人请求支付票据金额的权利,包括付款请求权和票据追索权。

① 付款请求权。即持票人请求票据上记载的付款人支付票面金额的权利,是第一顺序票据权利。具体来说就是,持票人向汇票的承兑人、支票的付款人、本票的出票人出示票据

请求付款的权利。行使付款请求权的持票人可以是票据的收款人或最后的背书人,担负付款请求权、具有付款义务的主要是主债务人。

② 票据追索权。票据追索权是指票据当事人行使付款请求权不能实现时,依法向前手请求偿还票据金额及其他金额的权利。追索权与付款请求权相比是处于第二顺序的票据权利。可以行使追索权的当事人有收款人、最后被背书人、代为清偿票据债务的保证人和背书人。

**同步训练 2-53** 根据《票据法》规定,可以行使追索权的当事人有(　　)。

A. 收款人　　B. 代为清偿票据债务的保证人

C. 最后被背书人　　D. 代为清偿票据债务的背书人

解析:正确答案是 ABCD。见上述票据权利的内容。

需要注意的是,票据权利享有者,一定是合法持票人。凡以出票、背书等票据行为和继承等合法方式取得票据者,均为合法持票人,依持有票据而享有票据权利。不法取得票据者,不得享有票据权利。

**同步训练 2-54** 根据《票据法》规定,取得票据享有票据权利的合法情形有(　　)。

A. 小张明知小李偷来一张支票,小李向其转让,小张欣然接受

B. 乙单位以支票形式向地震灾区某中学捐款,该中学接受了这张支票

C. 作为收款人,小王依法接受一张银行本票

D. 作为最后持票人,小刘持有一张背书连续的银行汇票

解析:正确答案是 BCD。见上述票据权利的内容。

2. 票据责任

票据责任是指票据债务人负担的向持票人支付票据金额的责任。票据责任不具有制裁性质,因为其是基于债务人特定的票据行为(如出票、背书、承兑、保证)而应承担的义务,主要包括付款义务和偿还义务。

票据的债务人是指在票据上签章的人。在实际业务中,票据债务人承担票据义务一般有以下 4 种情形。

① 汇票的承兑人因承兑而应承担付款义务。

② 支票的付款人在与出票人有资金关系时承担付款义务。

③ 本票的出票人因出票而承担自己付款的义务。

④ 汇票、本票、支票的背书人,汇票、支票的出票人、保证人,在票据不获承兑或不获付款时的付款清偿义务。

**同步训练 2-55** 根据《票据法》规定,应承担票据责任的当事人有(　　)。

A. 汇票的承兑人　　B. 支票的付款人

C. 本票的出票人　　D. 汇票、本票、支票的背书人

解析:正确答案是 ABCD。见上述票据责任的内容。

（八）票据丧失的补救

票据丧失是指票据因灭失（如不慎被烧毁）、遗失（如不慎丢失）、被盗等原因而使票据权利人脱离对票据的占有。丧失票据的补救方法共有3种：挂失止付、公示催告和普通诉讼。

1. 挂失止付

（1）挂失止付的概念

挂失止付是指失票人将失票情况及时通知付款人或代理付款人，请求付款人或代理付款人停止支付所失票据上的款项，付款人或代理付款人在未被冒领时满足失票人请求的失票救济方法。

（2）挂失止付的适用范围

只有确定付款人或代理付款人的票据丧失时才可以进行挂失止付，具体包括已承兑的商业汇票、支票、填明“现金”字样和代理付款人的银行汇票及填明“现金”字样的银行本票4种，可以由失票人通知付款人或代理付款人挂失止付。

未填明“现金”字样和代理付款人的银行汇票及未填明“现金”字样的银行本票丧失，不得挂失止付。

（3）挂失支付的效力

收到挂失止付通知的付款人，应当暂停支付。但挂失止付并不是票据丧失后采取的必经措施，只是一种暂时的预防措施，最终要通过申请公示催告或提起诉讼来补救票据权利。失票人应当在通知挂失止付后3日内，也可以在票据丧失后，依法向人民法院申请公示催告或向人民法院提起诉讼。

**同步训练2－56** 属于票据丧失，可以采用挂失支付补救的有（　　）。

A. 已承兑的商业汇票

B. 填明“现金”字样和代理付款人的银行汇票

C. 支票

D. 填明“现金”字样的银行本票

解析：正确答案是ABCD。见上述票据丧失的补救的内容。

（4）挂失支付失效

付款人或代理付款人自收到挂失止付通知书之日起12日内没有收到人民法院的止付通知书的，自第13日起，挂失止付通知书失效。

2. 公示催告

（1）公示催告的概念

公示催告是指法院依据可背书转让票据的失票人的申请，以公示方法，催告利害关系人于一定期限内，向法院申报权利；到期无人申报，法院即做出所失票据无效的判决，失票人依照判决请求付款人支付原票据款额的制度。

（2）适用范围

根据《票据法》规定，失票人应当在通知挂失止付后3日内，也可以在票据丧失后，依法向人民法院申请公示催告。

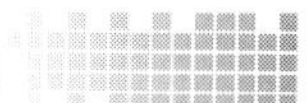

申请公示催告的主体必须是可以背书转让票据的最后持有人,在不知道票据的下落和不明确利害关系人的情况下,向票据支付地的基层人民法院申请公示催告。

(3) 公示催告的效力

公示催告的效力是指人民法院依法公示催告产生的效果。它主要有:①预防发生第三人善意取得。②使付款人停止支付,防止冒领和其他损害失票人合法利益现象的发生。根据《民事诉讼法》规定,人民法院受理公示催告申请时,应同时通知支付人停止支付,支付人收到人民法院停止支付的通知,应当停止支付,至公示催告程序终结。③催促利害关系人向受理法院申报权利。受理法院发出公告之后,利害关系人应当在公示催告期间向受理法院申报权利。超过法定期限未申报的,人民法院便做出判决,宣告所失票据无效。④失票人依照法院的除权判决,不必提示票据而请求付款人付款,付款人应当付款。

3. 普通诉讼

失票发生的票据权利争议,当事人有权通过民事诉讼的方法,由人民法院依法确认票据权利的归属。普通诉讼是指丧失票据的人为原告,以承兑人或出票人为被告,请求法院判决其向失票人付款的诉讼活动。如果与票据上的权利有利害关系的人是明确的,无须公示催告,可按一般票据纠纷向法院提起诉讼。

(九) 票据权利时效

票据权利时效是指票据权利在时效内不行使,即引起票据权利丧失。《票据法》第十七条规定,我国票据时效分为3种:2年、6个月、3个月。这3种期间,分别适用于不同的票据权利。

1. 适用2年时效的情形

① 票据持票人对出票人的权利。票据的出票人对持票人负有保证承兑和保证付款的义务,持票人在票据得不到承兑或付款时,在2年内对出票人得行使追索权。

② 票据持票人对承兑人的权利。承兑人承兑票据后,承担到期付款的责任。因此,持票人对承兑人有付款请求权。当不获付款时,持票人在2年内对承兑人有追索权。

③ 本票的持票人对出票人的权利。本票是自付证券,出票人在持票人提示见票时,必须承担付款的责任。持票人未按照本票上规定的期限提示见票,请求付款的,丧失对其前手的追索权,在时效期间内对出票人有追索权。本票持票人对出票人的权利,适用2年的时效期间。

2. 适用6个月时效的情形

① 支票的持票人对出票人的权利。支票是委托证券,出票人对持票人承担保证从付款人处获得付款的责任,自己并不向持票人负担支付票面金额的义务。因此,持票人对出票人无付款请求权。在支票不获付款时,持票人对出票人有追索权。《票据法》中所指持票人对支票出票人的权利为追索权,时效期间为出票日起6个月。

② 持票人对前手的追索权。票据以背书转让方式进入流通状态之后,背书人与被背书人之间、最初背书人(也叫第一背书人)和他之后的任何背书人、被背书人或持票人之间,形成"前手、后手"关系。持票人对前手行使追索权的,应当自被拒绝承兑或被拒绝付款之日起6个月内进行,超过6个月时效期间的,追索权消灭。

3. 适用3个月时效的情形

持票人对前手的再追索权,应当自清偿日或被提起诉讼之日起3个月内行使。再追索权,是经其他票据权利人追索而清偿了票据债务的票据债务人,取得票据后行使的向其前手再追索的权利。

二、支票概述

(一)支票的概念、种类及适用范围

1. 支票的概念

支票是指由出票人签发的、委托办理支票存款业务的银行在见票时无条件支付确定的金额给收款人或持票人的票据。

支票的基本当事人包括出票人、付款人和收款人。出票人即存款人,是在中国人民银行当地分支行批准办理支票业务的银行机构开立可以使用支票的存款账户的单位和个人;付款人是出票人的开户银行;持票人在票面上填明的收款人,也可以是经背书转让的被背书人。

2. 支票的种类

支票可分为转账支票、现金支票和普通支票3种。转账支票只能用于转账,不得支取现金;现金支票只能用于支取现金,不得背书转让;普通支票既可用于支取现金,也可以用于转账。当普通支票用于转账时,应在支票正面注明,即在普通支票左上角画2条平行线,即为划线支票,划线支票只能用于转账,不得支取现金。

3. 支票的适用范围

单位和个人的各种款项结算,均可以使用支票。2007年7月8日,中国人民银行宣布,支票可以实现全国范围内互通使用。

(二)支票的出票

1. 出票的条件

开立支票存款账户,开立支票存款账户申请人必须使用其本名,并提交证明其身份的合法证件,并应当预留其本名的签名式样和印鉴。开立支票存款账户和领用支票,应当有可靠的资信,并存入一定的资金。

2. 出票

(1) 支票的记载事项

签发支票必须记载的事项有:①表明“支票”的字样;②无条件支付的委托;③确定的金额;④付款人名称(出票人开户银行);⑤出票日期;⑥出票人签章。支票上未记载上述规定事项之一的,支票无效。

支票上未记载的金额、收款人名称,可以由出票人授权补记,未补记前的支票,不得提示付款和背书转让。

支票上未记载付款地的,付款人的营业场所为付款地;支票上未记载出票地的,出票人的营业场所、住所或经常居住地为出票地。出票人可以在支票上记载自己为收款人。

(2) 签发支票的注意事项

① 签发支票应当使用碳素墨水或墨汁填写,中国人民银行另有规定的除外。签发现金支票和用于支取现金的普通支票,必须符合国家现金管理规定。

② 禁止签发空头支票。支票的出票人签发的支票金额不得超过其付款时在付款人处

实有存款金额。出票人签发的支票金额超过其付款时在付款人处实有存款金额的，为空头支票。

③ 支票的出票人不得签发与预留本名的签名式样或印鉴不符的支票。支票的出票人预留银行签章是银行审核支票付款的依据。出票人签发与预留银行签章不符的支票、签发空头支票、签发缺印鉴或错账号的支票及签发的支票印鉴不符、账号户名不符、密码不符的，银行按出票金额处5%但不低于1 000元的罚款。同时，持票人有权要求出票人赔偿支票金额2%的赔偿金。

(3) 出票的效力

出票人做成支票并交付之后，出票人就要承担相应的法律责任。这一责任包括两项：一是出票人必须在付款人处存有足够可处分的资金，以保证支票票款的支付；二是当付款人对支票拒绝付款或超过支票提示期限的，出票人应向持票人承担付款责任。

(三) 支票的付款

1. 提示付款

支票限于见票即付，不得另行记载付款日期。另行记载付款日期的，该记载无效。支票的提示付款期为自出票日起10日，异地使用的支票，提示付款的期限由中国人民银行另行规定。超过提示付款期限提示付款的，持票人开户银行不予受理，付款人不予付款的，出票人仍应当对持票人承担票据责任。

提示付款的方式包括持票人委托开户银行收款和直接向付款人提示付款。具体工作流程如下。

① 持票人委托开户银行收款时，应做委托收款背书，在支票背面背书人签章栏签章，记载"委托收款"字样、背书日期，在被背书人栏记载开户银行名称，并将支票和填制的进账单送交开户银行。

② 持票人持有转账支票向付款人提示付款时，应在支票背面背书人签章栏签章，并将支票和填制的进账单送交出票人开户银行。

③ 持票人持有现金支票向付款人提示付款时，在支票背面收款人签章处签章。

④ 持票人为个人的，还需交验本人身份证件，并在支票背面注明证件名称、号码及发证机关。

2. 付款

出票人必须按照签发的支票金额承担保证向持票人付款的责任。出票人在付款人处的存款足以支付支票金额时，付款人应当在当日足额付款。

付款人依法支付支票金额的，对出票人不再承担受委托付款的责任，对持票人不再承担付款的责任。但是，付款人以恶意或有重大过失付款的除外。

**同步训练2-57** 关于支票的说法中，正确的有（　　）。

A. 支票的提示付款期为自出票日起10日

B. 支票的出票人预留银行签章是银行审核支票付款的依据

C. 支票上的金额、收款人名称、日期，可以由出票人授权补记

D. 支票的出票人签发的支票金额不得超过其签发时在付款人处实有的存款金额

解析：正确答案是AB。见上述支票的付款的内容。

三、银行汇票概述

(一) 银行汇票的概念和适用范围

银行汇票是指出票银行签发的由其在见票时按照实际结算金额无条件支付给收款人或持票人的票据。出票银行为银行汇票的付款人。银行汇票可以用于转账,填明“现金”字样的银行汇票也可以用于支取现金。单位和个人在异地、同城或同一票据交换区域的各种款项结算,均可使用银行汇票。

(二) 银行汇票的出票

1. 申请

申请人使用银行汇票,应向出票银行提交银行汇票申请书,在银行汇票申请书上逐项写明申请人名称和账号、收款人名称和账号、汇款金额、汇款用途等内容,并在银行汇票申请书上加盖申请人预留银行的签章,由银行审查后签发银行汇票。如果汇款人未在银行开立存款账户,则可以交存现金办理汇票。

签发现金银行汇票,申请人和收款人均为个人,需要在汇入银行支取现金的,应在银行汇票申请书上的出票金额大写栏先填写“现金”字样,后填写汇款金额;申请人和收款人均为单位的,不得在银行汇票申请书上的出票金额大写栏先填写“现金”字样。

2. 签发

出票银行受理银行汇票申请书,经过验对银行汇票申请书内容和印鉴,将银行汇票和解讫通知交申请人。签发时应注意银行汇票必须记载这些事项:①表明“汇票”的字样;②无条件支付的承诺;③确定的金额;④付款人名称;⑤收款人名称;⑥出票日期;⑦出票人签章。银行汇票上未记载上列规定事项之一的,银行汇票无效。此外,银行汇票的付款地为代理付款人或出票人所在地。

3. 交付

申请人应将银行汇票和解讫通知一并交给收款人,由其直接到其开户银行办理具体的进账。收款人受理银行汇票时,应该认真审查,审查的内容主要包括以下几项。

① 收款人或背书人是否确为本单位或本人。

② 银行汇票是否在提示付款期内。

③ 必须记载的事项是否齐全。

④ 银行汇票和解讫通知是否齐全、汇票号码和记载内容是否一致。

⑤ 出票人签章是否符合规定,大小写出票金额是否一致。

⑥ 出票日期、收款人名称、出票金额等填写是否更改,其他事项有更改是否符合规定。

(三) 填写实际结算金额

① 填写实际结算金额。审查无误后,在出票金额以内,根据实际需要的款项办理结算,并将实际结算金额和多余金额准确清晰地填入银行汇票和解讫通知的有关栏内,银行汇票的多余金额由签发银行退交申请人。全额解付的银行汇票,应在多余金额栏写上“0”符号。

② 注意事项。未填写实际结算金额和多余金额或实际结算金额超过出票金额的,银行将不予受理。银行汇票的实际结算金额一经填写不得更改,更改实际结算金额的银行汇票无效。

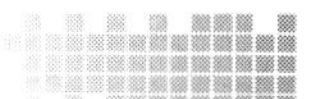

（四）银行汇票的背书

银行汇票可以背书转让，但填明“现金”字样的银行汇票不得背书转让。银行汇票背书转让以不超过出票金额的实际结算金额为准。未填写实际结算金额或实际结算金额超过出票金额的银行汇票不得转让。

被背书人受理银行汇票时，除按照收款人接受银行汇票进行相应的审查外，还应审查的事项有：①银行汇票是否记载实际结算金额、有无更改、实际结算金额是否超过出票金额；②背书是否连续、背书人签章是否符合规定等；③背书人为个人的身份证件。

银行汇票背书转让以不超过出票金额的实际结算金额为准。未填写实际结算金额或实际结算金额超过出票金额的银行汇票不得转让。

（五）银行汇票提示付款期限

银行汇票的提示付款期限自出票日起一个月。持票人超过付款期限提示付款的，代理付款人不予受理。持票人向银行提示付款时，需同时提交银行汇票和解讫通知，缺少任何一联，银行不予受理。

**同步训练 2－58**　关于银行汇票的说法中，正确的有（　　　　）。

A. 银行汇票的实际结算金额不得更改，更改实际结算金额的银行汇票无效

B. 持票人向银行提示付款时，需同时提交银行汇票和解讫通知

C. 银行汇票的提示付款期限自出票日起一个月

D. 申请人和收款人均为单位，可以申请使用现金银行汇票

解析：正确答案是 ABC。见上述银行汇票的内容。

需要注意的是持票人超过期限向代理付款银行提示付款不获付款的，须在票据权利时效内向出票银行作出说明，并提供本人身份证件或单位证明，持银行汇票和解讫通知向出票银行请求付款。

（六）银行汇票丧失后的权利

银行汇票丧失，失票人可以凭人民法院出具的其享有票据权利证明，向出票银行请求付款或退款。

填明“现金”字样和代理付款人的银行汇票丧失，可以由失票人通知付款人或代理付款人挂失止付。

四、商业汇票概述

（一）商业汇票的概念、种类和适用范围

1. 商业汇票的概念

商业汇票是由出票人签发的，委托付款人在指定日期无条件支付确定的金额给收款人或持票人的票据。

2. 商业汇票的种类

① 按承兑人的不同，分为商业承兑汇票和银行承兑汇票。商业承兑汇票是指由银行以外的付款人承兑，银行承兑汇票是由银行承兑。商业汇票的付款人为承兑人。

② 按汇票的到期日不同，分为见票即付、定日付款、出票后定期付款和见票后定期付款

4种。

- 见票即付是指付款人对此商业汇票必须见到汇票原件后无条件地支付,不得以任何理由拒绝付款。
- 定日付款是指在商业汇票上记载一个明确的日期作为付款到期日,至该日持票人可向付款人提示付款。
- 出票后定期付款是指自出票日后经过一定的期间再付款。一般是供求方给需求方延期1~6个月付款的信用。
- 见票后定期付款是指银行承兑汇票自银行承兑后经约定的1~6个月后付款的汇票。见票的目的是承兑人有时间核实汇票的真伪及可靠程度。

**同步训练2-59** 商业汇票由于汇票的到期日不同可分为(　　)。

A. 见票即付　B. 定日付款　C. 出票后定期付款　D. 见票后定期付款

解析:正确答案是ABCD。见上述商业汇票的种类内容。

③ 按商业汇票支付的载体不同,分为纸质的商业汇票和电子商业汇票。其中,电子商业汇票是指出票人依托电子商业汇票系统,以数据电文形式制作的,委托付款人在指定日期无条件支付确定金额给收款人或持票人的票据。电子商业汇票分为电子银行承兑汇票和电子商业承兑汇票。电子银行承兑汇票由银行业金融机构、财务公司(以下统称金融机构)承兑;电子商业承兑汇票由金融机构以外的法人或其他组织承兑。电子商业汇票的付款人为承兑人。

3. 商业汇票的适用范围

商业汇票适用于在银行开立存款账户的法人及其他组织之间,必须具有真实的交易关系或债权债务关系的款项结算。

商业汇票是在买卖合同中双方选择适用的一种支付工具,出于对交易安全和成本的考虑,人们首选商业汇票作为实现合同对价的工具。因为银行汇票要先存款后出票然后才付款,存款和贷款之间的利息差便是买方的资金损失,而商业汇票是先给票后付款甚至远期付款,没有利息损失。使用商业汇票既能达到付款目的,又没有提前占用资金的损失,在远期票据的情况下还可做担保和融资,所以商业汇票在市场买卖活动中被广泛运用。

(二) 商业汇票的出票

1. 出票的概念

出票是指出票人签发票据并将其交付给收款人的票据行为。商业汇票的出票人,为银行以外的企业和其他组织,可以是收款人也可以是付款人。向银行申请办理汇票承兑的商业汇票的出票人,必须具备的条件有:①在承兑银行开立存款账户;②资信状况良好,并具有支付汇票金额的可靠资金来源。

同步训练2-60 向银行申请办理汇票承兑的商业汇票的出票人,必须具备的条件有(　　)。

A. 在承兑银行开立存款账户

B. 资信状况良好,并具有支付汇票金额的可靠资金来源

C. 与出票人具有真实的委托付款关系

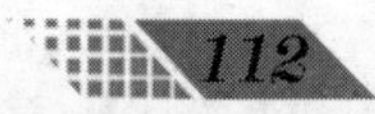

D. 具有支付汇款金额的可靠资金

解析:正确答案是 AB。见上述商业汇票的出票的内容。

2. 汇票的格式

汇票是一种要式证券,出票行为是一种要式行为。因此,汇票的做成必须符合法定的格式。汇票必须记载的事项有:①表明"商业承兑汇票"或"银行承兑汇票"的字样;②无条件支付的委托;③确定的金额;④付款人名称;⑤收款人名称;⑥出票日期;⑦出票人签章。欠缺记载上列事项之一的,商业汇票无效。

此外,汇票还应当清楚明确地记载相应记载事项,即付款日期、付款地、出票地等事项。汇票上未记载付款日期的,为见票即付;汇票上未记载付款地的,付款人的营业场所、住所或经常居住地为付款地;汇票上未记载出票地的,出票人的营业场所、住所或经常居住地为出票地。

汇票上未记载相应记载事项,并不影响汇票本身的效力,汇票仍然有效。此外,汇票上可以记载非法定记载事项,但这些事项不具有汇票上的效力。

（三）商业汇票的承兑

1. 承兑的概念

承兑是指汇票付款人承诺在汇票到期日支付汇票金额的票据行为。承兑人是指接受汇票出票人的委托同意承担支付票款义务的人。承兑人可以是付款人也可以是付款人的开户银行。而作为承兑商业汇票的银行,必须具备的条件有:①与出票人具有真实的委托付款关系;②具有支付汇票金额的可靠资金。

同步训练 2－61　根据《票据法》规定,作为承兑商业汇票的银行,必须具备的条件有(　　　)。

A. 在承兑银行开立存款账户

B. 资信状况良好,并具有支付汇票金额的可靠资金来源

C. 与出票人具有真实的委托付款关系

D. 具有支付汇款金额的可靠资金

解析:正确答案是 CD。见上述商业汇票的承兑的内容。

2. 承兑的程序

1）提示承兑。提示承兑是指持票人向付款人出示汇票,并要求付款人承诺付款的行为。商业汇票可以在出票时向付款人提示承兑后使用,也可以在出票后先使用再向付款人提示承兑。由于商业汇票种类不同,因此提示承兑时间也就不同。见票即付的汇票无须提示承兑;定日付款或出票后定期付款的汇票,持票人应当在汇票到期日前向付款人提示承兑;见票后定期付款的汇票,持票人应当自出票日起 1 个月内向付款人提示承兑。汇票未按照规定期限提示承兑的,持票人丧失对前手的追索权。

2）承兑成立。商业汇票付款人对向其提示承兑的汇票,应当自收到提示承兑的汇票之日起 3 日内承兑或拒绝承兑。商业汇票付款人收到持票人提示承兑的汇票时,应当向持票人签发收到汇票的回单。回单上应当记明汇票提示承兑日期并签章。

3. 承兑应注意的事项

付款人承兑商业汇票,不得附有条件;承兑附有条件的,视为拒绝承兑。付款人承兑商

业汇票后,应当承担到期付款的责任。

(四) 商业汇票的付款

商业汇票的付款是指付款人依据票据文义支付票据金额,以消灭票据关系的行为。

纸质商业汇票的付款期限,最长不得超过6个月。定日付款的票据付款期限自出票日起计算,并在票据上记载具体的到期日;出票后定期付款的票据付款期限自出票日起按月计算,并在票据上记载;见票后定期付款的票据付款期限自承兑或拒绝承兑日起按月计算,并在票据上记载。电子商业汇票的付款期限,自出票日起至到期日不超过1年。

1. 提示付款

依据《票据法》规定,持票人应按这些期限提示付款:①见票即付的汇票,自出票日起1个月内向付款人提示付款;②定日付款、出票后定期付款或者见票后定期付款的票据付款,自票据到期日起10日向承兑人提示付款。

持票人应在提示付款期限内通过开户银行委托收款或直接向付款人提示付款。

2. 支付票款

持票人付款提示后,付款人依法审查无误后必须无条件地在当日按票据金额足额支付给持票人。否则,应承担迟延付款的责任。银行承兑汇票的出票人于票据到期日未能足额交存票款时,承兑银行除凭票向持票人无条件付款外,对出票人尚未支付的票据金额按照每天0.05%计收利息。

3. 付款的效力

付款人依照票据文义支付票据金额之后,票据关系随之消灭,汇票上的全体债务人的责任便予以解除。

五、银行本票概述

1. 银行本票的概念

银行本票是申请人将款项交存银行,由银行签发的承诺自己在见票时无条件支付确定的金额给收款人或持票人的票据。

2. 银行本票的适用范围

单位和个人在同一票据交换区域需要支付的各种款项,均可以使用银行本票。银行本票可以用于转账,填明“现金”字样的银行本票,也可以用于支取现金。只有申请人和收款人均为个人,才可以申请现金银行本票。银行本票可以背书转让,填明“现金”字样的银行本票不能背书转让。

3. 银行本票的记载事项

签发银行本票必须记载的事项有:①标明“银行本票”的字样;②无条件支付的承诺;③确定的金额;④收款人名称;⑤出票日期;⑥出票人签章。欠缺记载上列事项之一的,银行本票无效。

4. 银行本票的提示付款期限

银行本票见票即付。提示付款期限自出票日起最长不超过2个月。持票人超过付款期限提示付款的,代理付款人不予受理。本票的持票人未按规定期限提示见票的,丧失对出票人以外的前手的追索权。银行本票的代理付款人是代理出票银行审核支付银行本票款项的银行。

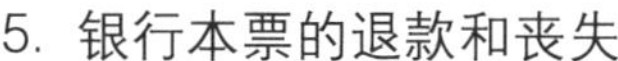

5. 银行本票的退款和丧失

① 退款。申请人因银行本票超过提示付款期限或其他原因要求退款时,应将银行本票提交到出票银行,申请人为单位的,应出具该单位的证明;申请人为个人的,应出具该本人的身份证件。出票银行对于在本行开立存款账户的申请人,只能将款项转入原申请人账户;对于现金银行本票和未在本行开立存款账户的申请人,才能退付现金。

② 丧失。银行本票丧失,失票人可以凭人民法院出具的享有票据权利的证明,向出票银行请求付款或退款。

同步训练 2-62 关于银行本票的说法,正确的有( )。

A. 银行本票提示付款期限自出票日起最长不超过 2 个月

B. 只有申请人和收款人均为个人,才可以申请现金银行本票

C. 银行本票见票即付

D. 持票人超过付款期限提示付款的,代理付款人不予受理

解析:正确答案是 ABCD。见上述银行本票的内容。

第五节 银行卡

工作疑问

1. 银行卡有几种?单位卡与个人卡有何区别?单位卡的资金主要通过哪些途径存入?

2. 信用卡有几种?贷记卡和准贷记卡有何区别?

3. 信用卡在使用中应注意什么?

银行卡作为一种支付工具创建于 1985 年,因其具有使用方便、集功能多等特点在我国经济生活中被广泛使用,尤其是在个人小额支付中,使用最频繁的支付工具就是银行卡。银行卡在小额支付中占据主导地位。

一、银行卡的概念和分类

(一) 银行卡的概念

银行卡是指经批准由商业银行(含邮政金融机构)向社会发行的具有消费信用、转账结算、存取现金等全部或部分功能的信用支付工具。

(二) 银行卡的分类

① 按是否给予持卡人授信额度分为信用卡和借记卡。借记卡,不能透支,卡内的金额按活期存款计付利息。其主要功能包括消费、存取款、转账、代收付、外汇买卖、投资理财、网上支付等。借记卡按功能不同分为转账卡、专用卡和储值卡。信用卡,能透支。信用卡按是否向发卡行交存备用金分为贷记卡和准贷记卡。贷记卡是发卡行给予持卡人一定的信用额度,持卡人可以在信用额度内先消费,后还款,具有透支消费、期限内还款可免息,卡内存款不计息等特点的信用卡;准贷记卡是指持卡人须按发卡行规定交存一定金额的备用金,并在

规定的信用额度内透支的信用卡。即当备用金账户余额不足支付时,可在发卡行规定的信用额度内透支。

同步训练2-63　信用卡按是否向发卡行交存备用金分为(　　)。

A. 贷记卡　B. 白金卡　C. 准贷记卡　D. 金卡

解析:正确答案是AC。信用卡按是否向发卡行交存备用金分为贷记卡和准贷记卡。

② 按照发行主体是否在境内分为境内卡和境外卡。

③ 按账户币种不同分为人民币卡、外币卡和双币卡。

④ 按信息载体不同分为磁条卡和芯片(IC)卡。

知识拓展

预付卡是指发卡机构以特定载体和形式发行的、在发卡机构之外购买商品或服务的预付价值。预付卡按信息载体不同分为磁条卡、芯片卡;按是否记载持卡人身份信息分为记名和不记名预付卡。预付卡可由专营发卡机构发行或商业企业发行,其中专营机构发行的预付卡具有多种用途,可以跨地区、跨行业、跨法人使用;而商业企业发行的预付卡具有单一用途,仅限于本企业或本企业所属集团或同一品牌连锁商业企业购买商品、服务时使用。预付卡以人民币计价,不具有透支功能。

二、银行卡的账户与交易

(一) 银行卡的申领

1. 单位卡

凡在中国境内金融机构开立基本存款账户的单位可申领单位卡。办理单位卡时,需携带中国人民银行合法的开户许可证申领,填写信用卡申请表,并连同有关资料一并送交发卡银行。单位卡可申领若干张,持卡人资格由申领单位法定代表人或其委托的代理人书面指定和注销。发卡银行接到申请人交来的申请表及有关材料后,要对申请人的信誉情况进行审查。审查符合发卡规定的,则发卡。

单位卡账户的资金一律从其基本存款账户转账存入,不得交存现金,不得将销货收入的款项存入其账户。销户时,单位卡账户余额转入其基本存款账户,不得提取现金。单位外币卡账户的资金应从其单位外汇账户转账存入,不得在境内存取外币现钞。

2. 个人卡

凡具有完全民事行为能力的公民可申领个人卡。个人卡的主卡持卡人可为其配偶及年满18周岁的亲属申领附属卡,且申领的附属卡最多不得超过2张,也有权要求注销其附属卡。

个人申领信用卡则必须具有固定的职业和稳定的收入来源,并向银行提供担保。担保的形式包括个人担保、单位担保和个人资金担保。办理个人卡时,应填写信用卡申请表(申领人的名称、基本情况、经济状况或收入来源、担保人及其基本情况)、携带身份证原件及复印件以及其他证明材料等提交发卡行,发卡行审查合格后办理。

个人卡账户的资金以其持有的现金存入或以其工资性款项及属于个人的劳务报酬收入转账存入。严禁将单位的款项存入个人卡账户。销户时，个人卡账户可以转账结算，也可以提取现金。

同步训练 2－64　个人卡的主卡持卡人可为其配偶及年满 18 周岁的亲属申领附属卡，且申领的附属卡最多不得超过（　　　　）。

A. 3 张　　B. 2 张　　C. 5 张　　D. 10 张

解析：正确答案是 B。见上述个人卡的内容。

（二）银行卡的挂失与销户

1. 挂失

银行卡丧失后，持卡人应立即持本人身份证件或其他有效证明，并按规定提供有关情况，向发卡银行或代办银行申请挂失。

2. 销户

持卡人在还清全部交易款项，透支本息和有关费用后，可以申请办理销户。销户时，如果账户内有余额，属于单位卡的，则应该将该账户内的余额转入其基本存款账户，不得提取现金；个人卡账户可以转账，也可以提取现金。

持卡人透支之后，在还清透支本息后，在下列情况下，可以办理销户。

① 信用卡有效期满 45 天后，持卡人不更换新卡的。

② 信用卡挂失满 45 天后，没有附属卡又不更换新卡的。

③ 信用卡被列入止付名单，发卡银行已收回其信用卡 45 天的。

④ 持卡人死亡，发卡银行已收回其信用卡 45 天的。

⑤ 持卡人要求销户或担保人撤销担保，并已交回全部信用卡 45 天的。

⑥ 信用卡账户 2 年（含）以上未发生交易的。

⑦ 持卡人违反其他规定，发卡银行认为应该取消资格的。

发卡行办理销户，应当收回银行卡。有效银行卡无法收回的，应当将其止付。

同步训练 2－65　持卡人透支之后，在还清透支本息后，在（　　　　）情况下可以办理销户。

A. 信用卡有效期满 45 天后，持卡人不更换新卡的。

B. 信用卡挂失满 45 天后，没有附属卡又不更换新卡的。

C. 信用卡被列入止付名单，发卡银行已收回其信用卡 45 天的。

D. 信用卡账户 2 年（含）以上未发生交易的。

解析：正确答案是 ABCD。见上述信用卡销户的内容。

（三）银行卡使用的主要规定

① 信用卡仅限于合法持卡人本人使用，持卡人不得出租或转借。

② 单位信用卡不得用于 10 万元以上的商品交易、劳务供应款项的结算。单位卡一律不得支取现金。

3. 信用卡透支相关规定

(1) 不准恶意透支

所谓恶意透支,是指持卡人超过规定限额或规定期限,并且经发卡银行催收无效的透支行为。

(2) 透支额度限定

① 单笔透支额限定。同一持卡人单笔透支发生额个人卡不得超过2万元(含等值外币)、单位卡不得超过5万元(含等值外币)。

② 月透支余额限定。同一账户月透支余额个人卡不得超过5万元(含等值外币),单位卡不得超过发卡银行对该单位综合授信额度的3%。无综合授信额度的,其月透支余额不得超过10万元(含等值外币)。外币卡的透支额度不得超过持卡人保证金(含储蓄存单质押金额)的80%。

③ 透支期限、还款额的规定。准贷记卡的透支期限最长为60天;贷记卡的首月最低还款额不得低于其当月透支余额的10%。

同步训练2-66 持有准贷记卡的最长透支期限为(　　)天。

A. 45　　B. 60　　C. 90　　D. 15

解析:正确答案是B。见上述信用卡透支额度规定的内容。

同步训练2-67 同一持卡人单笔透支发生额个人卡不得超过(　　)。

A. 2万元　　B. 5万元　　C. 10万元　　D. 15万元

解析:正确答案是A。见上述信用卡透支额度规定的内容。

4. 提现的规定

发卡银行对贷记卡持卡人取现每笔授权为每卡每日累计提现不得超过2千元人民币;发卡银行对借记卡持卡人在自动柜员机(ATM)上取款设定交易上限为每卡每日累计取款不得超过2万元人民币。储值卡的面值和卡内币值不得超过1千元人民币。

5. 计息免息规定

① 计息规定。对于借记卡(不含储值卡)、准贷记卡账户内的存款,按照中国人民银行规定的同期同档次存款利率及计算办法计付利息;对于储值卡(含IC卡的电子钱包)和贷记卡账户的存款内的币值不计付利息。

② 免息、最低还款额规定。贷记卡持卡人进行非现金交易享受的优惠条件:第一,免息还款期待遇。银行日至发卡行规定的到期还款日之间为免息还款期;第二,最低还款额待遇。持卡人在到期还款日偿还所使用全部银行款项有困难的,可按发卡行规定的最低还款额还款。

③ 利率标准。银行对信用卡透支利率实行上限和下限管理,透支利率上限为日利率0.05%,透支利率下限为日利率0.05%的0.7倍。发卡机构调整信用卡利率标准的,应至少提前45个自然日按照约定方式通知持卡人。持卡人有权在新利率标准生效之日前选择销户,并按照已签订的协议偿还相关款项。

6. 收费规定

商业银行办理银行卡收单业务应当按下列标准向商户收取结算手续费。

- 餐娱类：餐饮、宾馆、娱乐、珠宝金饰、工艺美术品、房地产及汽车销售等行业为交易金额的1.25%。其中，房地产及汽车销售封顶为每笔80元。
- 一般类：百货、批发、社会培训、中介服务、旅行社及景区门票等一般行业为交易金额的0.78%。其中，批发类为每笔26元。
- 民生类：超市、大型仓储式卖场，水电煤气缴费、加油、交通运输票等民生类行业为交易金额的0.38%。
- 公益类：公立医院和公立学校等公益类行业按照服务成本收取费用。

7. 违约金和服务费用规定

对于持卡人违约逾期未还款的行为，发卡机构应与持卡人通过协议约定是否收取违约金，以及相关收取方式和标准。发卡机构向持卡人提供超过授信额度用卡服务的，不得收取超限费。发卡机构对向持卡人收取的违约金和年费、取现手续费、货币兑换费等服务费用不得计收利息。

8. 信用卡预借现金业务规定

信用卡预借现金业务包括现金提取、现金转账和现金充值。

① 现金提取，是指持卡人通过柜面和自动柜员机等自助机具，以现钞形式获得信用卡预借现金额度内资金。持卡人通过自动柜员机等自助机具办理现金提取业务，每卡每日累计不得超过人民币1万元。

② 现金转账，是指持卡人将信用卡预借现金额度内资金划转到本人银行结算账户。持卡人通过柜面办理现金提取业务、通过各类渠道办理现金转账业务的每卡每日限额，由发卡机构与持卡人通过协议约定。

③ 现金充值，是指持卡人将信用卡预借现金额度内资金划转到本人在非银行支付机构开立的支付账户。

发卡机构可自主确定是否提供现金充值服务，并与持卡人协议约定每卡每日限额。

发卡机构不得将持卡人信用卡预借现金额度内资金划转至其他信用卡，以及非持卡人的银行结算账户或支付账户。

9. 非本人授权交易的处理规定

持卡人提出伪卡交易和账户盗用等非本人授权交易时，发卡机构应及时引导持卡人留存证据，按照相关规则进行差错争议处理，并定期向持卡人反馈处理进度。鼓励发卡机构通过商业保险合作和计提风险补偿基金等方式，依法对持卡人损失予以合理补偿，切实保障持卡人合法权益。

第六节 其他结算方式

工作疑问

1. 汇兑结算方式有几种形式？在实际工作中多采用哪种？
2. 什么是托收承付结算方式？个人能运用这种方式办理结算吗？
3. 在实际工作中，企业支付水电费、电话费常用哪种结算方式？
4. 通常企业在什么情况下使用国内信用证？

其他结算主要是指除票据结算方式和银行卡之外的结算方式,主要包括汇兑、委托收款、异地托收承付、信用证和电子支付等。

一、汇兑

(一) 汇兑的概念、种类及适用范围

1. 汇兑的概念

汇兑是汇款人委托银行将其款项支付给收款人的结算方式。

2. 汇兑的种类

汇兑分为信汇、电汇两种,由汇款人自主选择使用。

信汇是汇款人向银行提出申请,同时交存一定金额及手续费,汇出行将信汇委托书以邮寄方式寄给汇入行,授权汇入行向收款人解付一定金额的一种汇兑结算方式。信汇的特点是费用较低,但速度相对较慢。

电汇是汇款人将一定款项交存汇款银行,汇款银行通过电报或电传传给目的地的分行,或者代理行(汇入行),指示汇入行向收款人支付一定金额的一种汇款方式。电汇的特点是速度较快,但需加密、费用较高。一般在紧急情况下使用。

3. 汇兑的适用范围

汇兑结算属于汇款人向异地主动付款的一种结算方式。单位和个人的各种款项的结算,均可使用汇兑结算方式。汇兑结算手续简便易行,灵活方便。它是应用极其广泛的结算方式,如异地上下级单位之间的资金调剂、清理旧欠及往来款项的结算等都适用这种方式。

同步训练2-68 在非票据结算方式中,适用于单位和个人的各种款项的异地结算方式是(　　)。

A. 汇兑　　B. 支票　　C. 托收承付　　D. 商业汇票

解析:正确答案是A。见上述汇兑的适用范围的内容。

(二) 办理汇兑的程序

汇兑结算是汇款人将款项支付给收款人的一种结算方式,其中汇出行和汇入行是中介机构。具体操作流程如图2.4所示。

汇款人 —委托汇款 / ① 填制汇兑凭证→ 汇出行 —受理汇兑 / ② 汇出汇款→ 汇入行 —通知取款 / ③ 支付汇款→ 收款人

图2.4　办理汇兑的程序

1) 办理汇款。

① 申请汇兑,填制汇兑凭证。汇款人委托银行办理汇兑,应向汇出银行填写汇兑凭证,信汇凭证一式四联,电汇凭证一式三联。汇兑凭证应记载这些事项:表明"信汇"或"电汇"的字样;无条件支付的委托;确定的金额;收款人名称;汇款人名称;汇入地点、汇入行名称;汇出地点、汇出行名称;委托日期,是指汇款人向汇出银行提交汇兑凭证的当日;汇款人签章。汇兑凭证上欠缺上列记载事项之一的,银行不予受理。汇兑凭证记载的汇款人名称、收款人名称,其在银行开立存款账户的,必须记载其账号。欠缺记载的,银行不予受理。

② 办理汇兑应注意的事项。

- 填写“留行待取”字样情形，是指汇款单位需要派人到汇入银行领取汇款时，应在“账号或住址”栏内注明“留行待取”字样。留行待取的汇款，需要指定具体收款人领取汇款的，应注明收款人的单位名称。
- 填写“现金”字样情形，是指汇款人和收款人均为个人，需要在汇入银行支取现金的，应在信、电汇凭证上“汇款金额”大写栏先填写“现金”字样，接着再紧靠其后填写汇款金额大写。
- 注明“不得转汇”字样情形，是指汇款人确定不得转汇的，应在“备注”栏内注明。
- “印鉴支取”情形，是指汇款需要收款单位凭印鉴支取的，应在信汇凭证第四联上加盖收款单位预留银行印鉴。

2）汇出行受理汇款。

① 审查。汇出行受理汇款人的信、电汇凭证后，应按规定进行审查。审查的内容包括：信、电汇凭证填写的各项内容是否齐全、正确；汇款人账户内是否有足够支付的存款余额；汇款人盖的印章是否与预留银行印鉴相符等。

② 受理。审查无误后即可办理汇款手续，在第一联回单上加盖“转讫”章退给汇款单位，并按规定收取手续费；如果不符合条件，汇出银行不予办理汇出手续，做退票处理。

3）汇入行支汇。

① 审查。汇入银行接收汇出行的汇兑凭证后，应审查汇兑凭证上联行专用章与联行报单印章是否一致，无误后，根据收款人的不同情况进行审查并办理付款手续。

② 付汇。汇入银行向收款人问明情况，与信、电汇凭证进行核对，并将证件名称、号码、发证单位名称等批注在信、电汇凭证空白处，并由收款人在“收款人盖章”处签名或盖章，然后办理付款手续。

- 开立账户的汇款支付。按照规定，汇入银行对开立账户的收款单位的款项应直接转入收款单位的账户。如果收款人需要转账支付的，应由原收款人向银行填制支款凭证、并由本人交验其身份证件办理支付款项。但该账户的款项只能转入单位或个体工商户的存款账户，严禁转入储蓄和银行卡账户。如果收款人需要转汇的，应由原收款人向银行填制信汇或电汇凭证，并由本人交验身份证件，转汇的收款人和汇款用途必须是原汇款的收款人和汇款用途。汇入银行办理转汇手续，在汇款凭证上加盖“转汇”戳记。
- 未开立账户的汇款支付。汇入行应根据收款人取款情况，交验的材料也不同。具体情形如下。

支取现金。收款人凭信汇（或电汇）凭证的取款通知和携带有关身份证件到汇入银行取款。

留行待取。收款人应随身携带身份证件或汇入地有关单位足以证实收款人身份的证明去汇入银行办理取款。

分次支取。收款人需要在汇入地分次支取汇款的，可以由收款人在汇入银行开立临时存款户，将汇款暂时存入该账户，分次支取。临时存款账户只取不存，付完清户，不计付利息。

代理取款。收款人应在取款通知上签章，注明本人身份证件的名称、号码、发证机关和“代理”字样，以及代理人姓名。代理人代理取款时，也应在取款通知上签章，注明其身份证件的名称、号码、发证机关，并同时交验代理人和被代理人的身份证件。

印鉴支取。如果凭印鉴支取的,收款人所盖印章必须同预留印鉴相同。

4)汇兑的撤汇和退汇。

① 撤汇。这是指当汇款在汇出行尚未汇出时,汇款人向汇出行申请撤汇的行为。具体撤汇程序为:汇款人在申请撤汇时,应出具正式函件或本人身份证及原信、电汇回单;汇出行查明确认汇款尚未汇出时,收回原信、电汇回单后,方可以办理撤销手续。但是转汇银行不得受理汇款人或汇出行对汇款的撤回。

② 退汇。这是指当汇款在汇出行已经汇出时,汇款人向汇出行申请退汇的行为。

- 如果汇款不是直接汇往收款单位存款账户入账的,汇款单位应出具正式公函或持本人身份证件连同原信、电汇凭证回单交汇出行申请退汇,由汇出银行通知汇入银行,经汇入银行查实汇款确未解付,方可办理退汇。退汇程序如图2.5所示。

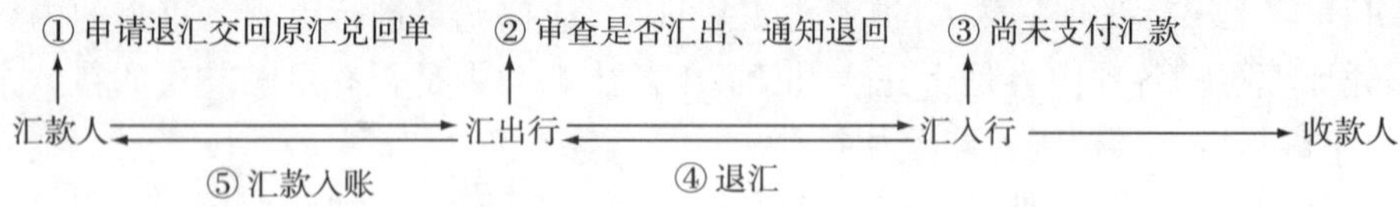

图2.5 非直接汇往收款单位存款账户入账的退汇程序

- 如果汇款是直接汇给收款单位的存款账户入账的,退汇由汇出单位自行联系,银行不予介入;如果汇入银行接到退汇通知前汇款已经解付收款人账户或被支取,则由汇款人与收款人自行联系退款手续。退汇程序如图2.6所示。

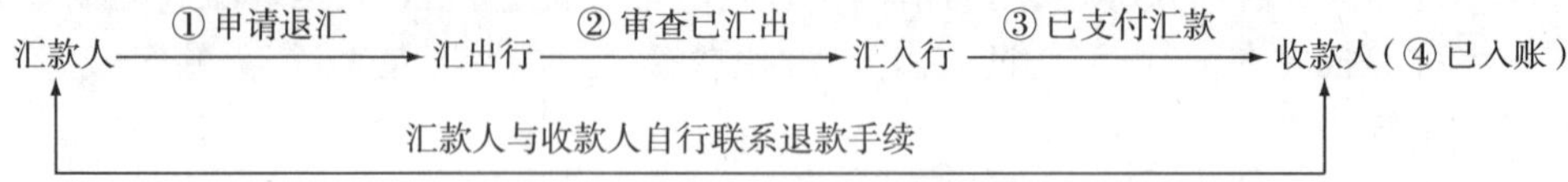

图2.6 直接汇往收款单位存款账户的退汇程序

- 如果汇款被收款单位拒绝接受,由汇入银行立即办理退汇。汇款超过2个月,收款人尚未到汇入银行办理取款手续,或者在规定期限内汇入银行已寄出通知但由于收款人地址迁移或其他原因致使该笔汇款无人受领时,汇入银行主动办理退汇。

同步训练2-69 在汇兑结算方式下,如果汇款超过(　　),收款人尚未到汇入银行办理取款手续的,汇入银行主动办理退汇。

A. 2个月　　B. 1个月　　C. 3个月　　D. 6个月

解析:正确答案是A。见上述汇兑中退汇的内容。

二、托收承付

(一) 托收承付的概念及适用范围

1. 托收承付的概念

托收承付是根据购销合同由收款人发货后委托银行向异地付款人收取款项,由付款人向银行承认付款的结算方式。

2. 托收承付的适用范围

使用托收承付结算方式的收款单位和付款单位,必须是国有企业、供销合作社及经营管

理较好,并经开户银行审查同意的城乡集体所有制工业企业。办理托收承付结算的款项,必须是商品交易,以及因商品交易而产生的劳务供应的款项。代销、寄销、赊销商品的款项,不得办理托收承付结算。

(二) 托收承付凭证必须记载的事项

托收承付凭证必须记载这些事项:①表明"托收承付"的字样;②确定的金额;③付款人名称及账号;④收款人名称及账号;⑤付款人开户银行名称;⑥收款人开户银行名称;⑦托收附寄单证张数或册数;⑧合同名称、号码;⑨委托日期;⑩收款人签章。托收承付凭证上欠缺记载以上事项之一的,银行不予受理。

收付双方使用必须签有符合《经济合同法》的购销合同,并在合同上订明使用托收承付结算方式。

(三) 托收承付结算的基本规定

1. 收付双方办理托收承付结算,必须重合同、守信用

收款人对同一付款人发货托收累计 3 次收不回货款的,收款人开户银行应暂停收款人向该付款人办理托收;付款人累计 3 次提出无理拒付的,付款人开户银行应暂停其向外办理托收。

2. 金额起点

托收承付结算每笔的金额起点为 10 000 元。新华书店系统每笔的金额起点为 1 000 元。异地托收承付结算款项的划回方法,分邮寄和电报两种,由收款人选用。

3. 结算程序

1) 托收,收款人按照签订的购销合同发货后,委托银行办理托收。

2) 承付,付款人开户银行收到托收凭证及其附件后,应当及时通知付款人。承付货款分为验单付款和验货付款两种,由收付双方商量选用,并在合同中明确规定。

① 验单付款。验单付款的承付期为 3 天,从付款人开户银行发出承付通知的次日算起(承付期内遇法定休假日顺延)。

② 验货付款。验货付款的承付期为 10 天,从运输部门向付款人发出提货通知的次日算起。

4. 逾期付款的规定

逾期未付款项是指付款人在承付期满日银行营业终了时,如果无足够资金支付,其不足部分,即按逾期付款处理。具体规定如下。

(1) 赔偿金支付比率

付款人开户银行对付款人逾期支付的款项,应当根据逾期付款金额和逾期天数,按每天 0.05% 计算逾期付款赔偿金。

(2) 逾期付款天数计算

逾期付款天数从承付期满日算起。承付期满日银行营业终了时,付款人如果无足够资金支付其不足部分,应当算做逾期 1 天,计算 1 天的赔偿金。在承付期满的次日(遇法定休假日,逾期付款赔偿金的天数计算相应顺延,但在以后法定休假日应当算做逾期天数)银行营业终了时,仍无足够资金支付,其不足部分,应当算做逾期 2 天,计算 2 天的赔偿金。依此类推。

银行审查拒绝付款期间,不能算做付款人逾期付款,但对无理的拒绝付款,而增加银行审查时间的,应从承付期满日起计算逾期付款赔偿金。

(3) 赔偿金扣付规定

赔偿金实行定期扣付,每月计算一次,于次月3日内单独划给收款人。

① 在月内有部分付款的,其赔偿金随同部分支付的款项划给收款人,对尚未支付的款项,月终再计算赔偿金,于次月3日内划给收款人。

② 次月又有部分付款时,从当月1日起计算赔偿金,随同部分支付的款项划给收款人,对尚未支付的款项,从当月1日起至月终再计算赔偿金,于第3月3日内划给收款人。

③ 第3月仍有部分付款的,按照上述方法计扣赔偿金。

④ 赔偿金的扣付列为企业销货收入扣款顺序的首位。付款人账户余额不足全额支付时,应排列在工资之前,并对该账户采取“只收不付”的控制办法,待一次足额扣付赔偿金后,才准予办理其他款项的支付。因此而产生的经济后果,由付款人自行负责。

(4) 扣款期限规定

付款人开户银行对逾期未付的托收凭证,负责进行扣款的期限为3个月(从承付期满日算起)。在此期限内,银行必须按照扣款顺序陆续扣款。期满时,付款人仍无足够资金支付该笔尚未付清的欠款,银行应于次日通知付款人将有关交易单证(单证已做账务处理或已部分支付的,可以填制应付款项证明单)在2日内退回银行。银行将有关结算凭证连同交易单证或应付款项证明单退回收款人开户银行转交收款人,并将应付的赔偿金划给收款人。

对付款人逾期不退回单证的,开户银行应当自发出通知的第3天起,按照该笔尚未付清欠款的金额,每天处以0.05%但不低于50元的罚款,并暂停付款人向外办理结算业务,直到退回单证时止。

三、委托收款

(一) 委托收款的概念和适用范围

1. 委托收款的概念

委托收款是收款人委托银行向付款人收取款项的结算方式。委托收款结算款项的划回方式,分邮寄和电报两种,由收款人选用。

2. 委托收款的适用范围

委托收款在同城、异地均可以使用。委托收款多用于同城范围内的公用事业费收取,如水电费、电话费等。收取公用事业费,必须具有收付双方事先签订的经济合同,由付款人向开户银行授权,并经开户银行同意,报经中国人民银行当地分支行批准。

(二) 委托收款的结算程序

1) 委托。收款人(单位和个人)办理委托收款应向银行提交委托收款凭证和有关的债务证明,如果已承兑商业汇票、债券、存单等,同时委托收款凭证上必须记载这些事项:①表明“委托收款”的字样;②确定的金额;③付款人名称;④收款人名称;⑤委托收款凭据名称及附寄单证张数;⑥委托日期;⑦收款人签章。

欠缺记载以上事项之一的,银行不予受理。需要注意的是,付款人如果是银行以外的单位,委托收款凭证必须记载付款人开户银行名称;收款人如果是银行以外的单位或在银行开立存款账户的个人,委托收款凭证必须记载收款人开户银行名称;收款人若是未在银行开立存款账户的个人,委托收款凭证必须记载被委托银行名称。欠缺记载的,银行不予受理。

2）付款。银行接到寄来的委托收款凭证及债务证明,审查无误办理付款。

按照有关办法规定,付款人未在接到通知日的次日起3日内通知银行付款的,视同付款人同意付款,银行应于付款人接到通知日的次日起第4日上午开始营业时,将款项划给收款人。

付款人提前收到由其付款的债务证明,应通知银行于债务证明的到期日付款。付款人未于接到通知日的次日起3日内通知银行付款,付款人接到通知日的次日起第4日在债务证明到期日之前的,银行应于债务证明到期日将款项划给收款人。

银行在办理划款时,付款人存款账户不足支付的,应通过被委托银行向收款人发出未付款项通知书。按照有关办法规定,债务证明留存付款人开户银行的,应将其债务证明连同未付款项通知书邮寄被委托银行转交收款人。

3）拒绝付款。付款人审查有关债务证明后,对收款人委托收取的款项需要拒绝付款的,可以办理拒绝付款。

四、国内信用证

（一）国内信用证的概念

国内信用证(以下简称“信用证”)是指开证银行依照申请人(购货方)的申请向受益人(销货方)开出的有一定金额、在一定期限内凭信用证规定的单据支付款项的书面承诺。

（二）国内信用证的特点及适用范围

1. 信用证结算方式的特点

① 信用证是不可撤销、不可转让的跟单信用证。不可撤销信用证是指信用证开具后在有效期内,非经信用证各有关当事人的同意,开证银行不得修改或撤销;不可转让信用证是指受益人不能将信用证的权利转让给他人。

② 信用证是一项自足文件,支付依据是单据。即信用证不依附于买卖合同,银行在审单时,强调的是信用证与基础贸易相分离的书面形式上的认证,凭单据付款。只要单据相符,开证银行就应无条件付款,而不是以货物为准。

③ 开证银行负首要付款责任。信用证是一种银行信用,它是银行的一种担保文件,开证行对支付有首要付款责任。

2. 信用证结算方式适用范围

信用证是适用于国内贸易(企业之间商品交易产生的货款结算)的一种支付结算方式,只能用于转账结算,不得支取现金。信用证有效期最长不得超过6个月。

**同步训练 2－70**　国内信用证结算适用的经济业务是(　　　　)。

A. 国内贸易　　　　B. 国内一切经济业务

C. 国内外一切经济业务　　　　D. 国外贸易

解析:正确答案是A。见上述信用证结算方式适用范围的内容。

（三）国内办理信用证的基本程序

1）开证。

① 开证申请。开证申请人(购买方)使用信用证时,应委托其开户银行办理开证业务。开证申请人申请办理开证业务时,应当填具开证申请书、信用证申请人承诺书,并提交有关购销合同。

同步训练2-71 国内信用证开证申请的申请人是(　　)。

A. 国内贸易的购货方　　B. 国内贸易的购货方开户银行

C. 国内贸易的销货方　　D. 国内贸易的销货方开户银行

解析:正确答案是A。见上述开证的内容。

② 受理开证。开证行根据申请书、承诺书、购销合同决定是否开证。开证行决定受理开证业务时,应向申请人(购买方)收取不低于开征金额20%的保证金,并可根据申请人资信情况要求提供抵押、质押或由其他金融机构出具的保函。

2) 通知。通知行(即为接受开证行委托向受益人通知信用证的银行)收到信用证审核无误后,应填制信用证通知书,连同信用证交付受益人(销货方)。

3) 议付。议付是指信用证指定的议付行在单证相符条件下,扣除议付利息后向受益人给付对价的行为。议付行必须是开证行指定的受益人开户行。议付仅限于延期付款信用证。

① 申请议付。受益人可以在交单期或信用证有效期内向议付行提示单据、信用证正本及信用证通知书,并填制信用证议付/委托收款申请书和议付凭证,请求议付。

② 审核议付。议付行审核受益人提示的单据后,同意议付的,办理议付。实付议付金额按议付金额扣除议付日至信用证付款到期日前一日的利息计算,议付利率比照贴现利率。拒绝议付的,应及时作出书面议付通知,注明拒绝议付理由,通知受益人。议付行可以根据受益人的要求不作议付,仅为其办理委托收款。

③ 议付后的权利。议付行议付后,应通过委托收款将单据寄开证行索偿资金。议付行议付信用证后,对受益人具有追索权。到期不获付款的,议付行可从受益人账户收取议付金额。

4) 付款。

① 审核付款。开证行在收到议付行寄交凭证、单据等审核无误后,对即期付款信用证从申请人账户收取款项支付给受益人;对延期付款信用证应向议付行或受益人发出到期付款确认书,并于到期日从申请人账户收取款项支付给议付行或受益人。

② 不足支付的处理。申请人交存的保证金和其存款账户余额不足支付的,开证行仍应在规定的时间内进行付款。对不足支付的部分作逾期贷款处理。对申请人提供抵押、质押、保函等担保的,按《中华人民共和国担保法》的有关规定索偿。

同步训练2-72 国内信用证办理的基本流程有(　　)。

A. 开证　　B. 通知　　C. 议付　　D. 付款

解析:正确答案是ABCD。见上述国内办理信用证的基本程序的内容。

第七节　网上支付

工作疑问

1. 什么是网上支付？它与电子支付和第三方支付有何区别？
2. 什么是网上银行？网上银行的功能有哪些？
3. 所熟知的第三方支付平台有哪些？

网上支付是电子支付的一种形式。它是指电子交易的当事人，包括消费者、商户、银行或支付机构，使用电子支付手段通过网络进行的货币或资金流转。网上支付的主要方式有网上银行和第三方支付。

一、网上银行

（一）网上银行的概念

网上银行，也称网络银行，简称网银，就是在互联网上设立虚拟银行柜台，使传统银行服务不再通过物理的银行分支机构来实现，而是借助于网络与信息技术手段在互联网上实现。网络银行的特点是它不受时间、空间限制，能够在任何时间、任何地点以任何方式为客户提供金融服务。

（二）网上银行的分类

按照不同的标准，网上银行可以分为不同的类型。

① 按服务对象，网上银行可以分为企业网上银行和个人网上银行。企业网上银行主要适用于企事业单位。企事业单位可以通过企业网上银行服务适时了解企业财务运作情况，及时调度资金，轻松处理大批量的网上支付和工资发放业务，并可处理信用证相关业务。个人网上银行主要适用于个人与家庭。个人可以通过网上银行实时查询、转账、网络支付和汇款。

② 按经营组织形式，网上银行可以分为单纯网上银行和分支型网上银行。单纯网上银行又称虚拟银行，是完全依赖于互联网的虚拟的电子银行。它没有实际的物理柜台，一般只有一个办公地址，没有分支机构，也没有营业网点，采用互联网等高科技服务手段与客户建立密切的联系，为客户提供全方位的金融服务，因此也被称为“只有一个站点的银行”。分支型网上银行是指传统银行利用互联网作为新的服务手段为客户提供在线服务，实际上是传统银行服务在互联网上的延伸。

（三）网上银行的主要功能

1. 企业网上银行的功能

企业网上银行目前能支持所有的对公企业客户，能为他们提供网上财务信息、资金划拨、网上 B2B 支付和批量支付等服务。随着互联网技术的发展，其功能将会越来越多。其主要业务功能如下。

① 账户信息查询。能够为企业客户提供账户信息的网上在线查询、网上下载和电子邮件发送财务信息服务，包括账户的昨日余额、当前余额、当日明细和历史明细等。

② 支付指令。支付指令业务能够为客户提供集团、企业内部各分支机构之间的账务往来,同时还能提供集团、企业之间的账务往来,并且支持集团、企业向他行账户进行付款。

③ B2B 网上支付。B2B,商业机构之间的商业往来活动,指的是企业与企业之间进行的电子商务活动。B2B 网上支付能够为客户提供网上 B2B 支付平台。

④ 批量支付。能够为企业客户提供批量付款(包括同城、异地及跨行转账业务)、代发工资、一付多收等批量支付功能。企业客户负责银行要求的格式生成数据文件,通过安全通道传送给银行,银行负责系统安全及业务处理,并将处理结果反馈给客户。

2. 个人网上银行的功能

个人网上银行主要提供银行卡、本外币活期一本通客户财务管理、信息管理、网上支付等功能。其具体业务功能如下。

① 账户信息查询。即能够查询银行卡的人民币余额和活期一本通的不同币种的钞、汇余额提供银行卡在一定时间段内的历史明细账数据的查询;下载包含银行卡、活期一本通在一定时间段内的历史明细账数据文本文件;查询用信用卡进行网上支付后的支付记录。

② 人民币转账业务。即能够提供个人客户本人的或与他人的银行卡之间的卡卡转账服务。通过设置单笔转账最大限额和当日转账最大限额,来保护客户的资金安全。

③ B2C 网上支付。B2C,商业机构对消费者的电子商务,指的是企业与消费者之间进行的在线式零售商业活动。

④ 银证转账业务。银行卡客户在网上能够进行银证转账,可以实现银转证、证转银、查询证券资金余额等功能。

⑤ 外汇买卖业务。客户通过网上银行系统进行外汇买卖,主要可以实现外汇即时买卖、外汇委托买卖、查询委托明细、查询外汇买卖历史明细、撤销委托等功能。

⑥ 账户管理业务。能够为客户提供对本人网上银行各种权限功能、客户信息的管理以及账户的挂失。

**同步训练 2－73** 个人网上银行具体业务功能包括(　　　　)。

A. 账户信息查询　B. 人民币转账业务　C. 外汇买卖业务　D. B2B 网上支付

解析:正确答案是 ABC。见上述个人网上银行的功能的内容。

(四) 网上银行主要业务流程

1) 客户开户流程。开户时,必须出具身份证或有关证件,并遵守有关实名制的规定。

2) 网上银行交易流程。网上银行具体交易流程为:①客户使用浏览器通过互联网连接到网银中心,发出网上交易请求;②网银中心接收并审核客户的交易请求,并将交易请求转发给相应成员行的业主主机;③成员行的业主主机完成交易处理,并将处理结果返回给网银中心;④网银中心对交易结果进行再处理后,将相应信息返回给客户。

3) 交易时的身份认证。网上交易不是面对面的,客户可以在任何时间、任何地点发出请求。因此,对用户的身份进行认证至关重要。在网上银行系统中,用户的身份认证依靠基于"RSA 公钥密码体制"的加密机制、数字签名机制和用户登录密码的多重保证。银行对用户的数字签名和登录密码进行检验,全部通过后才能确认该用户的身份。用户的唯一身份标志就是银行签发的"数字证书"。一般常用的认证介质有密码、文件数字证书、动态口令卡、动态手机口令、移动口令和移动数字证书。

二、第三方支付

（一）第三方支付的概念

第三方支付是指经过中国人民银行批准从事第三方支付业务的非银行支付机构，借助通信、计算机和信息安全技术，采用与各大银行签约的方式，在用户与银行支付结算系统间建立连接电子支付模式（其中通过手机端进行的，称为移动支付），本质上是一种新型的支付手段，是互联网技术与传统金融支付的有机结合。

所谓非金融机构提供支付服务，是指取得支付业务许可证的支付机构所提供的支付服务。未经中国人民银行批准，任何非金融机构和个人不得从事或变相从事支付业务。

（二）第三方支付方式的种类

1. 线上支付

线上支付是指通过互联网实现的用户和商户之间、商户与商户之间的在线货币支付、资金清算等行为。

2. 线下支付

线下支付是指通过非线上支付方式进行的支付行为，包括 POS 机刷卡支付、拉卡拉等自助终端支付、电话支付、手机端支付等方式。

知识拓展

拉卡拉支付集团在国内第三方移动支付和线下银行卡收单市场交易规模均列行业第三位，通过“线上＋线下”“硬件＋软件”的形式提供个人支付、商户收单、征信等业务。

（三）第三方支付交易流程及身份认证

1. 开户

支付机构为客户开立支付账户的，应当对客户实行实名制管理，登记并采取有效措施验证客户身份基本信息，按照规定核对有效身份证件并留存有效身份证件复印件或影印件，建立客户唯一识别编码，并在与客户业务关系存续期间采取持续的身份识别措施，确保有效核实客户身份及其真实意愿，不得开立匿名、假名支付账户。支付账户不得透支，不得出借、出租、出售。不得利用支付账户从事或协助他人从事非法活动。

2. 账户充值

客户开户后，将银行卡和支付账户绑定。付款前，将银行卡中的资金转入支付账户。

3. 收、付款

客户下单后，付款时，通过支付平台将自己支付账户中的虚拟资金划转到支付平台暂存，待客户收到商品并确认后，支付平台会将款项转到商家的支付账户中，支付行为完成。

4. 交易时的身份认证

支付机构可以组合选用下列 3 类要素，对客户使用支付账户付款进行身份验证：①仅客户本人知悉的要素；②仅客户本人持有并特有的，不可复制或不可重复利用的要素；③客户本人生理特征要素。支付机构应当确保采用的要素相互独立，部分要素的损坏或泄露不应导致其他要素损坏或泄露。

(四) 第三方支付机构及支付账户管理规定

1. 关联管理与分类管理规定

支付机构应根据客户身份对同一客户在本机构开立的所有支付账户进行关联管理,并按照要求对个人支付账户进行分类管理。

① Ⅰ类支付账户,账户余额仅可用于消费和转账,余额付款交易自账户开立起累计不超过1 000元(不包括支付账户向本人同名银行账户转账)。

② Ⅱ类支付账户,账户余额仅可用于消费和转账,其所有支付账户的余额付款交易年累计不超过10万元(包括支付账户向本人同名银行账户转账)。

③ Ⅲ类支付账户,账户余额可用于消费和转账以及购买投资理财等金融类产品,其所有支付账户的余额付款交易年累计不超过20万元(不包括支付账户向客户本人同名银行账户转账)。

2. 同一客户账户管理

即支付机构办理银行账户与支付账户之间转账业务的,相关银行账户与支付账户应属于同一客户。

3. 原扣款账户管理

即因交易取消(撤销)、退货、交易不成功或者投资理财等金融类产品赎回等需划回资金的,相应款项应当划回原扣款账户。

4. 限额管理规定

支付机构应根据交易验证方式的安全级别,对个人客户使用支付账户余额付款的交易进行限额管理:①支付机构采用包括数字证书或电子签名在内的2类(含)以上有效要素进行验证的交易,单日累计限额由支付机构与客户通过协议自主约定;②支付机构采用不包括数字证书、电子签名在内的2类(含)以上有效要素进行验证的交易,单个客户所有支付账户单日累计金额不超过5 000元(不包括支付账户向客户本人同名银行账户转账);③支付机构采用不足2类有效要素进行验证的交易,单个客户所有支付账户单日累计金额不超过1 000元(不包括支付账户向客户本人同名银行账户转账)且支付机构应当承诺无条件全额承担此类交易的风险损失赔付责任。

综合训练

一、单项选择题

1. 有关支票的表述中,正确的是(　　)。

A. 现金支票可以用于支取现金,也可以用于转账

B. 普通支票可以用于支取现金,也可以用于转账

C. 转账支票可以用于转账,也可以用于支取现金

D. 用于支取现金的支票可以背书转让

2. 根据《支付结算办法》的规定,签发票据时,可以更改的项目是(　　)。

A. 出票日期　　B. 收款人名称　　C. 票据金额　　D. 用途

3. 在填写票据的出票日期时,将“10月20日”填写正确的是(　　)。

A. 拾月贰拾日　　B. 零拾月零贰拾日
C. 壹拾月贰拾日　　D. 零壹拾月零贰拾日

4. 根据《支付结算办法》的规定，每笔结算起点有金额限制的结算方式是(　　)。
A. 支票　B. 汇兑　C. 托收承付　D. 委托收款

5. 根据《支付结算办法》的规定，支票的提示付款期限最长不得超过(　　)。
A. 5 日　B. 10 日　C. 20 日　D. 30 日

6. 不得成为托收承付方式下付款人拒绝付款理由的是(　　)。
A. 代销、赊销商品的款项　　B. 购销合同中未订明结算方式
C. 未经事先协商逾期交货　　D. 付款方无力偿还

7. 在金融机构中，(　　)属于商业银行。
A. 中国人民银行　B. 保险公司　C. 证券公司　D. 招商银行

8. 银行本票的提示付款期限自出票日起(　　)。
A. 1 个月　B. 2 个月　C. 30 天　D. 60 天

9. 申请人使用银行汇票，应向(　　)填写“分行汇票申请书”。
A. 出票银行　B. 受理银行　C. 代理银行　D. 发展银行

10. 商业汇票分为商业承兑汇票和(　　)。
A. 支票　B. 本票　C. 银行承兑汇票　D. 银行汇票

11. 商业汇票的付款期限，最长不得超过(　　)。
A. 31 天　B. 3 个月　C. 一年　D. 6 个月

12. (　　)是根据购销合同由收款人发货后委托银行向异地付款人收取款项，由付款人向银行承认付款的结算方式。
A. 汇兑　B. 托收承付　C. 委托收款　D. 贴现

13. (　　)负责制定统一的支付结算法律制度。
A. 中国人民银行总行　　B. 中国银行总行
C. 国家政策性银行　　D. 商业银行总行

14. 票据的出票日期(　　)。
A. 必须使用中文大写　　B. 必须使用数字
C. 必须使用外文大写　　D. 可以使用中文大写，也可以使用数字

15. 存款人开立单位银行结算账户，自正式成立之日起(　　)后，方可办理付款业务，但注册验资的临时存款账户转为基本存款账户和因借款转存开立的一般存款账户除外。
A. 5 个工作日　B. 3 个工作日　C. 2 个工作日　D. 10 个工作日

16. 单位员工的工资、奖金和现金的支付只能通过(　　)办理。
A. 基本存款账户　B. 一般存款账户　C. 专用存款账户　D. 临时存款账户

17. 临时存款账户应根据有关开户证明文件确定的期限或存款人的需要确定其有效期限，最长不超过(　　)。
A. 5 年　B. 2 年　C. 1 年　D. 6 个月

18. 银行审核支票付款的依据是支票出票人的(　　)。
A. 电话号码　B. 身份证　C. 支票存根　D. 预留银行签章

19. 信用卡销户时，单位卡账户的余额应(　　)。

A. 转入基本存款账户　　B. 转入一般存款账户
C. 转入临时存款账户　　D. 支取现金

20. 出票银行签发的,由其在见票时按照实际结算金额无条件支付给收款人或持票人的票据是(　　)。
A. 银行汇票　B. 银行本票　C. 商业承兑汇票　D. 银行承兑汇票

21. 关于委托收款的说法,正确的是(　　)。
A. 便于汇款人向异地的收款人主动汇款
B. 必须符合《合同法》规定,并在合同上订明使用该结算方式
C. 在同城范围内,收款人收取公用事业费可用该种结算方式
D. 只能在同城范围内使用

22. 不属于《票据法》规定的票据的是(　　)。
A. 本票　B. 支票　C. 汇票　D. 发票

23. 银行本票自出票之日起,付款期限最长不得超过(　　)。
A. 6个月　B. 1个月　C. 2个月　D. 3个月

24. 出票人签发的支票金额超过付款时的存款金额的支票为(　　)。
A. 无效支票　B. 可托付支票　C. 空头支票　D. 不可兑现支票

25. 13 608.07元的正确大写金额是(　　)。
A. 一万三千六百0八元0七分　　B. 壹万叁仟陆佰零捌元零柒分
C. 壹万叁仟陆佰捌元零柒分　　D. 壹万叁仟陆佰零捌元柒分

26. 2017年10月20日,某工业企业开具一张金额为50 000元的支票支付前欠的贷款,则该支票出票日期的正确填写方法是(　　)。
A. 2017年10月20日　　B. 贰零壹柒年拾月贰拾日
C. 二零一七年壹拾月贰拾日　　D. 贰零壹柒年零壹拾月零贰拾日

27. 根据《票据法》的规定,属于基本当事人的是(　　)。
A. 出票人　B. 背书人　C. 承兑人　D. 保证人

28. 票据记载事项是指依法在票据上记载票据相关内容的行为。关于票据记载事项的表述中,正确的是(　　)。
A. 票据记载事项可分为绝对记载事项和相对记载事项
B. 票据记载事项可分为绝对记载事项和任意记载事项
C. 票据记载事项可分为相对记载事项和任意记载事项
D. 票据记载事项可分为绝对记载事项、相对记载事项和任意记载事项

29. 银行汇票的持票超过提示付款期限提示付款的,代理付款人(银行)不予受理。该提示付款期限是(　　)
A. 自出票日起1个月　　B. 自出票日起2个月
C. 自出票日起3个月　　D. 自出票日起6个月

30. 对基本存款账户与临时存款账户在管理上的区别,表述正确的是(　　)。
A. 基本存款账户能支取现金而临时存款账户不能支取现金
B. 基本存款账户不能向银行借款而临时存款账户可以向银行借款
C. 基本存款账户没有开设数量的限制而临时存款账户受开设数量的限制

D. 基本存款账户没有时间限制而临时存款账户实行有效期管理

31. 银行结算账户的监督管理部门是(　　)。

A. 各级财政部门　　B. 中国人民银行

C. 各开户银行　　D. 国务院及地方各级人民政府

32. 根据《票据法》的规定,出票人在票据上记载“不得转让”字样,“不得转让”属于票据(　　)。

A. 绝对记载事项　　B. 相对记载事项

C. 任意记载事项　　D. 如果不记载则该票据无效的事项

33. 依法定方式签发票据,并将票据交付给收款人的人被称为(　　)。

A. 背书人　　B. 出票人　　C. 收款人　　D. 付款人

34. 当存款人银行结算账户有法定变更事项的,应于(　　)日内书面通知开户银行并提供有关证明。

A. 2 日　　B. 5 日　　C. 7 日　　D. 10 日

35. 根据《银行账户管理办法》的规定,存款人对用于基本建设的资金,可以向其开户银行出具相应的证明并开立(　　)。

A. 临时存款账户　　B. 一般存款账户　　C. 专用存款账户　　D. 基本存款账户

36. 出票人签发票据,并将票据交付给收款人的行为被称为(　　)。

A. 背书　　B. 出票　　C. 承兑　　D. 保证

37. 银行对一年未发生收付活动且尚未清偿其开户银行债务的单位银行结算账户,应通知单位之日起(　　)日内办理销户手续,逾期视同自愿销户,未划转款项列入久悬未取专户管理。

A. 30　　B. 15　　C. 20　　D. 10

38. 银行汇票的付款人为(　　)。

A. 银行汇票的申请人　　B. 出票银行

C. 代理付款银行　　D. 申请人的开户银行

39. 汇票付款人承诺在汇票到期日支付汇票金额并盖章的行为被称为(　　)。

A. 背书　　B. 出票　　C. 承兑　　D. 保证

40. 票据债务人以外的人,为担保特定债务人履行票据债务而在票据上记载有关事项并盖章的行为被称为(　　)。

A. 背书　　B. 出票　　C. 承兑　　D. 保证

41. 银行汇票的收款人可以将银行汇票背书转让给他人,背书转让以(　　)为限。

A. 出票金额　　B. 实际结算金额

C. 不超过出票金额的实际结算金额　　D. 不超过实际结算金额的出票金额

42. 支票的付款人是(　　)。

A. 存款人　　B. 出票人的开户银行

C. 出票人　　D. 背书人

43. 出票人签发空头支票,开户银行将按票面金额的 5% 但不低于(　　)处以罚款。

A. 200 元　　B. 500 元　　C. 800 元　　D. 1 000 元

44. 银行汇票持票人向银行提示付款时,必须同时提交银行汇票和(　　)。

A. 解讫通知　B. 进账单　C. 个人身份证　D. 支付凭证

45. 符合开立一般存款账户、其他专用存款账户和个人银行结算账户条件的,银行办理开户手续,并于开户之日起(　　)个工作日内向中国人民银行当地分支行备案。

A. 3　B. 5　C. 7　D. 10

46. 持票人对票据的出票人和承兑人的权利,自票据到期日起(　　)。

A. 2年　B. 1年　C. 5年　D. 6个月

47. 自然人因投资、消费、结算等而开立的可办理支付结算业务的存款账户被称为(　　)。

A. 个人银行结算账户　B. 一般存款账户

C. 临时存款账户　D. 专用存款账户

48. 根据支付结算办法的规定,可作为支付结算和资金清算的中介机构的是(　　)。

A. 城市信用合作社　B. 农村信用合作社　C. 银行　D. 个体工商户

49. 商业汇票的持票人将未到期的票据通过向银行贴付一定利息而获得现金的票据行为是(　　)。

A. 承兑　B. 贴现　C. 转贴现　D. 再贴现

50. 银行承兑汇票的承兑银行应按票面金额向(　　)的手续费。

A. 持票人收取0.05%　B. 出票人收取0.05%

C. 持票人收取0.5%　D. 承兑人收取0.5%

二、多项选择题

1. 属于银行汇票绝对记载事项的有(　　)。

A. 付款人名称　B. 出票人签章　C. 收款人名称　D. 出票日期

2. 属于票据结算工具的有(　　)。

A. 支票　B. 银行汇票　C. 银行本票　D. 商业汇票

3. 银行卡是指商业银行向社会发行的具有(　　)等全部或部分功能的信用支付工具。

A. 消费信用　B. 出租和转借　C. 转账结算　D. 存储现金

4. 票据的功能包括(　　)。

A. 支付功能　B. 汇兑功能　C. 结算功能　D. 融资功能

5. 单位银行结算账户可分为(　　)。

A. 基本存款账户　B. 一般存款账户　C. 临时存款账户　D. 专用存款账户

6. 存款人可以申请开立临时存款账户的情况有(　　)。

A. 设立临时机构　B. 异地临时经营活动

C. 临时收款业务　D. 注册验资

7. 办理银行汇票的基本程序有(　　)。

A. 应向出票银行填写“银行汇票申请书”

B. 收妥后签发银行汇票并用压数机印出票金额

C. 签发现金银行汇票,申请人和收款人均为个人

D. 申请人将汇票和解讫通知一并交付汇票上记明的收款人

8. 被背书人受理银行汇票时，除收款人审查内容外，还应审查(　　)。
A. 是否记载实际结算金额，有无更改　　B. 金额是否超过出票金额
C. 背书是否连续　　D. 背书人签章是否符合规定
9. 银行不予受理的票据有(　　)。
A. 更改收款单位名称的票据
B. 更改签发日期的票据
C. 中文大写金额和阿拉伯数码金额不一致的票据
D. 出票日期使用中文大写，但该中文大写未按照要求规范填写的票据
10. 可以开立基本存款账户的单位有(　　)。
A. 企业法人　　B. 武警部队　　C. 社会团体　　D. 外国驻华机构
11. 存款人应向开户银行申请撤销银行结算账户的情况有(　　)。
A. 存款人变更名称但不变更银行账户名称的
B. 存款人因迁址需要变更开户银行的
C. 存款人因迁址但不变更开户银行的
D. 存款人被吊销营业执照或不再存续的
12. 签发的支票必须记载的事项有(　　)。
A. 出票日期　　B. 确定的金额　　C. 付款人名称　　D. 出票人签章
13. 根据《人民币银行结算账户管理办法》的规定，存款人可以申请开立临时存款账户的情况有(　　)。
A. 设立临时机构　　B. 异地临时经营活动
C. 党、团、工会设在单位的组织机构经费　　D. 注册验资
14. 可以办理现金支付的银行账户有(　　)。
A. 一般存款账户　　B. 临时存款账户　　C. 基本存款账户　　D. 专用存款账户
15. 可以支取现金的支票有(　　)。
A. 现金支票　　B. 转账支票　　C. 普通支票　　D. 划线支票
16. 关于支付结算的各项表述中，符合规定的有(　　)。
A. 银行账户分为基本存款账户、一般存款账户、临时存款账户和专业存款账户
B. 存款人只能选择一家银行的一个营业机构开立一个基本存款账户
C. 存款人可以通过基本存款账户办理工资、奖金等现金的支取
D. 存款人可以通过一般存款账户办理工资、奖金等现金的支取
17. 票据是由出票人依法签发的、约定自己或委托付款人在见票时，或者指定的日期向收款人或持票人无条件支付一定金额并可转让的有价证券。属于票据的有(　　)。
A. 汇票　　B. 本票　　C. 支票　　D. 信用卡
18. 关于票据的各项表述中，符合规定的有(　　)。
A. 票据的中文大写金额数字应用正楷或行书填写
B. 票据的中文大写金额数字前应标明“人民币”字样
C. 票据的出票日期应使用小写填写
D. 票据中的中文大写金额数字到“元”为止的，在“元”之后，应写“整”(或“正”)字
19. 可以行使票据追索权的当事人有(　　)。

A. 票载收款人
B. 代为清偿票据债务的保证人
C. 最后被背书人
D. 代为清偿票据债务的背书人

20. 关于信用卡的表述中,符合规定的有(　　)。
A. 信用卡按使用对象分为单位卡和个人卡
B. 单位卡账户的资金一律从其基本存款账户转账存入
C. 单位卡可以支取现金
D. 单位卡用于商品交易结算,没有金额的限制

21. 根据《支付结算办法》的规定,属于无效票据的有(　　)。
A. 更改签发日期的票据
B. 更改收款单位名称的票据
C. 中文大写金额和阿拉伯数码不一致的票据
D. 使用的签章与预留银行签章不符的票据

22. 开户单位有(　　)情形之一的,开户银行应当依照中国人民银行的规定,予以警告或罚款。
A. 未经批准坐支　B. 互相借用现金　C. 套取现金　D. 保留账外公款

23. 属于可以背书转让的票据是(　　)。
A. 现金支票　B. 银行汇票　C. 银行本票　D. 商业汇票

24. 可以支付现金的款项是(　　)。
A. 采购原材料
B. 个人劳务报酬
C. 各种劳保、福利费用
D. 差旅费

25. 按规定,不得办理托收承付结算的款项有(　　)。
A. 代销商品的款项　B. 寄销商品的款项　C. 赊销商品的款项　D. 偿还债务本息

26. 根据规定,支付结算应当遵循的原则包括(　　)。
A. 钱货两清原则
B. 恪守信用、履约付款原则
C. 银行不垫款原则
D. 谁的钱进谁的账,由谁支配原则

27. 银行承兑汇票到期,如果承兑申请人账户资金不足付款时,承兑银行应(　　)。
A. 不负责付款
B. 无条件向收款人、被背书人付款
C. 将汇票退给收款人
D. 对尚未扣回的承兑金额每天按0.05%计收罚息

28. 单位银行卡不合法的资金来源有(　　)。
A. 基本存款账户转账存入
B. 现金存入
C. 销货收入的款项存入
D. 一般存款账户转账存入

29. 汇票中未记载付款地的,可以成为付款人法定付款地的有(　　)。
A. 营业场所　B. 住所　C. 经常居住地　D. 主要财产所在地

30. 单位、银行在票据上的签章和单位在结算凭证上的签章,为(　　)。
A. 该单位、银行的公章
B. 该单位、银行的财务章
C. 其法定代表人的签名或盖章
D. 其授权的代理人的签名或盖章

31. 票据和结算凭证的记载事项中不得更改的内容包括(　　)。

A. 金额 B. 出票或签发日期 C. 收款人名称 D. 用途

32. 关于支票的叙述,正确的有( )。

A. 单位和个人的各种款项结算,均可使用支票

B. 支票适用于异地、同城或统一票据交换区域

C. 用于支取现金的支票不能背书转让

D. 支票的提示付款期限自出票日起 10 天

33. 关于票据的叙述,正确的有( )。

A. 票据是出票人依法签发的有价证券

B. 票据金额应由出票人自己支付或委托付款人支付

C. 票据行为只包括出票、背书和承兑

D. 票据签章是票据行为生效的重要条件

34. 可以在异地开立有关银行结算账户的存款人有( )。

A. 营业执照注册地与经营地不在同一行政区域需要开立专用存款账户的

B. 异地临时经营活动需要开立临时存款账户的

C. 自然人根据需要在异地开立个人银行结算账户的

D. 办理异地借款和其他结算需要开立一般存款账户的

35. 存款人需要向开户银行提出撤销银行结算账户的申请的有( )。

A. 被吊销营业执照 B. 迁址需要变更开户银行

C. 到外地临时经营 D. 宣告破产

36. 根据规定,存款人可以申请开立临时存款账户的有( )。

A. 外地临时机构 B. 基本建设基金

C. 在基本存款账户以外的银行取得借款 D. 临时经营活动需要

37. 属于票据绝对记载事项的有( )。

A. 出票日期 B. 付款日期 C. 出票地 D. 金额

38. 根据《人民币银行结算账户管理办法》的规定,存款人可以申请开立专用存款账户的资金管理与使用情况有( )。

A. 证券交易结算资金 B. 粮、棉、油收购资金

C. 期货交易保证金 D. 注册验资

39. 银行结算账户管理应遵循的基本原则有( )。

A. 一个基本账户原则 B. 自主选择原则

C. 为存款人保密原则 D. 谁的钱进谁的账,由谁支配原则

40. 属于银行汇票绝对记载事项的有( )。

A. 付款人名称 B. 出票人签章 C. 收款人名称 D. 出票日期

41. 对开票人签发空头支票或签章与预留印鉴不符的支票,处理方式正确的有( )。

A. 对于屡次签发的空头支票的单位停止其签发支票

B. 银行可予以退票

C. 银行按票面金额处 5% 但不低于 1 000 元的罚款

D. 持票人有权要求出票人赔偿支票金额 2% 的赔偿金

42. 存款人账户资料变更后,应及时向开户行办理变更手续的有(　　)。

A. 因迁址需要变更开户银行的　　B. 单位的法定代表人或主要负责人

C. 地址、邮编、电话等其他开户资料　　D. 存款人破产

43. 根据《人民币银行结算账户管理办法》的规定,存款人应向开户银行提出撤销银行结算账户的申请的事由包括(　　)。

A. 被撤并、解散、宣告破产或关闭的　　B. 注销、被吊销营业执照的

C. 单位法定代表人被撤销的　　D. 变更存款人账户名称的

44. 不需要提示承兑的票据有(　　)。

A. 商业汇票　　B. 银行本票　　C. 银行汇票　　D. 支票

45. 委托收款凭证必须记载的事项有(　　)。

A. 确定的金额　　B. 付款人名称

C. 收款人名称　　D. 委托收款凭据名称及附寄单证张数

46. 属于支票出票时,可以授权补记的事项有(　　)。

A. 付款人名称　　B. 收款人名称　　C. 支票的金额　　D. 出票日期

47. 不得背书转让的支票有(　　)。

A. 现金支票

B. 未填写金额和收款人名称的支票

C. 背书填写“委托收款”字样的支票

D. 出票人在票据的背面记载“不得转让”字样

48. 应当提示承兑的票据有(　　)。

A. 银行汇票　　B. 见票后定期付款的商业汇票

C. 定日付款的商业汇票　　D. 现金支票

49. 属于做成票据保证时的相对记载事项的有(　　)。

A. 保证人的签章　　B. 保证日期　　C. 被保证人名称　　D. “保证”字样

50. 根据银行结算账户管理的相关规定,开立应经中国人民银行核准的账户有(　　)。

A. 基本存款账户　　B. 因注册验资开立的临时存款账户

C. 一般存款账户　　D. QFII 专用存款账户

三、判断题

1. 对金额、出票日期、收款人名称进行更改的票据,为无效票据。(　　)

2. 票据出票日期使用小写填写的,开户银行可以受理,但由此造成的损失由出票人自行承担。(　　)

3. 基本存款账户的存款人可以通过本账户办理转账结算和现金缴存,但不能办理现金支取。(　　)

4. 企业法人内部单位,只要是单独核算的,就可以申请开立基本存款账户。(　　)

5. 已承兑的商业汇票如果丧失,失票人不能采取挂失止付方式进行补救。(　　)

6. 票据丧失后可以采取挂失止付、公示催告、普通诉讼3个形式进行补救。(　　)

7. 出票人签发空头支票,除银行予以退票并处以一定数额的罚款外,持票人还有权要求出票人赔偿支票金额2%的赔偿金。(　　)

8. 使用小写填写出票日期的票据，银行可予受理。 (　　)

9. 背书人是指被记名受让票据或接受票据转让的人。 (　　)

10. 汇票上未记载付款日期的，为见票即付。 (　　)

11. 支票的金额、收款人名称，可以由出票人授权补记。 (　　)

12. 银行为个人开立银行结算账户时，根据需要可要求申请人出具户口簿、驾驶执照、护照等有效证件。 (　　)

13. 注册验资的临时存款账户在验资期间可以办理现金收付款业务。 (　　)

14. 票据伪造人由于未以自己的名义在票据上签章，因此不必承担任何责任。 (　　)

15. 付款也是票据的行为之一。 (　　)

16. 票据出票日期大写未按要求规范书写，银行可以予以受理，但由此造成损失的，由出票人自己承担。 (　　)

17. 出票人签发的支票金额超过其付款时在付款人处实有的存款金额的，为空头支票。 (　　)

18. 出票人在填制票据时，必须以中文和数码同时记载票据金额，两者不一致时，以中文记载金额为准。 (　　)

19. 根据《支付结算办法》的规定，除法律、行政法规另有规定外，未经中国人民银行批准的非银行金融机构和其他单位，不得作为中介机构经营银行支付结算业务。 (　　)

20. 所有以自然人姓名开立的银行结算账户都应纳入个人银行结算账户管理。 (　　)

21. 个人银行结算账户仅限于办理现金存取业务，不得办理转账结算。 (　　)

22. 银行汇票的提示付款期限为自出票日起 1 个月。 (　　)

23. 无论单位还是个人，签发支票的金额都不能超过银行存款的余额。 (　　)

24. 挂失止付是票据丧失后采取的必须措施。 (　　)

25. 委托收款背书和质押背书属于转让背书。 (　　)

26. 存款人申请开立一般存款账户有数量限制。 (　　)

27. 根据《票据法》的规定，支票上未记载出票地的，出票人的营业场所、住所或经常居住地为出票地。 (　　)

28. 根据《票据法》的规定，支票上可以记载非法定记载事项，并发生支票上的效力。 (　　)

29. 根据《票据法》的规定，支票上未记载付款地的，付款人的营业场所为付款地。 (　　)

30. 邮政储蓄机构办理银行卡业务开立的账户不纳入个人银行结算账户。 (　　)

四、案例分析题

(一) 2016 年 4 月，甲企业发生如下业务。

1. 甲企业开出一张 3 个月的汇票给乙企业，丙企业在汇票的正面记载了保证事项，乙企业收到汇票后，背书转让给戊企业。

2. 甲企业采用汇兑的结算方式支付前欠丁企业的货款。

要求：根据上述情况，回答下列问题。

1. 属于保证的当事人是(　　)。

A. 甲企业和乙企业　B. 甲企业和丙企业　C. 丙企业和戊企业　D. 乙企业和戊企业

2. 关于背书事项,表述错误的是(　　)。

A. 如果该票据记载“不得转让”字样,则该票据的背书无效

B. 如果该票据附有“货到付款”字样,则该票据的背书无效

C. 如果该票据仅将1/2票款转让给戊企业,则该票据的背书无效

D. 如果该票据标明“商业汇票”字样,则该票据的背书无效

3. 不得背书的情形包括(　　)。

A. 被拒绝承兑　　B. 被拒绝付款

C. 超过付款期提示付款　　D. 票据记载“不得转让”

4. 保证的绝对记载事项是(　　)。

A. 保证人签章　　B. 保证文句

C. 保证日期　　D. 被保证人的名称、住所

5. 汇入行向丁企业发出取款通知后,经汇(　　)后,无法交付的汇款应主动办理退汇。

A. 1个月　　B. 2个月　　C. 3个月　　D. 6个月

(二) 某企业5月29日银行存款账户余额为20 000元。当日,一材料供应商上门到该企业催要金额为180 000元的材料货款。该企业为了让供应商离开,就向材料供应商开出了一张180 000元的普通支票。

要求:根据上述情况,回答以下问题。

1. 材料供应商有权要求该企业赔偿其(　　)元的损失。

A. 1 800　　B. 3 600　　C. 7 200　　D. 9 000

2. 关于普通支票的使用范围的表述,错误的有(　　)。

A. 划线普通支票只能用于支取现金

B. 普通支票既可用于转账结算,也可用于支取现金

C. 转账支票只能用于转账

D. 现金支票只能用于支取现金

3. 该企业开出的这张支票属于(　　)。

A. 现金支票　　B. 空头支票　　C. 合法支票　　D. 划线支票

4. 对于该行为,银行可以对该企业进行罚款(　　)元。

A. 1 800　　B. 3 600　　C. 7 200　　D. 9 000

5. 空头支票是指(　　)。

A. 支票的出票人签发支票的金额超过付款时在付款人处实有的存款金额

B. 支票的出票人签发支票的金额没有超过付款时在付款人处实有的存款金额

C. 支票的出票人签发支票的金额超过出票时在付款人处实有的存款金额

D. 支票的出票人签发支票的金额没有超过出票时在付款人处实有的存款金额

第三章 税收法律制度

学习指引

税收是国家筹集财政资金、分配国民收入、调整经济运行的重要手段。会计工作与税收有着密切的联系,如企业在发放工资时,涉及个人所得税的计算和扣缴等。因此,会计人员必须掌握税收法律制度。本章主要介绍税收的特征和分类,税法的构成要素,增值税、消费税、企业所得税和个人所得税的纳税人、征税对象、税率和应纳税额的计算和缴纳;作为企业是否要进行税务登记,如何进行纳税申报,如何进行发票管理,违反税收法律制度应当承担什么样的法律责任都是会计人员应掌握的内容。

第一节 税收概述

工作疑问

1. 什么是税收？它有哪些特点？
2. 我国的税收是怎样分类的？
3. 税法的构成要素包括哪些？税收与税法有何区别？
4. 税目与征税对象有何联系？
5. 起征点和免征额都是减免规定,有何区别？

一、税收的概念、作用、特征与分类

(一) 税收的概念与作用

1. 税收的概念

税收是指国家为了满足社会共同需要,凭借政治权力,按照法律规定,强制、无偿地取得财政收入的一种特定分配方式。

2. 税收的作用

税收的作用就是税收职能在一定经济条件下,具体表现出来的效果。税收具有组织国家收入、调节国家经济,维护国家政权和国家利益等方面的作用。

(1) 税收是国家组织财政收入的主要形式

税收组织财政收入的作用主要体现在两个方面:一是税收的稳定性,保证了经济的有效运行,这主要取决于税收的强制性、无偿性和固定性的特点,把财政收入建立在及时、稳定、

可靠的基础之上,成为国家满足公共需要的主要财力保障;二是税收来源的广泛性,即税收以多税种、多税目、多层次、全方位的税收课税制度,保证财政收入来源的广泛性。

(2) 税收是国家调控经济运行的重要手段

税收是国家调控经济运行的重要手段主要体现在税收通过制定税法,设置税种、税目和税率,采取加成征收、减免税等手段,对需求总量、收入分配和国民经济结构等方面进行调节,以创造平等竞争的经济环境,促进经济的稳定和发展。

(3) 税收具有维护国家政权的作用

国家政权是税收产生和存在的必要条件,而国家政权的存在又有利于税收的存在,没有税收,国家机器就不能正常运转。同时,税收分配不是按等价原则和所有权原则分配的,而是凭借政治权力对物资利益进行调节,体现了国家的意志,从而达到巩固国家政权的目的。

(4) 税收是维护国家利益的可靠保证

在世界经济一体化的今天,各国的经济发展都会在不同层面上影响着世界经济的发展。税收通过签订避免双重征税协定、对进出口商品征收关税、实行税收优惠政策等手段,保护国内市场和幼稚产业,维护国家的经济独立和经济利益。

同步训练3-1 关于税收的作用表述正确的有(　　　　)。

A. 税收是国家组织财政收入的主要形式　　B. 税收是国家调控经济运行的重要手段

C. 税收具有维护国家政权的作用　　D. 税收是维护国家利益的可靠保证

解析:正确答案是ABCD。见上述税收的作用的内容。

(二) 税收的特征

1. 强制性

强制性是指国家以社会管理者的身份,凭借政治权力,通过颁布法律或法规,进行强制征收。税收的强制性是通过法律形式固定下来的,所以具有国家强制力,纳税人必须依法纳税,否则将会受到法律的制裁。

2. 无偿性

无偿性是指国家取得税收收入不需要偿还,也不需要对纳税人付出任何代价。

3. 固定性

固定性是指国家征税以法律形式预先规定征税范围、税率等,征税和纳税双方都必须共同遵守。税收的固定性既包括时间上的连续性,又包括征收比例的固定性,即征税对象、税目、税率、纳税义务人、计税办法和期限等都是以法律的形式预先规定的,有一个稳定的适用期限。因此,税收是一种固定的连续性的收入。

税收的3个特征中,无偿性是区别于其他财政收入形式的最本质性的特征,是税收"三性"中的核心。

同步训练3-2 属于税收特征的有(　　　　)。

A. 无偿性　　B. 灵活性　　C. 强制性　　D. 固定性

解析:正确答案是ACD。见上述税收的特征的内容。

同步训练3-3 税收的固定性既包括时间上的连续性,又包括征收比例的固定

性,因此税收是一种固定的连续性的收入。这种说法(　　)。

A. 正确　　B. 错误

解析:正确答案是 A。见上述税收的特征的内容。

(三) 税收的分类

1. 按征税对象分类

税收按征税对象分类,如表 3.1 所示。

表 3.1　税收按征税对象分类

分　类	税　种	特　征
流转税类	增值税、消费税、关税	① 征税对象:流转额,属于间接税、比例税 ② 征税环节:生产经营和销售环节征税 ③ 敏感性:收入不受成本费用变化的影响;对价格变化较为敏感
所得税类	企业所得税、个人所得税	① 征税对象:所得额 ② 敏感性:受成本、费用、利润高低的影响较大
财产税类	房产税、契税、车船税等	① 征税对象:财产数量或财产的价值 ② 特点:税收负担与财产价值、数量关系密切,体现调节财富、合理分配的原则
资源税类	资源税、城镇土地使用税、土地增值税	① 征税对象:自然资源、某些社会资源 ② 特点:税负高低与资源级差收益水平相关联,征税范围比较灵活。实行从量计征,中央和地方共享税
行为税类	车辆购置税、印花税、城市维护建设税、耕地占用税等	① 征税对象:特定行为 ② 特点:特殊的目的性;较强的政策性;临时性和偶然性;税源的分散性

**同步训练 3－4**　按征税对象划分税种体系,属于行为税类的有(　　)。

A. 印花税　　B. 城建税　　C. 车辆购置税　　D. 房产税

解析:正确答案是 ABC。见上述按征税对象划分税种体系的内容。

**同步训练 3－5**　按征税对象划分税种体系,房产税、契税属于(　　)。

A. 资源税类　　B. 所得税类　　C. 财产税类　　D. 行为税类

解析:正确答案是 C。见上述税收按征税对象分类的内容。

2. 按征收管理的分工体系分类

税收按征收管理的分工体系分类,如表 3.2 所示。

表 3.2　税收按征收管理的分工体系分类

分　类	税　种	特　征
工商税类	增值税、消费税、企业所得税、个人所得税、资源税、城镇土地使用税、车船税等	① 征税对象:以工业品、商业零售、交通运输、服务性业务的流转额 ② 征税机关:税务机关
关税类	关税	① 征税对象:进出境的货物、物品 ② 征税机关:海关

3. 按税收征收权限和收入支配权限分类

税收按税收征收权限和收入支配权限分类,如表 3.3 所示。

表3.3　税收按税收征收权限和收入支配权限分类

分　类	税　种
中央税	消费税(含进口环节由海关代征部分)、关税、由海关代征的进口环节增值税、车辆购置税等
地方税	城镇土地使用税、土地增值税、耕地占用税、车船税、契税、房产税等
中央地方共享税	增值税、企业所得税、个人所得税等

同步训练3-6　按照税收征收权限和收入支配权限分类,税收可分为(　　　　)。

A. 中央税　　B. 所得税类

C. 地方税　　D. 中央、地方共享税

解析:正确答案是ACD。见上述税收按税收征收权限和收入支配权限分类的内容。

同步训练3-7　按照税收征收权限和收入支配权限分类,税收可分中央税、地方税和共享税,其中属于中央税的有(　　　　)。

A. 消费税　　B. 增值税　　C. 关税　　D. 城市维护建设税

解析:正确答案是AC。见上述税收按税收征收权限和收入支配权限分类的内容。

4. 按计税标准不同分类

税收按计税标准不同进行分类,如表3.4所示。

表3.4　税收按计税标准不同分类

分　类	税　　种
从价税	增值税、企业所得税、个人所得税等
从量税	车船税、城镇土地使用税、消费税中的啤酒和黄酒等
复合税	消费税中的卷烟和白酒

二、税法的概念、分类及构成要素

(一) 税收与税法

1. 税法的概念

税法是国家权力机关和行政机关制定的,用以调整国家与纳税人之间在征纳税方面的权利与义务关系的法律规范的总称。

2. 税收与税法的关系

① 联系。税收活动必须严格依照税法的规定进行,税法是税收的法律依据和法律保障。税收以税法为其依据和保障,而税法又必须以保障税收活动的有序进行为其存在的理由和依据。

② 区别。税收作为一种经济活动,属于经济基础范畴;而税法则是一种法律制度,属于上层建筑范畴。

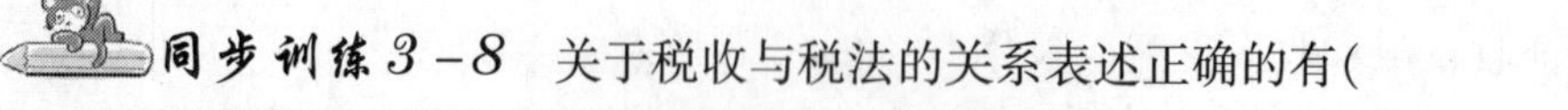
同步训练3-8　关于税收与税法的关系表述正确的有(　　　　)。

A. 税收作为一种经济活动,属于经济基础范畴

B. 税法是一种法律制度,属于上层建筑范畴

C. 税收活动必须严格依照税法的规定进行,税法是税收的法律依据和法律保障

D. 税收以税法为其依据和保障,而税法又必须以保障税收活动的有序进行为其存在的理由和依据

解析:正确答案是 ABCD。见上述税收与税法的关系的内容。

(二) 税法的分类

1. 按照税法的功能作用的不同分类

按照税法的功能作用的不同分类,将税法分为税收实体法和税收程序法。

(1) 税收实体法

税收实体法是指确定税种立法,具体规定了各税种的征收对象、征收范围、税目、税率、纳税地点等内容,如《中华人民共和国个人所得税法》(以下简称《个人所得税法》)等。

(2) 税收程序法

税收程序法是指税务管理方面的法律,具体规定税务管理、税款征收、税务检查等内容,如《中华人民共和国税收征收管理法》(以下简称《税收征收管理法》)等。

**同步训练 3-9**　税收程序法是指税务管理方面的法律,主要包括(　　)。

A. 税收管理法　　B. 税务机关法　　C. 发票管理法　　D. 税务争议处理法

解析:正确答案是 ABCD。见上述按照税法的功能作用的不同分类的内容。

**同步训练 3-10**　税法按功能作用进行的分类是(　　)。

A. 国内税法和外国税法　　B. 税收实体法和税收程序法

C. 税收法律和税收行政法规　　D. 税收行政规章和税收规范性文件

解析:正确答案是 B。见上述按照税法的功能作用的不同分类的内容

2. 按照主权国家行使税收管辖权的不同分类

按照主权国家行使税收管辖权的不同分类,将税法分为国内税法、国际税法、外国税法。

(1) 国内税法

国内税法一般按照属人或属地原则,规定一个国家内部税收制度。

(2) 国际税法

国际税法是指国家间形成的税收制度,主要包括双边或多边国家的税收协定、条约和国际惯例等。

(3) 外国税法

外国税法是指外国各个国家制定的税收制度。

3. 按照税法法律级次分类

按照税法法律级次分类,将税法分为税收法律、税收行政法规、税收规章和税收规范性文件等。

(1) 税收法律

税收法律是指享有立法权的国家最高权力机关——全国人民代表大会及其常务委员会,依照法律程序制定的规范性税收文件。其法律地位和法律效力仅次于宪法。我国已颁布的税收法律有《中华人民共和国企业所得税法》《中华人民共和国个人所得税法》《中华人

民共和国车船税法》《中华人民共和国税收征收管理法》等。

(2) 税收行政法规

税收行政法规是由国家最高行政管理机关根据其职权或国家最高权力机关的授权,依据宪法和税收法律,通过一定法律程序制定的有关税收活动的实施规定或办法。其法律地位和法律效力仅次于宪法和税收法律。我国已经颁布的税收行政法规有《中华人民共和国个人所得税法实施条例》《中华人民共和国税收征收管理法实施细则》《中华人民共和国企业所得税暂行条例》《中华人民共和国增值税暂行条例》《中华人民共和国消费税暂行条例》等。

(3) 税收规章

我国的税收规章是由财政部、国家税务总局、海关总署、国务院关税税则委员会等在其权限内制定的有关税收的办法、规则和规定。税收规章包括税收部门规章和地方税收规章,如《税务行政复议规则》《税务代理试行办法》《车船税暂行条例实施细则》等都属于税收部门规章。

(4) 税收规范性文件

税收规范性文件是指县级以上税务机关依照法定职权和规定程序制定并公布的规定纳税人、扣缴义务人及其他税务行政相对人的权利、义务,在本辖区内具有普遍约束力并反复适用的文件,如《增值税专用发票使用规定》等。

**同步训练 3-11** 属于税法法律级次内容的有(　　)。

A. 税收法律　　B. 税收规章　　C. 税收行政法律　　D. 税收规范性文件

解析:正确答案是ABCD。见上述税法法律级次分类的内容。

(三) 税法的构成要素

所谓税法的构成要素,是指税收实体法的构成要素。它主要包括征税人、纳税义务人、征税对象、税目、税率、计税依据、纳税环节、纳税期限、纳税地点、减免税、法律责任等。其中,纳税义务人、征税对象、税率是最基本的要素。

**同步训练 3-12** 属于税收实体法的构成要素的有(　　)。

A. 税率　　B. 计税依据　　C. 减免税　　D. 纳税期限

解析:正确答案是ABCD。见上述税法的构成要素的内容。

1. 征税人

征税人又称征税主体,是指代表国家行使征税职权的各级税务机关和其他征收机关,主要包括税务机关和海关。例如,增值税的征税人是税务机关,关税的征税人是海关。判定某一主体是否是征税人主要看其行使的权力和实施的行为的性质。征税主体行使的权力主要是税收征管权,具体包括税收征收权、税收管理权和税收入库权;征税主体实施的行为是征税行为,即依法将应收税款及时、足额征收入库。

**同步训练 3-13** 属于征税主体行使的权力的有(　　)。

A. 税收征收权　　B. 税收管理权　　C. 税法的制定权　　D. 税收的入库权

解析:正确答案是ABD。见上述征税人的内容。

2. 纳税义务人

纳税义务人简称纳税人，是指依法直接负有纳税义务的自然人、法人和其他组织，是纳税的主体，即对谁征税。根据税法规定，纳税人有自然人和法人两种最基本的形式。按照不同目的和标准，对自然人和法人还可以进一步细分。例如，自然人可以划分为居民纳税人和非居民纳税人、个体经营者和其他个人等；法人可划分为居民企业和非居民企业，还可以按所有制的性质进行分类等。

扣缴义务人是税法规定的，在其经营活动中负有代扣税款并向国库缴纳义务的单位。

3. 征税对象

征税对象又称课税对象、征税客体，是指税收法律关系中权利义务指向的对象，即对什么征税。这是区别一种税与另一种税的重要标志，是税法最基本的要素。例如，消费税的征税对象是应税消费品、房产税的征税对象是房屋等。

4. 税目

税目是指税法中规定应当征税的具体项目，是征税对象的具体化，反映具体的征税范围，是对征税对象质的界定。也就是说，列入税目的即为应税项目；未列入税目的则属于非应税项目。税目的制定有两种方法：一是列举法，即具体列举征税对象来确定对什么征税，对什么不征税的方式；二是概括法，即按照征税对象类别设置税目，如按照商品大类或行业设计税目，主要适用于品种类别繁杂、界限不易划清的征税对象。

5. 税率

税率是指应征税额与计税金额（或数量单位）之间的比例。它是计算税额的尺度，是税法的核心要素。我国现行的税率主要包括以下几种。

（1）比例税率

比例税率，即对同一征税对象，无论其数额大小，均按同一个比例征税的税率，如增值税、城市维护建设税、企业所得税等都采用比例税率。

（2）定额税率

定额税率又称固定税率，是指按征税对象的一定单位直接规定固定的税额。它适用于从量计征的税种，如资源税、车船税、城镇土地使用税等。

（3）累进税率

累进税率是指根据征税对象数额的大小，规定不同等级的税率，即征税对象数额越大，适用的税率就越高。它一般多在所得税的课税中使用。

累进税率的特点是税率能适应纳税人的负担能力，可以有效地调节纳税人的收益水平，税收负担较为合理，缺点则是计算征收较为复杂。

累进税率可分为全额累进税率、超额累进税率和超率累进税率3种。例如，《个人所得税法》规定，工资、薪金所得适用超额累进税率；《中华人民共和国土地增值税暂行条例》规定，按土地增值额和扣除项目金额的比例的不同，适用超率累进税率。

同步训练 3－14　《个人所得税法》规定，工资、薪金所得采用的税率形式是（　　）。

A. 比例税率　　B. 全额累进税率　　C. 超率累进税率　　D. 超额累进税率

解析：正确答案是D。见上述累进税率的内容。

6. 计税依据

计税依据是指计算应纳税额的依据或标准,即依据什么来计算纳税人应缴纳的税额。一般分为以下几种。

(1) 从价计征

从价计征是以计税金额为计税依据,主要包括收入额、收益额、财产额、资金额等。计税金额是指课税对象的数量乘以计税价格的数额。

(2) 从量计征

从量计征是以课税对象的重量、体积、数量等为计税依据。不同的征税对象其计税数量也不同。例如,消费税中的黄酒、啤酒以吨为计税依据,汽油、柴油以升为计税依据。

(3) 复合计征

复合计征是指对课税对象按从价计征的同时,还可以按从量计征。它是从价计征和从量计征的复合。目前我国卷烟、粮食白酒、薯类白酒采取的就是复合计征法。

7. 纳税环节

纳税环节是指税法规定的商品从生产到消费的流转过程中应缴纳税款的具体环节。例如,增值税的纳税环节是从商品生产环节到商品零售环节,每一环节都要就其增值额部分纳税;所得税在分配环节纳税等。

8. 纳税期限

纳税期限是指纳税人的纳税义务发生后,应向税务机关申报纳税的起止时间。纳税期限可分为按期纳税和按次纳税两种。

税法关于纳税期限的界定取决于3个要素。一是纳税义务发生时间,即应税行为发生的时间。二是纳税期限。当纳税人每次发生纳税义务时,不可能马上去缴纳税款,故税法规定各种税的纳税期限,即每隔固定时间汇总一次纳税义务的时间。纳税人的具体纳税期限由主管税务机关根据纳税人的情况来核定;对于不能按固定期限纳税的,可以按次纳税。三是缴库期限,即在税法规定的纳税期限期满后,纳税人将应纳税款缴入国库的期限。

9. 纳税地点

纳税地点是指纳税人具体缴纳税款的地点。税法规定的纳税地点主要有机构所在地、经济活动发生地、财产所在地、报关地等。

同步训练3-15 根据我国税收法律制度的规定,属于纳税地点的有(　　)。

A. 机构所在地　　B. 财产所在地　　C. 经济活动发生地　　D. 报关地

解析:正确答案是ABCD。见上述纳税地点的内容。

10. 减免税

减税是指对应征税款减少征收一部分;免税是指对按规定应征收的税款全部免除。具体有以下3种形式。

(1) 税基式减免

税基式减免是指通过直接缩小计税依据的方式实现的减税、免税。它包括起征点、免征额、项目扣除和跨期结转等。

① 起征点。起征点也称征税起点,是指对征税对象开始征税的数额界限。如果征税对象的数额没有达到规定起征点则不征税;如果达到或超过起征点,就其全部数额征税。例如,增

值税起征点的适用范围限于个人,其按次纳税的,起征点为每次(日)销售额300～500元。

② 免征额。免征额是指对征税对象总额中免于征税的数额,即将纳税对象中的一部分给予减免,只就减除后的剩余部分计征税款。

③ 项目扣除。项目扣除是指在征税对象中扣除一定项目的数额,以其余额作为依据计算税额。

④ 跨期结转。跨期结转是将以前纳税年度的经营亏损从本纳税年度经营利润中扣除。

(2) 税率式减免

税率式减免是指通过直接降低税率的方式实现的减税、免税,包括低税率、零税率等。例如,增值税税率13%和出口货物的零税率都属于税率式减免。

(3) 税额式减免

税额式减免是指通过直接减少应纳税额的方式实现的减税、免税。它包括全部免征、减半征收、核定减免率等。

**同步训练3-16**　根据我国税收法律制度的规定,属于减免税的项目有(　　　)。

A. 起征点　　B. 项目扣除　　C. 免征额　　D. 跨期结转

解析:正确答案是ABCD。见上述减免税的内容。

11. 法律责任

法律责任是指对违反税法规定的行为人采取的处罚措施。它一般包括违法行为和因违法而应承担的法律责任两部分内容。这里的违法行为是指违反税法规定的行为,包括作为和不作为;这里的法律责任包括行政责任和刑事责任。纳税人和税务人员违反税法规定,都将依法承担法律责任。

第二节　主要税种

工作疑问

1. 在实际工作中,如何界定增值税的一般纳税人和小规模纳税人?
2. 消费税主要对哪些消费品征税?烟酒采用何种计税方法?
3. 如何界定居民企业和非居民企业?
4. 企业所得税中的不征税收入和免税收入有何区别?
5. 如何界定居民和非居民?两者的纳税义务有区别吗?

一、增值税

(一) 增值税的概念与分类

1. 增值税的概念

增值税是指以销售货物、应税服务、无形资产以及不动产过程中产生的增值额为计税依据而征收的一种流转税。

我国从1979年开始试行增值税,分别经历了四次改革,具体如下。

① 1984年过渡阶段,是第一次改革。此时的增值税是在产品税的基础上进行的,征税

范围窄、税率档次较多、计算方式复杂、留有产品税的痕迹。

② 1993年规范阶段，是第二次改革。这次改革参照国际做法，并结合了我国实际，扩大了征税范围、简并了税率、规范了计算方法、开始进入国际通行的规范化行列，属于增值税的规范阶段。

③ 2009年转型阶段，是第三次改革。即从2009年1月1日起，将符合规定的固定资产进项税额允许抵扣，实现了生产型增值税向消费型增值税转型。

④ 2012年起营改增阶段，是增值税的第四次改革。即从2012年1月1日起，在上海交通运输业和部分现代服务业开展营业税改征增值税试点。2014年又将铁路运输和邮政服务业、电信业纳入营业税改征增值税试点范围。自2016年5月1日起，中国将全面实施营改增，营业税将退出历史舞台，增值税制度将更加规范。

2. 增值税的分类

增值税按外购固定资产处所含税款的处理方式的不同，可分为生产型增值税、收入型增值税和消费型增值税3种。我国的增值税是在1984年设置的；1993年颁布《中华人民共和国增值税暂行条例》，并构建生产型增值税；2009年1月1日起，将生产型增值税转为消费型增值税。

① 生产型增值税是指在计算增值税时，不允许纳税人扣除外购固定资产所含税款的增值税。

② 收入型增值税是指在计算增值税时，允许纳税人扣除外购固定资产的折旧部分所含税金。

③ 消费型增值税是指在计算增值税时，允许纳税人一次性全部扣除外购固定资产的所含税款的增值税。

工作实例3－1 如果企业外购一台机器设备不含税价为10 000元，增值税为1 700元，该机器设备用于生产，使用期限为10年，直线法计提折旧，不考虑预计净残值。

实例解析：在生产型增值税情形下，固定资产的价值为11 700元，1 700元的增值税不允许扣除，即抵扣增值税的税额为0；在收入型增值税情形下，固定资产的价值为11 700元，每年应计提折旧额为1 170元，允许扣除折旧部分所含税金170元，即每年抵扣增值税的税额为170元；在消费型增值税情形下，固定资产的价值为10 000元，增值税税额1 700元在购置使用时全部抵扣，即抵扣增值税的税额为1 700元。

同步训练3－17 增值税按外购固定资产处所含税款的处理方式的不同，将其分为（　　）。

A. 生产型增值税　　B. 消费型增值税　　C. 收入型增值税　　D. 增值性增值税

解析：正确答案是ABC。见上述增值税的分类的内容。

（二）增值税的征税范围

1. 征税范围的基本规定

① 销售或进口货物。货物是指有形动产，包括电力、热力、气体在内。销售货物是指有偿转让货物的所有权。

② 提供加工、修理修配劳务。提供加工、修理修配劳务是指有偿提供加工、修理修配劳

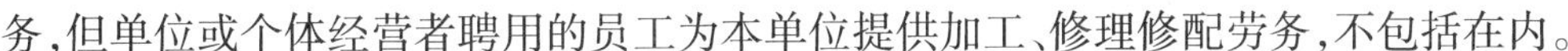

务,但单位或个体经营者聘用的员工为本单位提供加工、修理修配劳务,不包括在内。

③ 销售服务。销售服务是指有偿提供交通运输服务、邮政服务、电信服务、建筑服务、金融服务、现代服务、生活服务。

④ 销售无形资产和不动产。销售无形资产是指有偿转让无形资产所有权或使用权的业务活动。无形资产包括技术、商标、著作权、商誉、自然资源使用权和其他权益性无形资产。销售不动产是指有偿转让不动产所有权的业务活动。不动产包括建筑物、构筑物等。

注意下列非经营活动的情形不属于征税范围,具体如下。

① 政府性基金或行政事业性收费。行政单位收取的政府性基金或行政事业性收费同时满足以下条件的:由国务院或财政部批准设立的政府性基金,由国务院或省级人民政府及财政、价格主管部门批准设立的行政事业性收费;收费时开具省级以上(含省级)财政部门监制的财政票据;所收款项全额上缴财政。

② 单位或个体工商户聘用的员工为本单位或雇主提供取得工资的服务。

③ 单位或个体工商户为聘用的员工提供服务。

④ 财政部和国家税务总局规定的其他情形。

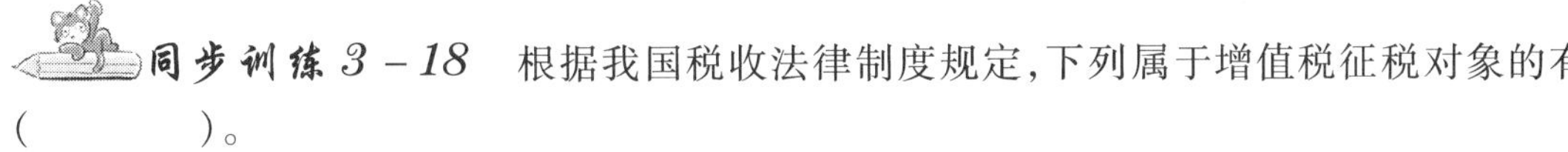

同步训练 3－18　根据我国税收法律制度规定,下列属于增值税征税对象的有(　　　)。

A. 销售货物　　B. 进口货物　　C. 加工劳务　　D. 修理修配

解析:正确答案是 ABCD。见上述增值税的内容。

2. 征税范围的特殊规定

(1) 视同销售货物

将货物交付其他单位或个人代销;销售代销货物;设有 2 个以上机构并实行统一核算的纳税人,将货物从一个机构移送其他机构“用于销售”,但相关机构设在同一县(市)的除外;将自产、委托加工的货物用于非增值税应税项目;将自产、委托加工的货物用于集体福利或个人消费。将自产、委托加工或购进的货物作为投资,提供给其他单位或个人;将自产、委托加工或购进的货物分配给股东或投资者;将自产、委托加工或购进的货物无偿赠送他人。

(2) 视同销售服务、无形资产或不动产。

单位或个体工商户向其他单位或个人无偿提供服务,但用于公益事业或社会公众为对象的除外;单位或个人向其他单位或个人无偿转让无形资产或不动产,但用于公益事业或社会公众为对象的除外;财政部和国家税务总局规定的其他情形。

(3) 混合销售

一项销售行为如果既涉及货物又涉及服务,为混合销售。从事货物的生产、批发或零售的单位和个体工商户的混合销售行为,按照销售货物缴纳增值税;其他单位和个体工商户的混合销售行为,按照销售服务缴纳增值税。

上述从事货物的生产、批发或零售的单位和个体工商户,包括从事货物的生产、批发或零售为主,并兼营销售服务的单位和个体工商在内。

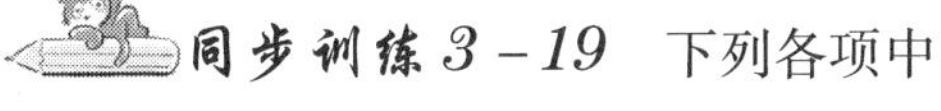

同步训练 3－19　下列各项中,属于增值税混合销售行为的有(　　　)。

A. 出售机械设备并提供培训　　B. 出售空调并提供安装服务

C. 商场出售电视并提供安装　　　　D. 零售店出售物品并负责运输

解析:正确答案是ABCD。见征税范围的特殊规定的内容。

(4) 兼营

兼营是指纳税人的经营范围既包括销售货物和应税劳务,又包括销售服务、无形资产或不动产。与混合销售的区别是,兼营是指销售货物、应税劳务、服务、无形资产或不动产不同时发生在同一购买者身上,也不发生在同一项销售行为中。

纳税人销售货物、应税劳务、服务、无形资产或不动产适用不同税率或征收率的,应当分别核算适用不同税率或征收率的销售额,未分别核算销售额的按照以下方法使用税率或征收率。

① 兼有不同税率的销售货物、应税劳务、服务、无形资产或者不动产,从高适用税率。

② 兼有不同征收率的销售货物、应税劳务、服务、无形资产或不动产,从高适用征收率。

③ 兼有不同税率和征收率的销售货物、应税劳务、服务、无形资产或不动产,从高适用税率。

(三) 增值税纳税人

增值税纳税人是指在境内销售货物、应税劳务、服务、无形资产或不动产的单位和个人。按照经营规模的大小和会计核算健全与否等标准,增值税纳税人分为一般纳税人和小规模纳税人。

1. 经营规模标准

增值税纳税人的经营规模标准如表3.5所示。

表3.5　经营规模标准

认定标准 / 纳税人	① 从事货物生产或提供应税劳务的纳税人 ② 从事货物生产或提供应税劳务为主,并兼营货物批发或零售的企业纳税人	其他纳税人	销售服务、无形资产或不动产的纳税人
小规模纳税人	年应税销售额在50万元以下(包括本数)	年应税销售额在80万元以下(包括本数)	年应税销售额在500万元以下(包括本数)
一般纳税人	年应税销售额在50万元以上	年应税销售额在80万元以上	年应税销售额在500万元以上

注:"以从事货物生产或提供应税劳务为主"是指纳税人的年货物生产或提供应税劳务的销售额占全年应税销售额的比重为50%。其他纳税人是指除上述①、②规定以外的其他销售、进口货物或提供应税劳务的纳税人。

2. 特殊情形规定

① 不界定为一般纳税人的情形:年应征增值税销售额未超过小规模纳税人标准的企业;除个体经营者以外的其他个人;非企业性单位;不经常发生应税行为的企业。

同步训练3-20　属于小规模纳税人的有(　　　)。

A. 非企业性单位

B. 年应征增值税销售额未超过小规模纳税人标准的企业

C. 个人

D. 不经常发生应税行为的企业

解析:正确答案是ABCD。见上述增值税纳税人的内容。

② 小规模纳税人会计核算健全,能够提供准确税务资料的,可以成为一般纳税人。

③ 除国家税务总局另有规定外，纳税人一经登记为一般纳税人后，不得转为小规模纳税人。

④ 增值税一般纳税人资格实行登记制，登记事项由增值税纳税人向其主管税务机关办理。

（四）增值税税率和征收率

1. 基本税率

基本税率为17%，主要适用于纳税人销售或进口货物（适用13%的低税率的除外）、提供加工、修理修配劳务以及有形动产租赁服务。

2. 低税率

① 13%，主要适用于纳税人销售或进口这些货物：粮食、食用植物油；自来水、暖气、冷气、热水、煤气、石油液化气、天然气、沼气、居民用煤炭制品；图书、报纸、杂志；饲料、化肥、农药、农机、农膜；电子出版物；农产品（各种植物、动物的“初级”产品）；音像制品；二甲醚；食用盐等。

② 11%，适用于纳税人提供交通运输、邮政、基础电信、建筑、不动产租赁服务，销售不动产，转让土地使用权等。

③ 6%，适用于纳税人销售增值电信服务、金融服务、现代服务、生活服务，销售土地使用权以外的无形资产等。

3. 零税率

纳税人出口货物，跨境销售服务、无形资产或不动产行为等，税率为零，但是，国务院另有规定的除外。

4. 征收率

增值税征收率为3%，财政部和国家税务总局另有规定的除外。

同步训练 3－21　纳税人销售或进口（　　　　）属于低税率13%。

A. 自来水　　　　B. 图书、报纸、杂志

C. 煤气、石油液化气、天然气、沼气　　　　D. 农药、农机、农膜

解析：正确答案是ABCD。见上述增值税税率的内容。

（五）增值税应纳税额的计算

1. 一般纳税人应纳税额的计算

我国增值税实行扣税法。一般纳税人凭增值税专用发票以及其他合法扣税凭证注明的税款进行抵扣，应纳增值税的计算公式为：

应纳税额＝当期销项税额－当期进项税额

（1）增值税销项税额

销项税额是指纳税人销售货物或应税劳务，按照销售额和规定的税率计算并向购买方收取的增值税额。其计算公式为：

销项税额＝不含税销售额×税率

① 销售额。销售额是指纳税人销售货物或提供应税劳务从购买方，或者承受应税劳务

方收取的全部价款和一切价外费用。我国的增值税是价外税,计税依据不含增值税本身的数额,所以销售额也称不含税销售额。但如果销售货物是消费税应税产品或进口产品,则全部价款中包括消费税或关税。

当一般纳税人采用销售额和销项税额合并定价时,应将含税销售额转换为不含税销售额。转换公式为:

$$不含税销售额 = 含税销售额 \div (1 + 税率或征收率)$$

② 价外费用。价外费用包括价外向购买方收取的手续费、补贴、基金、集资费、返还利润、奖励费、违约金、滞纳金、延期付款利息、赔偿金、代收款项、代垫款项、包装费、包装物租金、储备费、优质费、运输装卸费及其他各种性质的价外收费。但下列项目不属于价外费用。

- 受托加工应征消费税的消费品代收代缴的消费税。
- 代垫运输费用。代垫运输费用是指承运部门的运输费用发票开具给购买方并转交给购买方的运输费用。
- 代为收取的政府性基金或行政事业性收费,是指需经国家批准设立的政府性基金和行政事业性收费;收取时开具省级以上财政部门印制的财政票据并且所收款项全额上缴财政的政府性基金或行政事业性收费。
- 代收的保险费、车辆购置税、车辆牌照费,即销售货物的同时代办保险等而向购买方收取的保险费,以及向购买方收取的代购买方缴纳的车辆购置税、车辆牌照费。

同步训练 3-22 不属于增值税价外费用的有(　　　　)。

A. 代为收取的行政事业性收费　　　　B. 代垫运输费用

C. 代为收取的政府性基金　　　　D. 代收的保险费

解析:正确答案是 ABCD。见上述增值税销项税额的内容。

(2) 增值税进项税额

进项税额是指纳税人购进货物或接受应税劳务应支付或负担的增值税税额。进项税额与销项税额是相对应的概念,即销售方收取的销项税额就是购进方支付的进项税额。因此,进项税额抵扣销项税额必须有扣税凭证。增值税扣税凭证是指增值税专用发票、海关进口增值税专用缴款书、农产品收购发票和农产品销售发票及运输费用结算单据等。

① 下列进项税额准予从销项税额中抵扣。

- 从销售方取得的增值税专用发票(含税控机动车销售统一发票)上注明的增值税额。
- 从海关取得的海关进口增值税专用缴款书上注明的增值税额。
- 购进农产品,除取得增值税专用发票或海关进口增值税专用缴款书外,按照农产品收购发票或销售发票上注明的农产品买价和13%的扣除率计算的进项税额。其中,农产品买价包括纳税人购进农产品在农产品收购发票或销售发票上注明的价款和按规定缴纳的烟叶税。进项税额的计算公式为:

$$进项税额 = 买价 \times 扣除率$$

- 从境外单位或个人购进服务、无形资产或不动产,自税务机关或扣缴义务人取得的解缴税款的完税凭证上注明的增值税额。

同步训练 3－23　属于增值税扣税凭证的有(　　　　)。

A. 增值税专用发票　　　　　　　　　B. 海关进口增值税专用缴款书

C. 农产品收购发票和农产品销售发票　　D. 运输费用结算单据

解析:正确答案是ABCD。见上述增值税进项税额的内容。

② 下列项目的进项税额不得从销项税额中抵扣。

纳税人购进货物或应税劳务,取得的增值税扣税凭证不符合法律、行政法规或国务院税务主管部门有关规定的,其进项税额不得从销项税额中抵扣。

- 用于简易计税方法计税项目、免征增值税项目、集体福利或个人消费的购进货物加工修理修配劳务、服务、无形资产和不动产。
- 非正常损失的购进货物,以及相关的加工修理修配劳务和交通运输劳务。
- 非正常损失的在产品、产成品所耗用的购进货物(不包括固定资产)、加工修理修配劳务和交通运输服务。
- 非正常损失的不动产,以及该不动产所耗用的购进货物、设计服务和建筑服务。
- 非正常损失的不动产在建工程所耗用的购进货物、设计服务和建筑服务。纳税人新建、改建、扩建、修缮、装饰不动产均属于不动产在建工程。
- 购进的旅客运输服务、贷款服务、餐饮服务、居民日常服务和娱乐服务。
- 财政部和国家税务总局规定的其他情形。

同步训练 3－24　进项税额不得从销项税额中抵扣的项目有(　　　　)。

A. 用于简易计税方法计税项目

B. 非正常损失的购进货物及相关的应税劳务

C. 用于免征增值税项目

D. 用于集体福利或个人消费

解析:正确答案是ABCD。见上述增值税进项税额的内容。

2. 进口的应税货物

进口的应税货物,按照组成计税价格和规定的增值税税率计算应纳税额,不得抵扣任何进项税额。应纳税额的计算公式为:

应纳税额＝组成计税价格×税率

组成计税价格＝关税完税价格＋关税＋消费税

3. 小规模纳税人销售货物或提供应税劳务

小规模纳税人销售货物或提供应税劳务,按照销售额和规定的征收率,实行简易办法计算应纳税额,不得抵扣进项税额。小规模纳税人增值税征收率为3%,征收率的调整由国务院决定。其计算公式为:

应纳税额＝销售额(不含税)×征收率

(五) 增值税征收管理

1. 纳税义务发生的时间

销售货物或应税劳务的纳税义务发生时间,为收讫销售款或取得索取销售款凭据的当天;进口货物的纳税义务发生时间为报关进口的当天。按销售结算方式的不同,纳税义务的发生时间具体规定如下。

① 采取直接收款方式销售货物,无论货物是否发出,均为收到销售款或取得索取销售款凭据的当天;先开具发票的,为开具发票的当天。

② 纳税人发生销售服务、无形资产或者不动产行为的,为收讫销售款或取得索取销售款凭据的当天;先开具发票的,为开具发票的当天。

③ 采取托收承付和委托银行收款方式销售货物,为发出货物并办妥托收手续的当天。

④ 采取赊销和分期收款方式销售货物,为书面合同约定的收款日期的当天,无书面合同的或书面合同没有约定收款日期的,为货物发出的当天。

⑤ 采取预收货款方式销售货物,为货物发出的当天,但生产销售生产工期超过12个月的大型机械设备、船舶、飞机等货物,为收到预收款或书面合同约定的收款日期的当天。纳税人提供有形动产租赁服务采取预收款方式的,其纳税义务发生时间为收到预收款的当天。纳税人提供建筑服务、租赁服务采取预收款方式的,其纳税义务发生时间为收到预收款的当天。

⑥ 委托其他纳税人代销货物,为收到代销单位的代销清单,或者收到全部或部分货款的当天。未收到代销清单及货款的,为发出代销货物满180天的当天。

⑦ 纳税人从事金融商品转让的,为金融商品所有权转移的当天。

⑧ 纳税人发生视同销售货物行为,为货物移送的当天。纳税人发生视同销售服务、无形资产或不动产行为的,其纳税义务发生时间为销售服务、无形资产转让完成的当天或不动产权属变更的当天。

⑨ 纳税人进口货物,纳税义务人发生时间为报关进口的当天。

⑩ 增值税扣缴义务人发生时间为纳税人增值税纳税义务发生当天。

2. 纳税期限

(1) 按期纳税

① 以1日、3日、5日、10日、15日为一期纳税的,自期满之日起5日内预交税款,于次月1日起15日内申报纳税并结清上月应纳税款。

② 以1个月、1个季度为一期纳税的,自期满之日起15日内申报纳税,其中以1个季度为纳税期限的规定仅适用于小规模纳税人、银行、财务公司、信托投资公司、信用社,以及财政部和国家税务总局规定的其他纳税人。

(2) 按次纳税

纳税人不能按照固定期限纳税的,可以按次纳税。

3. 纳税地点

纳税人进口货物,应当向报关地海关申报纳税。纳税人销售货物、应税服务、无形资产以及不动产,均应按照法律规定的地点申报纳税。

二、消费税

(一) 消费税的概念和征税范围

1. 消费税的概念

消费税是对在我国境内从事生产、委托加工及进口应税消费品的单位和个人征收的一

种流转税,是对特定消费品和特定消费行为在特殊环节征收的一种流转税。

**同步训练 3－25**　属于消费税纳税环节的有(　　　　)。

A. 生产环节　　B. 委托加工环节　　C. 进口环节　　D. 零售环节

解析:正确答案是 ABCD。见上述消费税的概念的内容。

2. 消费税的征税范围

(1) 生产应税消费品

生产应税消费品在生产销售环节征税。纳税人将生产的应税消费品换取生产资料、消费资料、投资入股、偿还债务,以及用于继续生产应税消费品以外的其他方面都应缴纳消费税。

(2) 委托加工应税消费品

委托加工应税消费品是指委托方提供原料和主要材料,受托方只收取加工费和代垫部分辅助材料加工的应税消费品。

① 委托加工的应税消费品,除受托方为个人外,由受托方在向委托方交货时代收代缴税款;委托个人加工的应税消费品,由委托方收回后缴纳消费税。

② 委托加工的应税消费品,委托方用于连续生产应税消费品的,所纳税款准予按规定抵扣;直接出售的,不再缴纳消费税。

(3) 进口的应税消费品

单位和个人进口的应税消费品,于报关进口时由海关代征消费税。

(4) 批发、零售应税消费品

零售环节征收消费税的金银首饰仅限于金基、银基合金首饰以及金、银和金基、银基合金的镶嵌首饰。

对既销售金银首饰,又销售非金银首饰的生产、经营单位,应将两类商品划分清楚,分别核算销售额。凡划分不清楚或不能分别核算的,在生产环节销售的,一律从高适用税率征收消费税。

金银首饰连同包装物一起销售的,无论包装物是否单独计价,也无论会计上如何核算,均应并入金银首饰的销售额,计征消费税。

纳税人采用以旧换新(含翻新改制)方式销售的金银首饰,应按实际收取的不含增值税的全部价款确定计税依据征收消费税。

(二) 消费税纳税人

消费税的纳税人是指在中国境内生产、委托加工和进口应税消费品的单位和个人。其中,“中国境内”是指生产、委托加工和进口属于应当缴纳消费税的消费品的起运地或所在地在境内;“单位”是指企业、行政单位、事业单位、军事单位、社会团体及其他单位;“个人”是指个体工商户及其他个人。

(三) 消费税税目与税率

1. 消费税税目

我国消费税税目共有 15 个,分别是:烟;酒;化妆品(高档);贵重首饰及珠宝玉石;鞭炮、焰火;成品油;摩托车;小汽车;高尔夫球及球具;高档手表;游艇;木质一次性筷子;实木地板;电池;涂料。其中还包括若干子目。

同步训练3-26 属于消费税税目的有(　　)。

A. 鞭炮　B. 成品油　C. 游艇　D. 汽车轮胎

解析:正确答案是ABC。见上述消费税税目的内容。

2. 消费税税率

消费税采用比例税率、定额税率和复合税率3种形式。

① 比例税率,包括高档化妆品(高档美容、修饰类化妆品、高档护肤类化妆品和成套化妆品)为15%;高档手表为20%;高尔夫球及球具和游艇税率为10%;木制一次性筷子和实木地板税率为5%;铅蓄电池和涂料的税率为4%等。

② 定额税率,包括黄酒为240元/吨,啤酒甲类为250元/吨、啤酒乙类为220元/吨;成品油中汽油的为1.52元/升、柴油为1.2元/升等。

③ 复合税率,包括卷烟和白酒。其中,生产环节的甲类卷烟为56%加0.003元/支、乙类卷烟为36%加0.003元/支,批发环节的卷烟为11%加0.005元/支;白酒为20%加0.5元/500克。

**同步训练3-27** 属于消费税税率形式的有(　　)。

A. 比例税率　B. 定额税率　C. 从量定额　D. 复合税率

解析:正确答案是ABD。见上述消费税税目与税率的内容。

(四) 消费税应纳税额

1. 从价定率征收

从价定率征收,即根据不同的应税消费品确定不同的比例税率,其计税依据是含消费税而不含增值税的销售额。实行从价定率征收的消费税应纳税额的计算公式为:

应纳税额=销售额(或组成计税价格)×税率

其中,应税消费品销售额是纳税人销售应税消费品向购买方收取的全部价款和价外费用。价外费用不包括这些项目:①购买方收取的增值税款;②符合税法规定条件的代垫运费。如果应税消费品的销售额实行价款和增值税款合并收取,在计算消费税时,应当换算为不含增值税税款的销售额。

2. 从量定额征收

从量定额征收,即根据不同的应税消费品确定不同的单位税额,其计税依据是销售应税消费品的实际销售数量。我国目前只对黄酒和啤酒、汽油和柴油4种消费品采用从量征收方法。实行从量定额征收的消费税应纳税额的计算公式为:

应纳税额=销售数量×单位税额

其中,一般销售数量应为销售应税消费品的实际销售数量,但其他情形除外:①自产自用应税消费品的计税依据,为应税消费品的移送使用数量;②委托加工应税消费品的计税依据,为纳税人收回的应税消费品数量;③进口的应税消费品的计税依据,为海关核定的应税消费品进口征税数量。

3. 复合计税征收

复合计税征收,即实行从量定额与从价定率相结合的复合计税方法征税,其计税依据分别是含消费税而不含增值税的销售额和实际销售数量。我国目前只对卷烟和白酒采用复合征收方法。实行复合计税征收的消费税应纳税额的计算公式为:

应纳税额 = 销售数量 × 单位税额 + 销售额(或组成计税价格) × 税率

**同步训练 3－28** 下列应税消费品中,适用复合计税方法计征的有(　　)。

A. 粮食白酒　　B. 酒精　　C. 成品油　　D. 摩托车

解析:正确答案是 A。见上述消费税税率的内容。

4. 应税消费品已纳税款扣除

应税消费品若是用外购已缴消费税的应税消费品连续生产出来的,在对这些连续生产出来的应税消费品征税时,按当期生产领用量计算准予扣除的外购应税消费品已缴纳的消费税款。

同步训练 3－29 某企业本月购入已交消费税的材料 30 000 元(不含税价)用于生产甲应税消费品,该材料的消费税税率是 20%;本月领用其中 20 000 元材料用于甲产品,生产出的甲产品全部销售,取得不含税销售额 42 000 元,甲应税消费品税率为 30%,则该企业当月应交的消费税税额为(　　)元。

A. 6 000　　B. 6 600　　C. 8 600　　D. 12 600

解析:正确答案是 C。即该企业当月应交的消费税税额为:42 000 × 30% － 20 000 × 20% = 8 600(元)。

5. 自产自用应税消费品应纳税额

纳税人自产自用应税消费品用于连续生产应税消费品的,不纳税;用于其他方面的,应按照纳税人生产的同类消费品销售价格计算纳税,没有同类消费品销售价格的,按组成计税价格计算纳税。

① 实行从价定率办法计税计算纳税的组成计税价格,其计算公式为:

组成计税价格 =(成本 + 利润) ÷(1 － 消费税税率)

② 实行复合计税办法计税计算纳税的组成计税价格,其计算公式为:

组成计税价格 =(成本 + 利润 + 自产自用数量 × 定额税率) ÷(1 － 比例税率)

6. 委托加工应税消费品应纳税额

委托加工应税消费品的由受托方交货时代扣代缴消费税。按照受托方的同类消费品销售价格计算纳税,没有同类消费品销售价格的,按组成计税价格计算纳税。

① 实行从价定率办法计税计算纳税的组成计税价格,其计算公式为:

组成计税价格 =(材料成本 + 加工费) ÷(1 － 消费税税率)

② 实行复合计税办法计税计算纳税的组成计税价格,其计算公式为:

组成计税价格 =(材料成本 + 加工费用 + 委托加工数量 × 定额税率) ÷(1 － 比例税率)

7. 进口应税消费品应纳税额

进口应税消费品按照组成计税价格计算纳税。

① 实行从价定率办法计税计算纳税的组成计税价格,其计算公式为:

组成计税价格 =(关税完税价格 + 关税) ÷(1 - 消费税税率)

② 实行复合计税办法计税计算纳税的组成计税价格,其计算公式为:

组成计税价格 =(关税完税价格 + 关税 + 进口数量 × 定额税率) ÷(1 - 比例税率)

(五) 消费税征收管理

1. 纳税义务发生时间

① 纳税人销售应税消费品的,按不同的销售结算方式分别为:采取赊销和分期收款结算方式的,为书面合同约定的收款日期的当天,书面合同没有约定收款日期或无书面合同的,为发出应税消费品的当天;采取预收货款结算方式的,为发出应税消费品的当天;采取托收承付和委托银行收款方式的,为发出应税消费品并办妥托收手续的当天;采取其他结算方式的,为收讫销售款或取得索取销售款凭据的当天。

② 纳税人自产自用应税消费品的,为移送使用的当天。

③ 纳税人委托加工应税消费品的,为纳税人提货的当天。

④ 纳税人进口应税消费品的,为报关进口的当天。

同步训练 3-30 根据《消费税暂行条例》的规定,纳税人采取预收货款结算方式销售应税消费品的,其纳税义务为(　　)。

A. 签订销售合同的当天　　B. 收到预收货款的当天

C. 发出应税消费品的当天　　D. 开具预收款发票的当天

解析:正确答案是 C。见上述内容。

2. 纳税期限

消费税的纳税期限分别为 1 日、3 日、5 日、10 日、15 日、1 个月或 1 个季度。纳税人的具体纳税期限,由主管税务机关根据纳税人应纳税额的大小分别核定;不能按照固定期限纳税的,可以按次纳税。

纳税人以 1 个月或 1 个季度为 1 个纳税期的,自期满之日起 15 日内申报纳税;以 1 日、3 日、5 日、10 日或 15 日为 1 个纳税期的,自期满之日起 5 日内预缴税款,于次月 1 日起 15 日内申报纳税并结清上月应纳税款。进口货物自海关填发税收专用缴款书之日起 15 日内缴纳。

同步训练 3-31 根据《消费税暂行条例》的规定,纳税人以 1 日、3 日、5 日、10 日或 15 日为 1 个纳税期的,自期满之日起(　　)内预交税款,于次月 15 日申报纳税并结清上交应纳税款。

A. 3 日　　B. 10 日　　C. 5 日　　D. 15 日

解析:正确答案是 C。见上述内容。

3. 纳税地点

消费税由税务机关征收,进口的应税消费品的消费税由海关代征。具体纳税地点如下。

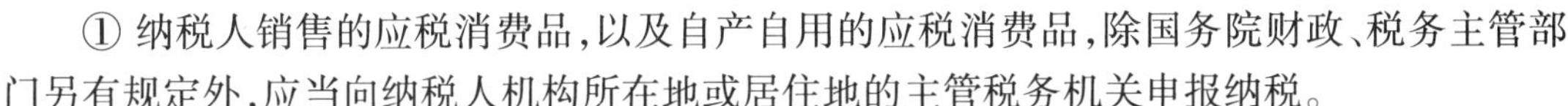

① 纳税人销售的应税消费品,以及自产自用的应税消费品,除国务院财政、税务主管部门另有规定外,应当向纳税人机构所在地或居住地的主管税务机关申报纳税。

② 委托加工的应税消费品,如果受托方不是个人,则由受托方向机构所在地或居住地的主管税务机关解缴消费税税款;如果受托方是个人,由委托方向其机构所在地或居住地主管税务机关申报纳税。

③ 进口的应税消费品,由进口人或代理人向报关地海关申报纳税。

④ 纳税人到外县(市)销售或委托外县(市)代销自产应税消费品的,于应税消费品销售后,向机构所在地或居住地主管税务机关申报纳税。

⑤ 纳税人的总机构与分支机构不在同一县(市)的,应当分别向各自机构所在地的主管税务机关申报纳税;经财政部、国家税务总局或其授权的财政、税务机关批准,可以由总机构汇总向总机构所在地的主管税务机关申报纳税。

三、企业所得税

(一) 企业所得税的概念

企业所得税是对在我国境内的企业或组织,就其生产、经营所得和其他所得征收的一种税。

1. 企业

企业是以营利为目的、从事生产经营活动的经济实体,是企业所得税法最主要的适用对象。它包括公司制企业和其他非公司制企业。对于个人独资企业和合伙企业,依照外国法律法规在境外成立的,应缴纳企业所得税;依照中国法律、行政法规成立的个人独资企业和合伙企业,不缴纳企业所得税。

2. 组织

组织主要包括事业单位、社会团体、民办非企业单位、基金会、商会、农民专业合作社和其他。

3. 经营所得

经营所得包括销售货物所得、提供劳务所得、转让财产所得、股息红利等权益性投资所得、利息所得、租金所得、特许权使用费所得、接受捐赠所得等。

4. 其他所得

其他所得是指除经营所得列举外的也应当缴纳企业所得税的所得,主要包括企业资产溢余所得、逾期未退包装物押金所得、确实无法偿付的应付款项、已做坏账损失处理后又收回的应收款项、债务重组所得、补贴所得、违约金所得、汇兑收益等。

同步训练 3-32　企业所得税是对在我国(　　)的企业或组织,就其生产、经营所得和其他所得征收的一种税。

A. 境内　　B. 境外　　C. 国有　　D. 私营

解析:正确答案是 A。见上述内容。

(二) 企业所得税纳税人和征税对象

企业所得税纳税人和征税对象如表 3.6 所示。

表3.6 企业所得税纳税人和征税对象

纳税人	判定标准	举例	征收对象
居民企业	依法在中国境内成立的企业	外商投资企业	来源于中国境内、境外的所得
	依照外国(地区)法律成立但实际管理机构在中国境内的企业	在美国注册的公司,但实际管理机构在我国境内	
非居民企业	依照外国(地区)法律成立且实际管理机构不在中国境内,但在中国境内设立机构、场所的企业	在我国设立有代表处及其他分支机构的外国企业	来源于中国境内的所得,以及发生在中国境外但与其设立机构、场所有实际联系的所得
	在中国境内未设立机构、场所,但有来源于中国境内所得的企业		来源于中国境内的所得

(三)企业所得税税率

① 基本税率为25%。适用于居民企业和在中国境内设立机构、场所且所得与其机构、场所有关联的非居民企业。

② 低税率。适用于在中国境内未设立机构、场所,或者在中国境内设立机构、场所的且所得与其机构、场所没有关联的非居民企业,应当就其来源于中国境内所得缴纳所得税,适用税率为20%。

③ 优惠税率。税法规定,对符合条件的小型微利企业,减按20%的税率征收企业所得税;对国家需要重点扶持的高新技术企业,减按15%的税率征收企业所得税。

(四)企业所得税应纳税所得额

企业所得税应纳税所得额是指企业每一纳税年度的收入总额,减除不征税收入、免税收入、各项扣除及允许弥补的以前年度亏损后的余额。这是企业所得税的计税基础。其计算公式为:

应纳税所得额 = 收入总额 - 不征税收入 - 免税收入 - 各项扣除 - 准予弥补的以前年度亏损

**同步训练 3-33** 在计算应纳税所得额时,可以从收入总额中扣除的项目有( )。

A. 免税收入　　B. 不征税收入

C. 允许弥补的以前年度亏损　　D. 各项扣除

解析:正确答案是ABCD。见上述企业所得税应纳税所得额的内容。

在计算应纳税所得额时,企业财务、会计处理办法与税收法律、行政法规的规定不一致时,应当依照税收法律、行政法规的规定计算。

企业所得税应纳税所得额的计算,以权责发生制为原则,即对收入的确认,凡是当期已经实现的收入,无论款项是否收到,都应当确认为当期的收入;凡是不属于当期的收入,即使款项已经收到,也不应当确认为当期的收入;对费用的扣除,凡是属于当期的费用,无论款项是否支付,均作为当期的费用;不属于当期的费用,即使款项已经在当期支付,也不能作为当期的费用。

1. 收入总额

收入总额是指企业以货币形式和非货币形式从各种来源取得的收入。它包括9个方面的内容。①销售货物收入。②提供劳务收入。③转让财产收入。④股息、红利等权益性投资收益。其中,权益性投资是指为取得对另一企业净资产的所有权而进行的投资,其主要是股权投资,收益与企业的经营效益挂钩,以投资额为限分享企业的盈利并承担企业的损失。股息、红利收入是企业从其被投资的企业利润中获得的分配收入,而不是转让股权的收入。⑤利息收入。⑥租金收入。⑦特许权使用费收入。⑧接受捐赠收入。⑨其他收入。

2. 不征税收入

不征税收入是指从性质和根源上不属于企业营利性活动带来的经济利益、不负有纳税义务并不作为应纳税所得额组成部分的收入。具体包括以下内容。

① 财政拨款。财政拨款是指各级政府对纳入预算管理的事业单位、社会团体等组织拨付的财政资金。界定财政拨款需要 3 个条件:一是拨款主体为各级政府;二是拨款对象为纳入预算管理的事业单位、社会团体等组织;三是拨款为财政资金,被列入预算支出的。需要注意的是,企业实际收到的财政补贴和税收返还等款项不是财政拨款,而是政府补助,属于征税收入。

② 依法收取并纳入财政管理的行政事业性收费、政府性基金。

③ 国务院规定的其他不征税收入。

**同步训练 3－34**　在计算应纳税所得额时,属于不征税收入项目的有(　　　　)。

A. 财政拨款　　　　B. 依法收取的行政事业性收费

C. 国债利息收入　　　　D. 依法收取的政府性基金

解析:正确答案是 ABD。见上述不征税收入的内容。

3. 免税收入

免税收入是指属于企业的应纳税所得但按照税法规定免予征收企业所得税的收入,包括以下内容。

① 国债利息收入。

② 符合条件的居民企业之间的股息、红利等权益性投资收益。

③ 在中国境内设立机构、场所的非居民企业从居民企业取得与该机构、场所有实际联系的股息、红利等权益性投资收益。

④ 符合规定条件的非营利组织的收入。

4. 准予扣除的项目

(1) 成本

成本是指企业在生产活动中发生的销售成本、销货成本、业务支出及其他耗费。

(2) 费用

费用是指企业在生产经营活动中发生的销售费用、管理费用和财务费用,已经计入成本的有关费用除外。

(3) 税金

税金是企业为取得经营收入实际发生的必要的、正常的支出。与企业发生的成本、费用性质相同,它是企业取得经营收入实际发生的经济负担,符合税前扣除的基本原则。企业所得税条例规定允许税前扣除的税收种类主要有消费税、营业税、资源税和城市维护建设税、教育费附加,以及房产税、车船税、耕地占用税、城镇土地使用税、车辆购置税、印花税等,但不包括增值税,因为增值税属于价外费用。

(4) 损失

损失是指企业在生产经营活动中发生的固定资产和存货的盘亏、毁损、报废损失,转让财产损失,呆账损失,坏账损失,自然灾害等不可抗力因素造成的损失及其他损失。

5. 不得扣除的项目

企业在计算应纳税所得额时,下列支出不得扣除。

① 向投资者支付的股息、红利等权益性投资收益款项。

② 企业所得税税款。

③ 税收滞纳金。

④ 罚金、罚款和被没收财物的损失。

⑤ 超过规定标准的捐赠支出。这是指超过在年利润总额12%以内扣除的公益性捐赠支出的捐赠支出。其中,年利润总额是指企业依照国家统一会计制度的规定计算的年度会计利润。公益性捐赠是指企业通过公益性社会团体或县级以上人民政府及其部门,用于《中华人民共和国公益事业捐赠法》(以下简称《公益事业捐赠法》)规定的公益事业的捐赠。《公益事业捐赠法》中规定的公益事业捐赠具体范围包括4项:救助灾害、救济贫困、扶助残疾人等困难的社会群体和个人的活动;教育、科学、文化、卫生、体育事业;环境保护、社会公共设施建设;促进社会发展和进步的其他社会公共和福利事业。

⑥ 赞助支出,是指企业发生的与生产经营活动无关的各种非广告性支出。

⑦ 未经核定的准备金支出。未经核定的准备金支出具体是指不符合国务院财政、税务主管部门规定的各项资产减值准备、风险准备等准备金支出。

⑧ 企业间支付的管理费、企业内营业机构之间支付的租金和特许权使用费,以及非银行企业内营业机构之间支付的利息。

⑨ 与取得收入无关的其他支出。

同步训练3-35 在计算应纳税所得额时,属于不得扣除项目的有(   )。

A. 税收滞纳金 B. 未经核定的准备金支出

C. 赞助支出 D. 年利润总额12%以内的公益性捐赠支出

解析:正确答案是ABC。见上述不得扣除的项目的内容。

6. 亏损弥补

(1) 亏损的界定

财务会计上的亏损是指当年总收益低于当年总支出。而税法上的亏损是指企业根据企业所得税法规定将每一纳税年度的收入总额减除不征税收入、免税收入和各项扣除以后小于0的数额。

亏损界定三要素的具体内容如下。

① 计算依据符合规定。即根据企业所得税法及其实施条例规定的收入总额和免税及各项扣除标准来计算亏损额。

② 计算公式为:应纳税所得额=每一纳税年度的收入总额-不征税收入-免税收入-各项扣除。

③ 计算出来的数额小于0。纳税人在计算应纳税所得额时,收入总额减除不征税收入、

免税收入和各项扣除后,其结果如果小于0,其小于0的数额即税法中规定可弥补的亏损。

(2) 亏损弥补方法

企业弥补亏损的方法很多:一是税前弥补,即企业所得税法规定的,企业纳税年度发生的亏损,准予向以后年度结转,用以后年度的所得弥补,但结转年限最长不得超过5年,5年内无论是盈利或亏损,都作为实际弥补期限计算;二是税后弥补;三是盈余公积补亏。

7. 相关费用扣除的具体规定

(1) 工资薪金

所谓工资薪金,是指企业每一纳税年度支付给在本企业任职或受雇的员工的所有现金形式,或者非现金形式的劳动报酬,包括基本工资、奖金、津贴、补贴、年终加薪、加班工资,以及与员工任职或受雇有关的其他支出。其扣除标准是合理的工资薪金支出。

(2) 社会保险费

① "五险一金"准予扣除。"五险一金"是指企业按规定为职工缴纳基本养老保险费、基本医疗保险费、失业保险费、工伤保险费、生育保险费等基本社会保险费和住房公积金。

② 补充保险费准予扣除。补充保险费是指企业为投资者或职工支付的补充养老保险费、补充医疗保险费,如果在国务院财政、税务主管部门规定范围和标准内,准予扣除。

③ 商业保险费按规扣除。根据企业所得税法规定,企业为投资者或职工支付的商业保险费,一般不得扣除。但是,企业依照国家有关规定为特殊工种职工支付的人身安全保险费和符合国务院财政、税务主管部门规定的其他商业保险费,准予扣除。

(3) 职工福利费、工会经费、职工教育经费的扣除规定

企业发生的职工福利费支出、工会经费、教育经费支出,不超过工资薪金总额的14%、2%、2.5%的部分,准予扣除。其中,对于职工教育经费支出超过扣除标准的部分,还准予在以后纳税年度结转扣除。

(4) 业务招待费支出

企业发生的与生产经营活动有关的业务招待费支出,按照发生额的60%扣除,但最高不得超过当年销售(营业)收入的5‰。

(5) 广告费、业务宣传费

企业发生的符合条件的广告费和业务宣传费支出,除国务院财政、税务主管部门另有规定外,不超过当年销售(营业)收入15%的部分,准予扣除;超过部分,准予在以后纳税年度结转扣除。

工作实例3-2　顺达公司2012年共实现税前收入1 800万元,其中,包括产品销售收入1 600万元,国库券利息收入200万元;发生各项成本费用共计1 250万元,其中,合理的工资薪金总额175万元,业务招待费90万元,职工福利费45万元,职工教育经费3万元,工会经费9万元,税收滞纳金15万元,提取的各项准备金支出100万元(均未经税务部门批准),其他成本费用支出均符合税法规定。该企业所得税税率为25%。要求:根据上述资料,计算该企业应缴纳的所得税。

实例解析:(1) 免税收入。该企业收入总额1 800万元中的国库券利息收入200万元,属于免税收入,不构成应纳税所得额。

(2) 业务招待费的扣除。企业业务招待费实际发生90万元,根据规定,业务招待费支

出按照发生额的60%扣除,但最高不得超过当年销售(营业)收入的5‰,故应选择两者较低者为扣除额。

即按照发生额计算的扣除额为90×60%=54(万元),按当年销售(营业)收入的5‰计算的最高扣除额为1 600×5‰=8(万元),因此业务招待费在税前只能扣除8万元。

(3) 职工福利费、职工教育经费、工会经费的扣除。该企业实际支付职工福利费45万元,扣除限额为175×14%=24.5(万元);工会经费9万元,扣除限额为175×2%=3.5(万元);职工教育经费3万元,扣除限额为175×2.5%=4.375(万元),即实际支付职工教育经费小于扣除限额,准予抵扣。

(4) 不得扣除项目。该企业实际支付的税收滞纳金为15万元,提取的各项准备金支出为100万元(均未经税务部门批准),不得扣除。

(5) 应纳所得税额。应纳税所得额=收入总额-不征税收入-免税收入-各项扣除-以前年度亏损=(1 800-200)-[1 250-(90-8)-(45-24.5)-(9-3.5)-15-100]=573(万元);应纳所得税额=应纳税所得额×所得税税率=573×25%=143.25(万元)。

(五) 企业所得税征收管理

1. 纳税地点

居民企业以企业登记注册地为纳税地点,但登记注册地在境外的,以实际管理机构所在地为纳税地点。居民企业在中国境内设立不具有法人资格的营业机构的,应当汇总计算并缴纳企业所得税。

非居民企业以机构、场所所在地为纳税地点。非居民企业在中国境内设立两个或两个以上机构、场所的,经税务机关审核批准,可以选择由其主要机构、场所汇总缴纳企业所得税。

2. 纳税申报与期限

企业所得税纳税申报方式是按年计征、分月或分季度预缴、年终汇算清缴,多退少补。

(1) 按年计征

按年计征是指企业所得税按纳税年度计算。纳税年度是指自公历1月1日起至12月31日止。其中,当实际经营期不足12个月时,如企业在一个纳税年度中间开业或终止经营活动的,应当以其实际经营期为一个纳税年度;当企业依法清算时,应以清算期间作为一个纳税年度。

工作实例3-3 兴顺企业主要经营建筑装饰材料,于2013年5月18日正式成立开业。

实例解析:根据企业所得税税法规定,该企业应以开业之日2013年5月18日至12月31日为一个纳税年度;次年从2014年1月1日至12月31日为一个纳税年度。

(2) 分期预缴

分期预缴是指企业所得税分月或分季预缴。企业应当自月份或季度终了之日起15日内,向税务机关报送预缴企业所得税纳税申报表,预缴税款。当实行分月预交时,每一月份的最后一日为纳税义务发生时间;当实行分季预交时,每一季度的最后一日为纳税义务发生时间。

同步训练 3－36　根据企业所得税法规定企业所得税分月或分季预缴，企业应当自月份或季度终了之日起（　　　）内，向税务机关报送预缴企业所得税纳税申报表，预缴税款。

A. 15 日　　B. 3 个月　　C. 5 个月　　D. 60 日

解析：正确答案是 A。见上述分月或分季度预缴的内容。

（3）汇算清缴

① 汇算清缴是指纳税人在纳税年度终了后规定时期内，依照税收法律、法规、规章及其他有关企业所得税的规定，自行计算全年应纳税所得额和应纳所得税额，根据月度或季度预缴的所得税数额，确定该年度应补或应退税额，并填写年度企业所得税纳税申报表，向主管税务机关办理年度企业所得税纳税申报、提供税务机关要求提供的有关资料、结清全年企业所得税税款的行为。

② 汇算清缴时间。根据企业所得税法规定，企业应于年度终了之日起 5 个月内汇算清缴，多退少补；企业在年度中间终止经营活动的，应当自实际经营终止之日起 60 日内，向税务机关办理当期企业所得税汇算清缴。

③ 报送资料。企业在报送企业所得税纳税申报表时，应当按照规定附送财务会计报告和其他有关资料；企业应当在办理注销登记前，就其清算所得向税务机关申报并依法缴纳企业所得税。

④ 计量单位。依照企业所得税法规定缴纳的企业所得税，以人民币计算。所得以人民币以外的货币计算的，应当折合成人民币计算并缴纳税款。

四、个人所得税

（一）个人所得税的概念

个人所得税是指对个人（即自然人）取得的各项应税所得征收的一种税。

（二）个人所得税的纳税义务人

个人所得税的纳税人包括中国公民、个体工商户、合伙企业、个人独资企业及在中国有所得的外籍人员（包括无国籍人员）和中国香港、澳门、台湾同胞等。个人所得税扣缴义务人是指支付所得的单位或个人。个人所得税的纳税人分为居民纳税人和非居民纳税人。

（三）个人所得税的征税范围

对于居民纳税人，应就来源于中国境内和境外的全部所得征税；对于非居民纳税人，则只就来源于中国境内所得部分征税。居民纳税人是指在中国境内有住所，或者无住所而在境内居住满一年的个人；非居民纳税人是指在中国境内无住所又不居住，或者无住所而在境内居住不满一年的个人。个人取得的应纳税所得包括现金、实物和有价证券。

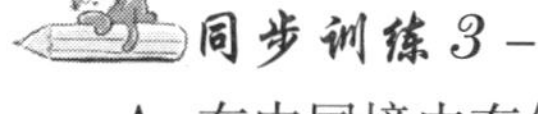

同步训练 3－37　关于居民纳税人表述正确的有（　　　）。

A. 在中国境内有住所　　B. 无住所而在境内居住满一年的个人

C. 无住所又不居住　　D. 无住所而在境内居住不满一年的个人

解析：正确答案是 AB。见上述个人所得税的征税范围的内容。

(四) 个人所得税的应税项目和税率

1. 个人所得税应税项目

我国个人所得税共11个应税项目,具体内容如下。

① 工资、薪金所得。这是指个人因任职或受雇而取得的工资、薪金、奖金、年终加薪、劳动分红、津贴、补贴,以及与任职或受雇有关的其他所得。但不包括独生子女补贴、托儿补助费、差旅费津贴、误餐补助等。

② 个体工商户的生产、经营所得。

③ 企业、事业单位的承包经营、承租经营所得。这是指个人承包经营、承租经营及转包、转租取得的所得,包括个人按月或按次取得的工资、薪金性质的所得。

④ 劳务报酬所得。这是指个人独立从事非雇佣的各种劳务取得的所得。它包括设计、装潢、安装、制图、化验、测试、医疗、法律、会计、咨询、讲学、新闻、广播、翻译、审稿、书画、雕刻、影视、录音、录像、演出、表演、广告、展览、技术服务、介绍服务、经纪服务、代办服务及其他劳务等。

⑤ 稿酬所得。这是指个人因其作品以图书、报刊形式出版、发表而取得的所得。

⑥ 特许权使用费所得。它包括个人提供专利权、商标权、著作权、非专利技术及其他特许权的使用权取得的所得,但不包括稿酬所得。

⑦ 利息、股息、红利所得。这是指个人拥有债权、股权而取得的利息、股息、红利所得。

⑧ 财产租赁所得。这是指个人出租建筑物、土地使用权、机器设备、车船及其他财产取得的所得。

⑨ 财产转让所得。这是指个人转让有价证券、股权、建筑物、土地使用权、机器设备、车船及其他财产取得的所得。

⑩ 偶然所得。这是指个人得奖、中奖、中彩及其他偶然性质的所得。

⑪ 经国务院财政部门确定征税的其他所得。

2. 个人所得税税率

个人所得税税率实行超额累进税率与比例税率相结合的税率。具体规定如下。

① 工资、薪金所得适用税率。工资、薪金所得适用3%~45%的超额累进税率,如表3.7所示。

表3.7 工资、薪金所得适用的税率

级数	全月应纳税所得额		税率/(%)	速算扣除数/元
	含税级距	不含税级距		
1	不超过1 500元的	不超过1455元的	3	0
2	超过1 500元至4 500元的部分	超过1 455元至4 155元的部分	10	105
3	超过4 500元至9 000元的部分	超过4 155元至7 755元的部分	20	555
4	超过9 000元至35 000元的部分	超过7 755元至27 255元的部分	25	1 005
5	超过35 000元至55 000元的部分	超过27 255元至41 255元的部分	30	2 755
6	超过55 000元至80 000元的部分	超过41 255元至57 505元的部分	35	5 505
7	超过80 000元的部分	超过57 505元的部分	45	13 505

② 个体工商户的生产、经营所得和对企事业单位的承包经营、承租经营所得,适用

5%～35% 的超额累进税率，如表 3.8 所示。

表 3.8 个体工商户的生产、经营所得和对企事业单位的承包经营、承租经营所得适用的税率

级数	全年应纳税所得额		税率/(%)	速算扣除数/元
	含税级距	不含税级距		
1	不超过 15 000 元的	不超过 14 250 元的	5	0
2	超过 15 000 元至 30 000 元的部分	超过 14 250 元至 27 750 元的部分	10	750
3	超过 30 000 元至 60 000 元的部分	超过 27 750 元至 51 750 元的部分	20	3 750
4	超过 60 000 元至 100 000 元的部分	超过 51 750 元至 79 750 元的部分	30	9 750
5	超过 100 000 元的部分	超过 79 750 元的部分	35	14 750

③ 稿酬所得适用税率。稿酬所得适用比例税率，税率为 20%，并按应纳税额减征 30%，其实际税率为 14%。

④ 劳务报酬所得适用税率。劳务报酬所得适用比例税率，税率为 20%。对劳务报酬所得一次收入畸高的，可以实行加成征收。所谓劳务报酬所得一次收入畸高，是指个人一次取得劳务报酬，其应纳税所得额超过 20 000 元。加成征收采用超额累进税率计算，具体适用税率如表 3.9 所示。

表 3.9 劳务报酬所得适用的税率

级数	每次应纳税所得额	税率/(%)	速算扣除数/元
1	不超过 20 000 元的	20	0
2	超过 20 000 元至 50 000 元的部分	30	2 000
3	超过 50 000 元的部分	40	7000

⑤ 特许权使用费所得，利息、股息、红利所得，财产租赁所得，财产转让所得，偶然所得和其他所得，税率为 20%。

**同步训练 3－38** 各项所得中，可按应纳税所得减 30% 计征个人所得税的是(　　)。

A. 劳务报酬　　B. 特许权使用费　　C. 财产租赁所得　　D. 稿酬

解析：正确答案是 D。见上述个人所得税税率的内容。

**同步训练 3－39** 个人所得税中，可采用比例税率计算所得税的有(　　)。

A. 劳务报酬　　B. 保险赔偿所得　　C. 财产租赁所得　　D. 偶然所得

解析：正确答案是 ACD。见上述个人所得税税率的内容。

(五) 个人所得税应纳税所得额

1. 工资薪金所得

以每月收入额减除费用扣除额后的余额，为应纳税所得额。如何界定个人收入、准予扣除项目、法定免税项目和费用扣除标准等内容，是计算工资薪金所得的关键和基础。

(1) 扣除项目

扣除项目是指税法规定准予从每月收入总额中扣除的项目。具体包括以下内容。

①“三险一金”。按照国家规定,单位为个人缴付和个人缴付的基本养老保险费、基本医疗保险费、失业保险费、住房公积金,可以从纳税义务人的应纳税所得额中扣除,但超过规定范围数额不准扣除。此外,工伤保险和生育保险完全是由企业承担的,个人不需要缴纳。因此,在计算个人所得税时不涉及扣除问题。

② 公益事业捐赠。个人对教育事业和其他公益事业的捐赠,是指个人将其所得通过中国境内的社会团体、国家机关向教育和其他社会公益事业及遭受严重自然灾害地区、贫困地区的捐赠。捐赠额未超过纳税义务人申报的应纳税所得额30%的部分,可以从其应纳税所得额中扣除。

(2) 法定免税项目

法定免税项目具体包括以下内容。

① 奖金。省级人民政府、国务院部委和中国人民解放军军以上单位,以及外国组织、国际组织颁发的科学、教育、技术、文化、卫生、体育、环境保护等方面的奖金。

② 国债利息。国债利息是指个人持有中华人民共和国财政部发行的债券和经国务院批准发行的金融债券而取得的利息所得。

③ 补贴、津贴。补贴、津贴是指按照国务院规定发给的政府特殊津贴、院士津贴、资深院士津贴,以及国务院规定免税的其他补贴、津贴。

④ 福利费、抚恤金、救济金。福利费、抚恤金和救济金均属于生活补助费用,只是具体支付形式不同。其中,福利费是指按国家有关规定,从提留的福利费或工会经费中支付给个人的生活补助费;抚恤金是指对死者家属或伤残职工发给的生活补助费用;救济金是指国家民政部门支付给个人的生活困难补助费。

⑤ 保险赔款。

⑥ 转业复员费。转业复员费是指军人的转业费、复员费。

⑦ 安家费、退职费、退休工资、离休工资、离休生活补助费。

⑧ 外交人员所得。按规定应予免税的各国驻华使馆、领事馆的外交代表、领事官员和其他人员的所得。

⑨ 协议免税所得。中国政府参加的国际公约、签订的协议中规定免税的所得。

⑩ 其他所得。经国务院财政部门批准免税的所得。

(3) 减除费用

工资薪金的减除费用分为标准减除费用和附加减除费用。

标准减除费用是指税法规定的计算工资薪金所得时,准予每月扣除的费用标准。自个人所得税法规颁布实施以来,月减除费用标准从最初的1 600元,到2 000元,再到现在的3 500元(2011年9月实施),实现了三级跳,其调整的依据是居民的平均收入水平、生活水平及汇率变化等因素。

附加减除费用是指每月在减除3 500元费用的基础上,再减除1 300元的标准。具体适用范围如下。

① 外籍人员。即在中国境内的外商投资企业和外国企业中工作的外籍人员。

② 外籍专家。即应聘在中国境内的企业、事业单位、社会团体、国家机关中工作的外籍专家。

③ 境外从业人员。即在中国境内有住所而在中国境外任职或受雇取得工资、薪金所得

的个人。

④ 其他人员。国务院财政、税务主管部门确定的其他人员。

（4）计算公式

$$
\begin{aligned}
\text{应纳税额} &= \text{应纳税所得额} \times \text{适用税率} - \text{速算扣除数} \\
&= (\text{每月收入额} - 3\,500) \times \text{适用税率} - \text{速算扣除数}
\end{aligned}
$$

2. 个体工商户的生产经营所得

$$
\text{个体工商户的生产经营所得} = \text{全年生产经营收入} - \text{成本、费用及损失}
$$

$$
\begin{aligned}
\text{应纳税额} &= \text{应纳税所得额} \times \text{适用税率} - \text{速算扣除数} \\
&= (\text{全年收入总额} - \text{成本费用及损失}) \times \text{适用税率} - \text{速算扣除数}
\end{aligned}
$$

3. 对企事业单位的承包经营、承租经营所得

对企事业单位的承包经营、承租经营所得指个人承包经营、承租经营及转包、转租取得的所得，包括个人按月或按次取得的工资、薪金性质的所得。其计算公式为：

$$
\begin{aligned}
\text{应纳税额} &= \text{应纳税所得额} \times \text{适用税率} - \text{速算扣除数} \\
&= (\text{纳税年度收入总额} - \text{必要费用}) \times \text{适用税率} - \text{速算扣除数}
\end{aligned}
$$

4. 劳务报酬所得

根据个人所得税税法规定，劳务报酬所得、稿酬所得、特许权使用费所得、财产租赁所得，每次收入不超过 4 000 元的，减除费用 800 元；4 000 元以上的，减除 20% 的费用，其余额为应纳税所得额。应纳所得税额按次计征，其计算公式为：

（1）每次收入不足 4 000 元的

$$
\begin{aligned}
\text{应纳税额} &= \text{应纳税所得额} \times \text{适用税率} \\
&= (\text{每次收入额} - 800) \times 20\%
\end{aligned}
$$

（2）每次收入在 4 000 元以上 20 000 元以下的

$$
\begin{aligned}
\text{应纳税额} &= \text{应纳税所得额} \times \text{适用税率} \\
&= \text{每次收入额} \times (1 - 20\%) \times 20\%
\end{aligned}
$$

（3）每次收入超过 20 000 元的

$$
\begin{aligned}
\text{应纳税额} &= \text{应纳税所得额} \times \text{适用税率} - \text{速算扣除数} \\
&= \text{每次收入额} \times (1 - 20\%) \times \text{适用税率} - \text{速算扣除数}
\end{aligned}
$$

5. 稿酬所得

稿酬所得应纳所得税额按次计征，其计算公式如下。

（1）每次收入不足 4 000 元的

$$
\begin{aligned}
\text{应纳税额} &= \text{应纳税所得额} \times \text{适用税率} \times (1 - 30\%) \\
&= (\text{每次收入额} - 800) \times 20\% \times (1 - 30\%)
\end{aligned}
$$

（2）每次收入在 4 000 元以上的

$$
\begin{aligned}
\text{应纳税额} &= \text{应纳税所得额} \times \text{适用税率} \times (1 - 30\%) \\
&= \text{每次收入额} \times (1 - 20\%) \times 20\% \times (1 - 30\%)
\end{aligned}
$$

6. 财产转让所得

财产转让所得应纳所得税额按次计征,其计算公式如下。

应纳税额 = 应纳税所得额 × 适用税率
= (收入总额 - 财产原值 - 合理费用) × 20%

7. 利息、股息、红利所得

应纳税额 = 应纳税所得额 × 适用税率
= 每次收入额 × 20%

8. 关于"次"的确定方法

① 劳务报酬所得,属于一次性收入的,以取得该项收入为一次;属于同一项目连续性收入的,以一个月内取得的收入为一次。

② 稿酬所得,以每次出版、发表取得的收入为一次。

③ 特许权使用费所得,以一项特许权的一次许可使用取得的收入为一次。

④ 财产租赁所得,以一个月内取得的收入为一次。

⑤ 利息、股息、红利所得,以支付利息、股息、红利时取得的收入为一次。

⑥ 偶然所得,以每次取得该项收入为一次。

工作实例3-4 作家王某是一名自由工作者,2016年开了一家书店并取得个体工商户营业执照。其2016年收入为:①王某被某电视台"十一"文艺晚会组聘为顾问,取得顾问费3 000元;②在某高校中文系兼职上课,每月两次,每次课酬400元;③与某高校两位老师共写一本书,共得稿费24 000元,其中,王某是主编获得稿费12 000元,其余稿费另外两人平分;④出版个人作品集,取得收入20 000元;⑤王某书店全年销售额80 000元,扣除进货成本、税金、费用后,纯收入30 000元。根据上述资料,计算王某在2016年应交的个人所得税。

实例解析:(1) 取得顾问费3 000元,属于劳务报酬所得,按每次计税。应交税额 = (3 000 - 800) × 20% = 440(元)。

(2) 每月两次,每次课酬400元,属于劳务报酬所得,按每次计税。根据税法规定同一项目连续性收入的,以一个月内取得的收入为一次。因此,每月两次按一次计算共计取得收入800元,而税法规定减除费用800元,因此王某该项所得不交个人所得税。

(3) 出书共得稿费24 000元,其中,王某是主编获得稿费12 000元,其余稿费另外2人平分。该项所得为稿酬所得,实际税率为14%,费用扣除率为20%。应交的个人所得税如下:

王某应纳税额 = 12 000 × (1 - 20%) × 20% × (1 - 30%) = 1 344(元)

其余两人各纳个人所得税额 = 6 000 × (1 - 20%) × 20% × (1 - 30%) = 672(元)

(4) 出版个人作品集,取得收入20 000元,属于稿酬所得,实际税率为14%,费用扣除率为20%。王某该项所得应纳税额 = 20 000 × (1 - 20%) × 20% × (1 - 30%) = 2 240(元)。

(5) 王某书店全年销售额为80 000元,扣除进货成本、税金、费用后,纯收入30 000元,属于个体工商户经营所得,适用5级超额累进税率5%~35%中的2级,税率为10%,速算扣除数为750元,则王某2016年书店收入应缴纳个人所得税 = 30 000 × 10% - 750 =

2 250(元)。

王某在2016年应交的个人所得税=440+1 344+2 240+2 250=6 274(元)。

（六）个人所得税征收管理

1. 自行申报纳税

凡依据个人所得税法负有纳税义务的纳税人，有下列情形之一的，应当按照本办法的规定办理纳税申报。

① 年所得12万元以上的。

② 从中国境内两处或两处以上取得工资、薪金所得的。

③ 从中国境外取得所得的。

④ 取得应税所得，没有扣缴义务人的。

⑤ 国务院规定的其他情形。

年所得12万元以上的纳税义务人，在年度终了后3个月内到主管税务机关办理纳税申报。

2. 代扣代缴

代扣代缴是以支付所得的单位或个人为扣缴义务人。税务机关应根据扣缴义务人扣缴的税款，付给2%的手续费，由扣缴义务人用于代扣代缴费用开支和奖励代扣代缴工作做得较好的办税人员。

3. 纳税申报时间

① 扣缴义务人每月所扣的税款，自行申报纳税人每月应纳的税款，都应当在次月15日内缴入国库，并向税务机关报送纳税申报表。

② 个体工商户的生产、经营所得应纳的税款，按年计算，分月预缴，由纳税义务人在次月15日内预缴，年度终了后3个月内汇算清缴，多退少补。

③ 对企事业单位的承包经营、承租经营所得应纳的税款，按年计算，由纳税义务人在年度终了后30日内缴入国库，并向税务机关报送纳税申报表。纳税义务人在一年内分次取得承包经营、承租经营所得的，应当在取得每次所得后的15日内预缴，年度终了后3个月内汇算清缴，多退少补。

④ 从中国境外取得所得的纳税义务人，应当在年度终了后30日内，将应纳的税款缴入国库，并向税务机关报送纳税申报表。

第三节 税收征管

工作疑问

1. 在实际工作中，发生应税行为就需要进行税务登记吗？
2. 消费者购买商品如何开具发票？发票应具备哪些要素？
3. 纳税人如何进行纳税申报？纳税申报的方式有几种？
4. 税款的征收方式有几种？
5. 为了保证税款及时入库，应采取哪些措施？
6. 什么是税务代理？个人能否承担税务代理工作？

税收征收管理是指税务机关代表国家行使征税权,指导纳税人履行纳税义务,对日常税收活动依法进行组织、管理、监督、检查的活动。税收征收管理是实现税收职能的必要手段。为了加强税收征收管理,规范税收征收和缴纳行为,保障国家税收收入,保护纳税人的合法权益,促进经济和社会发展,《税收征收管理法》于1992年颁布,并于1993年1月1日施行。实施后的《税收征收管理法》于2001年(第二次)修订并在2001年5月1日实施。根据《税收征收管理法》,2002年国务院颁布了《中华人民共和国税收征收管理法实施细则》(以下简称《实施细则》),并于2002年10月15日起施行。

根据《税收征收管理法》规定,税收征管包括税务登记,账簿、凭证管理,发票管理,纳税申报,税款征收,税务代理,税务检查及法律责任等环节。

一、税务登记

为了规范税务登记管理,加强税源监控,根据《税收征收管理法》及《实施细则》的规定,2003年11月20日国家税务总局审议通过《税务登记管理办法》,并于2004年2月1日起施行。2014年12月19日国家税务总局在2014年度第4次局务会议上,审议通过了修改《税务登记管理办法》,并从2015年3月1日起施行。税务登记主要包括设立登记,变更登记,停业、复业登记,注销登记,外出经营报验登记,纳税人税种登记,扣缴税款登记等。

同步训练3-40 税务登记的种类包括(　　　　)。

A. 设立登记　　B. 停业登记　　C. 变更登记　　D. 复业登记

解析:正确答案是ABCD。见上述税务登记的内容。

(一)税务登记的概念

税务登记是税务机关依据税法规定,对纳税人的生产、经营活动进行登记管理的一项法定制度。它是税务机关对纳税人实施税收管理的首要环节和基础工作,是征纳双方法律关系成立的依据和证明,也是纳税人必须依法履行纳税义务的法定手续。

(二)税务登记的规定

1. 税务登记人

根据《税务登记管理办法》规定,凡有法律、法规规定的应税收入、应税财产、应税行为的各类纳税人,均按规定办理税务登记。具体包括以下两类纳税人。

① 纳税人。需要按规定办理税务登记的纳税人有企业、企业在外地设立的分支机构和从事生产、经营的场所,个体工商户和从事生产、经营的事业单位及其他纳税人,但国家机关、个人和无固定生产、经营场所的流动性农村小商贩的纳税人,可以不用办理税务登记。

② 扣缴义务人。根据规定负有扣缴税款义务的扣缴义务人(国家机关除外),应当办理扣缴税款登记。

2. 税务登记的主管机关及其职责

① 税务登记的主管机关。税务登记的主管税务机关是指县以上国家税务局(分局)、地方税务局(分局)。

② 税务登记的主管机关的职责。主要负责设立登记、变更登记、注销登记和税务登记证验证、换证以及非正常户处理、报验登记、自然人登记、社会保险费登记、税源项目登记以

及登记户日常管理等有关事项。

③ 办税原则。按照国务院规定的税收征收管理范围，实施属地管理，采取联合登记或分别登记的方式办理税务登记。具备条件的城市，国家税务局（分局）、地方税务局（分局）可以按照“各区分散受理、全市集中处理”的原则办理税务登记。②税务登记地点争议管理原则。税务机关对纳税人税务登记地点发生争议的，由其上一级国家税务局、地方税务局共同协商解决。

3. “五证合一、一照一码”相关规定

“五证合一、一照一码”是指纳税人原来分别到工商、质检、税务、人力社保、统计 5 个部门办理的营业执照、组织机构代码证、税务登记证、社会保险登记证和统计登记证合并为一个营业执照，5 个代码合并为一个统一社会信用代码。

**同步训练 3－41**　关于“五证合一”表述正确的是（　　　　）。

A. 营业执照　　B. 发票登记证　　C. 税务登记证　　D. 组织机构代码证

解析：正确答案是 ACD。见上述“五证合一，一照一码”的内容。

统一社会信用代码具有全覆盖、稳定、唯一的特点，即一个主体只能拥有一个统一代码，一个统一代码只能赋予一个主体。主体注销后，该代码将被留存，保留回溯查询功能。

**同步训练 3－42**　关于“统一社会信用代码”的表述正确的有（　　　　）。

A. 具有全覆盖的特点　　B. 具有唯一

C. 具有回溯查询功能　　D. 一个统一代码只能赋予两个主体

解析：正确答案是 ABC。见上述统一社会信用代码的内容。

知识拓展

统一社会信用代码由 18 位，5 个部分组成：第一部分（第 1 位）为登记管理部门代码，9 表示工商部门；第二部分（第 2 位）为机构类别代码，2 表示个体工商户；第三部分（第 3—8 位）为登记管理机关行政区划码；第四部分（第 9—17 位）为主体识别码；第五部分（第 18 位）为校验码。

（三）设立税务登记

1. 概念

设立登记是指从事生产经营的纳税人，经国家工商行政管理部门批准开业后办理的纳税登记。

2. 设立登记的对象

① 领取营业执照从事生产、经营的纳税人。这主要包括：企业，如国有、集体、私营企业，中外合资合作企业、外商独资企业，以及各种联营、联合、股份制企业等；企业在外地设立的分支机构和从事生产、经营的场所；个体工商户；从事生产、经营的事业单位。

② 其他纳税人。根据有关法规规定，不从事生产、经营，但依照法律、法规的规定负有纳税义务的单位和个人，除临时取得应税收入或发生应税行为及只缴纳个人所得税、车船税

的以外,都应按规定向税务机关办理税务登记。

3. 新设立登记要求

已实行"五证合一、一照一码",工商登记"一个窗口"统一受理申请后,申请材料、登记材料和登记信息在部门间共享,各部门数据互换、档案互认。不用进行税务登记,不再领取税务登记证。当企业办理涉税事宜时,在补充涉税基础信息后,营业执照即可代替税务登记证使用。

需要注意的是,对于纳税人而言,纳税人进行设立登记后,还要进行税种登记。即税务机关根据纳税人的生产经营范围及税法的有关规定,对纳税人的纳税事项和应税项目进行核定税种;对扣缴义务人而言,已办理税务登记的扣缴义务人,在扣缴义务发生后应向税务登记地税务机关申报办理扣缴税款登记。

(四) 变更登记

1. 概念

变更登记是指纳税人在办理税务登记后,原登记的内容发生变化时向原税务登记机关申报办理税务登记。

2. 变更登记的适用范围及要求

(1) 适用范围

纳税人办理税务登记后,如果发生这些情形之一,应当办理变更税务登记:发生改变名称、改变法定代表人、改变经济性质或经济类型、改变住所和经营地点(不涉及主管税务机关变动的,否则先注销再设立)、改变生产经营或经营方式、增减注册资金(资本)、改变隶属关系、改变生产经营期限、改变或增减银行账号、改变生产经营权属及改变其他税务登记内容的。

(2) 旧变更登记要求

纳税人已在工商行政管理机关办理变更登记的,应当自工商行政管理机关变更登记之日起30日内;不需要在工商行政管理机关办理变更登记,或者其变更登记的内容与工商登记内容无关的,应当自发生变化之日起30日内,持有关证件向原税务登记机关申报办理变更税务登记。

同步训练3-43 从事生产、经营的纳税人,税务登记内容发生变化的,应当自工商行政管理机关办理变更登记之日起(　　)内,向原税务机关申报办理变更税务登记。

A. 10日　　B. 30日　　C. 15日　　D. 60日

解析:正确答案是B。见上述变更登记的范围及时间要求的内容。

(3) 新变更登记要求

实行"五证合一、一照一码"后,对于工商登记采集信息外的其他涉税基础信息发生变化的,纳税人直接向税务机关申报变更,税务机关及时更新税务系统中的企业信息。

(五) 停业、复业登记

1. 概念

停业、复业登记是纳税人暂停和恢复生产经营活动而办理的纳税登记。

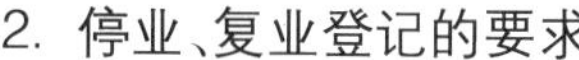

2. 停业、复业登记的要求

(1) 适用范围

实行定期定额征收方式的个体工商户需要停业的,应当在停业前向税务机关申报办理停业登记。在纳税人恢复生产经营之前,应当于恢复生产经营之前向税务机关申报办理复业登记。纳税人的停业期限不得超过一年。

(2) 工作程序

① 停业登记。纳税人在申报办理停业登记时,应如实填写停业申请登记表,说明停业理由、停业期限、停业前的纳税情况和发票的领、用、存情况,并结清应纳税款、滞纳金、罚款。税务机关应收存其税务登记证件及副本、发票领购簿、未使用完的发票和其他税务证件;纳税人在停业期间发生纳税义务的,应当按照税收法律、行政法规的规定申报缴纳税款;纳税人停业期满不能及时恢复生产经营的,应当在停业期满前向税务机关提出延长停业登记申请,并如实填写《停、复业报告书》。

② 复业登记。首先应于恢复生产经营之前,申报办理复业登记,然后填写《停、复业报告书》,领回并启用税务登记证件、发票领购簿及停业前领购的发票。

(六) 注销登记

1. 概念

注销登记是指纳税人发生解散、破产、撤销及依法终止纳税义务的其他情形时,应当在向工商行政管理机关或其他机关办理注销登记前,持有关证件和资料向原税务登记机关申报办理税务登记

2. 注销登记的适用范围及规定

(1) 适用范围

注销登记的适用范围包括因经营期限届满而自动解散;因改组、分立、合并等情形而被撤销;因资不抵债而破产;因住所、经营地点迁移而涉及改变税务登记机关的;因被工商行政管理机关吊销营业执照的及纳税人依法终止履行纳税义务的其他情形。

(2) 旧注销登记规定

注销登记一般是在15日内办理。例如,在向工商行政管理机关或其他机关申请办理变更、注销登记前;住所、经营地点变动前;被吊销营业执照之日起;境外企业在中国境内承包建筑、安装、装配、勘探工程和提供劳务的,应当在项目完工、离开中国前等情形的15日内,持有关证件和资料,向原税务登记机关申报办理注销税务登记,需要注意的是,办理注销税务登记前,应当向税务机关提交相关证明文件和资料,结清应纳税款、多退(免)税款、滞纳金和罚款,缴销发票、税务登记证件和其他税务证件,经税务机关核准后,办理注销税务登记手续。

(3) "五证合一、一照一码"情形的注销登记

① 填表申报。已实行"五证合一、一照一码"登记模式的企业办理注销登记,须先向税务主管机关申报清税,填写"清税申报表"(见表3.10)(一式三份,税务机关两份,纳税人一份)。企业可向国税、地税任何一方税务主管机关提出清税申报。

表3.10　清税申报表

<table>
<tr><td>纳税人名称</td><td></td><td>统一社会信用代码</td><td></td></tr>
<tr><td>注销原因</td><td colspan="3"></td></tr>
<tr><td rowspan="4">附送资料</td><td colspan="2"></td><td></td></tr>
<tr><td colspan="2"></td><td></td></tr>
<tr><td colspan="2"></td><td></td></tr>
<tr><td colspan="2"></td><td></td></tr>
<tr><td colspan="4">纳税人
经办人:　　　　　　法定代表人(负责人):　　　　　　纳税人(公章)
年　月　日　　　　　　年　月　日　　　　　　年　月　日</td></tr>
<tr><td colspan="4">以下由税务机关填写</td></tr>
<tr><td>受理时间</td><td>经办人:
年　月　日</td><td colspan="2">负责人:
年　月　日</td></tr>
<tr><td>清缴税款、滞纳金、罚款情况</td><td>经办人:
年　月　日</td><td colspan="2">负责人:
年　月　日</td></tr>
<tr><td>缴销发票情况</td><td>经办人:
年　月　日</td><td colspan="2">负责人:
年　月　日</td></tr>
<tr><td>税务检查意见</td><td>检查人员:
年　月　日</td><td colspan="2">负责人:
年　月　日</td></tr>
<tr><td>批准意见</td><td>部门负责人:
年　月　日</td><td colspan="2">税务机关(签章)
年　月　日</td></tr>
</table>

② 受理清税。税务机关受理后应将企业清税申报信息同时传递给另一方税务机关,国税、地税税务主管机关按照各自职责分别进行清税,限时办理。

③ 出“清税证明”,更注销信息。清税完毕后一方税务机关及时将本部门的清税结果信息反馈给受理税务机关,由受理税务机关根据国税、地税清税结果向纳税人统一出具清税证明,并将信息共享到交换平台。

同步训练3-44 实行“五证合一、一照一码”登记制度后纳税人办理税务注销登记时,正确的有(　　)。

A. 向税务主管机关申报清税,需填写清税申报表

B. 向税务主管机关申报清税,无须填写清税申报表

C. 纳税人可向国税、地税任何一方税务主管机关提出清税申报

D. 税务机关应向纳税人统一出具清税证明

解析:正确答案是ACD。见上述注销登记的内容。

(七) 外出经营报验登记

1. 申办《外管证》

从事生产、经营的纳税人到外县(市)临时从事生产经营活动的,应当在外出生产经营以前,持税务登记证向主管税务机关申请开具《外出经营活动税收管理证明》(以下简称《外管

证》)。

2. 核发《外管证》

税务机关按照一地一证的原则,核发《外管证》。《外管证》有效期限一般为30日,最长不得超过180天。

3. 交验、缴销《外管证》

① 交验。纳税人应当在《外管证》注明地进行生产经营前向当地税务机关报验登记,并提交税务登记证件副本和《外管证》。

② 缴销。外出经营活动结束,应当向经营地税务机关填报《外出经营活动情况申报表》,并结清税款,缴销发票。同时,纳税人应于《外管证》有效期届满后10日内,持《外管证》回原税务登记地税务机关办理《外管证》缴销手续。

二、账簿、凭证管理

账簿、凭证是纳税人进行生产经营活动和核算财务收支的重要资料,也是税务机关对纳税人进行征税管理和检查的重要依据。

(一) 账簿设置管理

所谓账簿,是指纳税人连续地记录各种经济业务的账册或账簿,包括总账、明细账、日记账及其他辅助性账簿。总账、日记账应当采用订本式。所谓凭证,是指记录经济业务,明确经济责任的书面证明,包括原始凭证和记账凭证。

① 从事生产、经营的纳税人应当自领取营业执照或发生纳税义务之日起15日内,按照国家有关规定设置账簿。

② 生产、经营规模小又确无建账能力的纳税人,可以聘请经批准从事会计代理记账业务的专业机构或经税务机关认可的财会人员代为建账和办理账务;聘请上述机构或人员有实际困难的,经县以上税务机关批准,可以按照税务机关的规定,建立收支凭证粘贴簿、进货销货登记簿或使用税控装置。

③ 扣缴义务人应在法定扣缴义务发生之日起10日内,按代扣、代收的税种,分别设置代扣代缴、代收代缴账簿。

纳税人、扣缴义务人会计制度健全,能够通过计算机正确、完整地计算其收入和所得或代扣代缴、代收代缴税款情况的,其计算机输出的完整的书面会计记录,可视同会计账簿。

(二) 财务会计制度及其处理办法的管理

① 从事生产、经营的纳税人应当自领取税务登记证件之日起15日内,将其财务、会计制度或财务、会计处理办法报送主管税务机关备案。

同步训练3-45 根据税收征收管理法律制度的规定,从事生产、经营的纳税人应当自领取税务登记证件之日起(　　)内,将其财务、会计制度或财务、会计处理办法报送主管税务机关备案。

A. 15日　　B. 7日　　C. 10日　　D. 30日

解析:正确答案是A。见上述财务会计制度及其处理办法的管理的内容。

② 纳税人使用计算机记账的,应当在使用前将会计电算化系统的会计核算软件、使用

说明书及有关资料报送主管税务机关备案。纳税人建立的会计电算化系统应当符合国家有关规定,并能正确、完整地核算其收入或所得。

③ 账簿、会计凭证和报表,应当使用汉字。民族自治地方可以同时使用当地通用的一种民族文字;外商投资企业和外国企业可以同时使用一种外国文字。

④ 纳税人应当按照税务机关的要求安装、使用税控装置,并按照税务机关的规定报送有关数据和资料。

(三) 账簿、凭证等涉税资料的保存和管理

从事生产、经营的纳税人、扣缴义务人必须按规定的保管期限保管账簿、凭证、完税凭证及其他有关涉税资料。其中,完税凭证是指各种完税证、缴款书、印花税票、扣(收)税凭证及其他完税证明。账簿、记账凭证、报表、完税凭证、发票、出口凭证及其他有关涉税资料应当合法、真实、完整,不得伪造、变造或擅自损毁,其保管期限为10年,但是,法律、行政法规另有规定的除外。

三、发票管理

(一) 发票的概念与种类

1. 发票的概念

发票是指在购销商品、提供或接受服务及从事其他经营活动中,开具、收取的收付款的书面证明。它是确定经营收支行为发生的法定凭证,是会计核算的原始依据,也是税务稽查的重要依据。

税务机关是发票的主管机关,负责发票的印制、领购、开具、取得、保管、缴销的管理和监督。国务院税务主管部门统一负责全国的发票管理工作;省、自治区、直辖市国家税务局和地方税务局(以下简称省税务机关)依据各自的职责,做好本行政区域内的发票管理工作;财政、审计、工商行政管理、公安等有关部门在各自的职责范围内,配合税务机关做好发票管理工作。

2. 发票的种类

在全国范围内统一式样的发票,由国家税务总局确定。在省、自治区、直辖市范围内统一式样的发票,由省、自治区、直辖市国家税务局、地方税务局确定。

(1) 增值税专用发票

增值税专用发票是指专门用于结算销售货物、劳务、服务及销售无形资产和不动产时使用的一种发票。它只限于增值税的一般纳税人领购使用,增值税的小规模纳税人和非增值税纳税人不得领购使用。

(2) 普通发票

普通发票是最常见的一种发票,适用面广,各种经济类型的人都可以使用。

(3) 专业发票

专业发票是指国有金融、保险企业的存贷、汇兑、转账凭证、保险凭证;国有邮政、电信企业的邮票、邮单、话务、电报收据;国有铁路、国有航空企业和交通部门、国有公路、水上运输企业的客票、货票等,见国际航空旅客运输专用发票票样。

3. 发票的联次和内容

① 联次。发票的基本联次包括存根联、发票联和记账联。存根联由收款方或开票方留

存备查;发票联由付款方或受票方作为付款原始凭证;记账联由收款方或开票方作为记账原始凭证。

省以上税务机关可根据发票管理情况以及纳税人经营业务需要,增减发票联次并确定其用途。例如,机打普通发票基本联次可以是发票联和记账联。

② 内容。发票的基本内容包括发票的名称、发票代码和号码、联次及用途、客户名称、开户银行及账号、商品名称或经营项目、计量单位、数量、单价、大小写金额、开票人、开票日期、开票单位(个人)名称(章)等。

省以上税务机关可根据经济活动以及发票管理需要,确定发票的具体内容。用票单位可以书面向税务机关要求使用印有本单位名称的发票,税务机关依据规定,确认印有该单位名称发票的种类和数量。

(二) 发票的管理

发票的管理主要是指对发票的印制、领购、开具、取得、保管、缴销等进行的管理。以下具体介绍发票的领购、开具和保管。

1. 发票的领购

① 依法办理税务登记的单位和个人,在领取税务登记证件后,向主管税务机关申请领购发票。领购时,应当填写购票申请,并持有税务登记证件、经办人身份证明、按照国务院税务主管部门规定式样制作的发票专用章的印模等;主管税务机关根据领购单位和个人的经营范围和规模,确认领购发票的种类、数量及领购方式,在5个工作日内发给发票领购簿。

② 需要临时使用发票的单位和个人,可以凭购销商品、提供或接受服务及从事其他经营活动的书面证明、经办人身份证明,直接向经营地税务机关申请代开发票或经税务机关批准的其他单位代开发票,禁止非法代开发票。

③ 对外省、自治区、直辖市到本辖区从事临时经营活动的单位和个人,申请领购发票的,可以要求其提供保证人或根据领购发票的票面限额及数量交纳不超过1万元的保证金,并限期缴销发票。按期缴销发票的,解除保证人的担保义务或退还保证金;未按期缴销发票的,由保证人或以保证金承担法律责任。

2. 发票的开具

单位和个人在购销商品、提供或接受劳务及从事的其他经营活动中,应当按照规定开具发票。销售商品、提供服务及从事其他经营活动的单位和个人,对外发生经营业务收取款项时,收款方应当向付款方开具发票。在特殊情况下,由付款方向收款方开具发票。开具发票的具体要求如下。

① 单位和个人应在发生经营业务、确认营业收入时,才能开具发票,未发生经营业务时一律不得开具发票。开具发票后,如果发生销货退回或销售折让需开红字发票的,必须收回原发票并注明“作废”字样或取得对方有效证明。

② 开具发票时应按号顺序填开,填写项目齐全、内容真实、字迹清楚、全部联次一次性复写或打印,内容完全一致,并在发票联和抵扣联加盖单位财务印章或发票专用章。

③ 填写发票应当使用汉字。民族自治地区可以同时使用当地通用的一种民族文字;外商投资企业和外资企业可以同时使用一种外国文字。

④ 使用电子计算机开具发票必须报主管税务机关批准,并使用税务机关统一监制的机打发票。开具后的存根联应当按照顺序号装订成册,以备税务机关检查。

⑤ 发票开票时限和地点应符合规定。

⑥ 任何单位和个人不得转借、转让、代开发票,未经税务机关批准,不得拆本使用发票,不得自行扩大专业发票的使用范围。

⑦ 发票限于领购单位和个人在本省、自治区、直辖市内开具。任何单位和个人未经批准,不得跨规定的使用区域携带、邮寄、运输空白发票。禁止携带、邮寄或运输空白发票出入境。

3. 发票的保管

开具发票的单位和个人应当建立发票使用登记制度,设置发票登记簿,并定期向主管税务机关报告发票使用情况。在办理变更或注销税务登记时,开具发票的单位和个人应当办理发票和发票领购簿的变更、缴销手续。开具发票的单位和个人应当按照税务机关的规定存放和保管发票,不得擅自损毁。已开具的发票存根联和发票登记簿,应当保存5年,保存期满,报经税务机关查验后销毁。

同步训练3-46 已开具的发票存根联和发票登记簿应当保存(　　　)年。

A. 5　　　B. 10　　　C. 3　　　D. 15

解析:正确答案是A。见上述发票的保管的内容。

四、纳税申报

(一) 纳税申报的概念

纳税申报是指纳税人、扣缴义务人按照法律、行政法规的规定,在申报期限内就纳税事项向纳税机关书面申报的一种法定手续。

纳税申报的对象为纳税人和扣缴义务人。纳税人、扣缴义务人必须按照税法规定的期限申报纳税。纳税人在纳税期内没有应纳税款的,也应当按照规定办理纳税申报。纳税人享受减税、免税待遇的,在减税、免税期间应当按照规定办理纳税申报。

(二) 纳税申报的方式

1. 自行申报

自行申报也称直接申报,是指纳税人、扣缴义务人按照规定的期限自行直接到主管税务机关(办税大厅)办理纳税申报手续。这是一种传统的申报方式。

2. 邮寄申报

邮寄申报是指经税务机关批准,纳税人、扣缴义务人使用统一的纳税申报特快专递信封,通过邮政部门办理交寄手续,并向邮政部门索取收据作为申报凭证的方式。邮寄申报以寄出地的邮戳日期为实际申报日期。

3. 数据电文申报

数据电文申报是指以税务机关确定的电话语音、电子数据交换和网络传输等电子方式进行纳税申报。这种方式运用较为广泛,如网上申报。

4. 其他方式

其他方式是指实行定期定额的纳税人,可以实行简易申报和简并征期等方式申报。

① 简易申报是指实行定期定额的纳税人,经税务机关批准,按期纳税的,通过以缴纳税

款凭证代替申报,如果未按期纳税,也构成未办理纳税申报的一种纳税申报方式。简易申报实质是纳税申报的一种变通方法。

② 简并征期是指实行定期定额的纳税人,经税务机关批准,可以采取将纳税期限合并为按季、半年、年的方式缴纳税款的一种纳税申报方式。其实质是延长纳税期限,具体纳税期限由省、自治区、直辖市税务机关根据具体情况确定。

此外,纳税人、扣缴义务人还可以委托注册税务师这种有税务代理资质的中介机构或他人代理申报纳税。

同步训练 3－47　属于纳税申报的方式有(　　　　)。

A. 直接申报　　B. 代扣代缴　　C. 邮寄申报　　D. 数据电文申报

解析:正确答案是 ACD。见上述纳税申报的方式的内容。

五、税款征收

税款征收是税务机关依照税收法律、行政法规的规定,将纳税义务人依法应缴纳的税款组织征收入库的一系列活动的总称。它是税收征管工作的中心环节,是全部税收征收管理工作的目的和归宿。

(一) 税款征收方式

1. 查账征收

查账征收是指由纳税人依据账簿记载,先自行计算缴纳,事后经税务机关查账核实,如果有不符合税法规定的,则多退少补的一种税款征收方式。这种方式一般适用于掌握税收法律法规,账簿、凭证、财务会计制度比较健全,能够如实反映生产经营成果,正确计算应纳税款的纳税人。

2. 查定征收

查定征收是指由税务机关根据纳税人的生产设备等在正常情况下的生产、销售情况,对其生产的应税产品查定产量和销售额,然后依照税法规定的税率征收的一种税款征收方式。这种税款征收方式适用于生产规模较小、生产不固定、账册不健全、财务管理和会计核算水平较低、产品零星、税源分散的纳税人。

3. 查验征收

查验征收是指由税务机关对纳税申报人的应税产品进行查验后征税,并贴上完税证、查验证或盖"查验"戳,并据此征税的一种税款征收方式。这种税款征收方式适用于零星、分散的高税率产品,如城乡集贸市场的临时经营和机场、码头等场外经销商品的税款征收。

同步训练 3－48　纳税人账簿、凭证、财务会计制度比较健全,能够如实反映生产经营成果,正确计算应纳税款的,税务机关应当对其采用的税款征收方式是(　　　　)。

A. 定期定额征收　　B. 查验征收　　C. 查定征收　　D. 查账征收

解析:正确答案是 D。见上述税款征收方式的内容。

4. 定期定额征收

定期定额征收是指税务机关依照有关法律、法规,按照一定的程序,核定纳税人在一定经营时期内的应纳税经营及收益额,并以此为计税依据,确定其应纳税额的一种税款征收方式。这种税款征收方式适用于生产经营规模小,又确无建账能力,经主管税务机关审核批准可以不设置账簿或暂缓建账的小型纳税人。

5. 代扣代缴

代扣代缴是指按照税法规定,负有扣缴税款的法定义务人,在向纳税人支付款项时,从所支付的款项中直接扣收税款的方式。这种税款征收方式适用于零星分散、不易控制的税源的税款。

6. 代收代缴

代收代缴是指负有收缴税款的法定义务人,对纳税人应纳的税款进行代收代缴的方式,即由与纳税人有经济业务往来的单位和个人向纳税人收取款项时,依照税收的规定收取税款。这种税款征收方式适用于税收网络覆盖不到或很难控制的领域,如受托加工应缴消费税的消费品,由受托方代收代缴的消费税。

7. 委托代征

委托代征是指受托单位按照税务机关核发的代征证书的要求,以税务机关的名义向纳税人征收一些零散税款的一种税款征收方式。

除上述之外,还有自计自填自缴、自报核缴等征收方式。

(二) 税款征收措施

1. 税收保全措施

(1) 税收保全措施的适用情形

税务机关有根据认为纳税人有不履行纳税义务可能的,可以在规定的纳税期之前,责令限期缴纳应纳税款;在限期内发现纳税人有明显转移、隐匿其应纳税的商品、货物以及其他财产或应纳税的收入的迹象的,税务机关责令纳税人提供纳税担保。如果纳税人不能提供纳税担保的,经县以上税务局(分局)局长批准,税务机关可以采取税收保全措施。

(2) 税收保全措施的适用形式

① 书面通知纳税人开户银行或其他金融机构冻结纳税人的金额相当于应纳税款的存款、汇款。

② 扣押、查封纳税人的价值相当于应纳税款的商品、货物或其他财产。其他财产是指纳税人房地产、现金、有价证券等不动产和动产。

(3) 税收保全的解除

纳税人在税务机关采取税收保全措施后,按照税务机关规定的期限缴纳税款的,税务机关应当自收到税款或银行转回的完税凭证之日起1日内解除税收保全;纳税人在限期内已缴纳税款,税务机关未立即解除税收保全措施,或因税务机关滥用职权违法采取税收保全措施以及采取税收保全措施不当,使纳税人的合法利益遭受损失的,税务机关应当承担赔偿责任。

(4) 不适合税收保全的财产

个人及其所扶养家属维持生活必需的住房和用品,不在税收保全措施的范围之内。同时,税务机关对单价5 000元以下的其他生活用品,不采取税收保全措施。

2. 税收强制执行措施

(1) 税收强制执行措施的适用情形

纳税人、扣缴义务人未按照规定的期限缴纳或解缴税款,纳税担保人未按照规定的期限

缴纳所担保的税款,由税务机关责令限期缴纳,逾期仍未缴纳的,经县以上税务局(分局)局长批准,税务机关可以采取强制执行措施。

(2) 税收强制执行的适用形式

① 书面通知纳税人开户银行或其他金融机构划拨纳税人的存款、汇款至缴清税款为止。

② 扣押、查封、依法拍卖或变卖其价值相当于应纳税款的商品、货物或其他财产,以拍卖或变卖所得抵缴税款。

税务机关采取强制执行措施时,对纳税人、扣缴义务人、纳税担保人未缴纳的滞纳金同时强制执行。

(3) 不适合税收强制执行的财产

个人及其所扶养家属维持生活必需的住房和用品,不在税收强制措施的范围之内。同时,税务机关对单价5 000元以下的其他生活用品,不采取税收强制措施。

对纳税人、扣缴义务人、纳税担保人的财产实施强制执行有困难的,税务机关可以依法提请纳税人、扣缴义务人、纳税担保人所在地或财产所在地人民法院执行。

(三) 税款的退还与追征

1. 税款的退还

纳税人超过应纳税额缴纳的税款,税务机关发现后应当立即退还;纳税人自结算缴纳税款之日起3年内发现的,可以向税务机关要求退还多缴的税款并加算银行同期存款利息,税务机关及时查实后应当立即退还。纳税人在结清缴纳税款之日起3年后向税务机关提出要求退还多缴税款的要求的,税务机关不予受理。

2. 税款的追征

① 因税务机关的责任,致使纳税人、扣缴义务人未缴或少缴税款的,税务机关在3年内可以要求纳税人、扣缴义务人补缴税款,但是不得加收滞纳金。

② 因纳税人、扣缴义务人计算等失误,未缴或少缴税款的,税务机关在3年内可以追征税款、滞纳金;有特殊情况(数额在10万元以上的)的追征期可以延长到5年。

③ 对因纳税人、扣缴义务人和其他当事人偷税、抗税、骗税等原因而造成的未缴或少缴的税款或所骗取的税款,税务机关可以无限期追征。

六、税务代理

(一) 税务代理的概念

税务代理指税务代理人在国家税务总局规定的代理范围,接受纳税人、扣缴义务人的委托,代为办理相关税务事宜的各项行为的总称;所谓的税务代理人是指具有丰富的税收实务工作经验和较高的税收、会计专业理论知识及法律基础知识,经国家税务总局及其省、自治区、直辖市国家税务局批准,从事税务代理的专门人员及其工作机构。

(二) 税务代理的特点

1. 公正性

税务代理机构不是税务行政机关,而是征纳双方的中介机构,因而只能站在公正的立场上,客观地评价代理人的经济行为;同时代理人必须在法律范围内为被代理人办理税收事

宜,独立、公正地执行业务。既维护国家利益,又保护委托人的合法权益。

2. 自愿性

自愿性是指委托税务代理人代为办理税务事宜是纳税人、扣缴义务人自愿采取的一种办税方式。即实施税务代理行为,应当以纳税人、扣缴义务人自愿委托和自愿选择为前提,而不是由税务代理人或国家机关强制实行的。

3. 有偿性

税务代理机构是社会中介机构,它不是国家行政机关的附属机构,因此,同其他企事业单位一样要自负盈亏,提供有偿服务,通过代理取得收入并抵补费用,获得利润。

4. 独立性

税务代理机构与国家行政机关、纳税人或扣缴义务人等没有行政隶属关系,既不受税务行政部门的干预,又不受纳税人、扣缴义务人所左右,独立代办税务事宜。

5. 确定性

税务代理人的税务代理范围,是以法律、行政法规和行政规章的形式确定的。因此,税务代理人不得超越规定的内容从事代理活动。税务机关按照法律、行政法规规定委托其代理外,代理人不得代理应由税务机关行使的行政权力。

(三) 税务代理的法定业务范围

税务代理的业务范围是指按照国家有关法律的规定,允许税务代理人从事的业务内容。税务代理人可以接受纳税人、扣缴义务人的委托从事这些范围内的业务代理:办理税务登记、变更税务登记和注销税务登记手续;办理纳税、退税和减免税申报;建账建制、办理账务;办理除增值税专用发票外的发票领购手续;办理纳税申报和扣减税款报告;制作涉税文书;开展税务咨询(顾问)、税收筹划、涉税培训等涉税服务业务;税务行政复议手续;审查纳税情况;办理增值税一般纳税人资格认定手续;利用主机共享服务系统为增值税一般纳税人代开增值税专用发票;国家税务总局规定的其他服务。

七、税收检查及法律责任

(一) 税收检查

1. 税收检查的概念

税收检查是税务机关依照税收法律、行政法规的规定,对纳税人、扣缴义务人履行纳税义务或扣缴义务及其他有关税务事项进行审查、核实、监督活动的总称。

2. 税务检查的范围

① 检查账簿、记账凭证、报表和有关资料。

② 到生产、经营场所和货物存放地检查纳税人应纳税的商品、货物或其他财产及经营情况。

③ 责成提供与税款有关的文件、证明材料和有关资料。

④ 询问纳税人、扣缴义务人与纳税或代扣代缴、代收代缴税款有关的问题和情况。

⑤ 到车站、码头、机场、邮政企业及其分支机构检查纳税人托运、邮寄应纳税商品、货物或其他财产的有关单据、凭证和有关资料。

⑥ 经县以上税务局(分局)局长批准,凭全国统一格式的检查存款账户许可证明,查询

从事生产、经营的纳税人、扣缴义务人在银行或其他金融机构的存款账户。

税务机关在调查税收违法案件时,对与案件有关的情况和资料,可以记录、录音、录像、照相和复制。

（二）法律责任

税收法律责任按税收违法行为程度的不同,分为行政责任和刑事责任。行政责任又分为行政处罚和行政处分;刑事责任又分为犯罪和刑罚。

1. 税务违法行政处罚

税收违法行政处罚是指从事生产经营的纳税人和其他税务当事人违反税收征收管理秩序的行为,尚不构成犯罪,依法承担行政责任的,由税务机关依法对其实施一定的制裁措施。对纳税人、扣缴义务人而言,其行政处罚的形式有责令限期改正、罚款、没收财产、收缴未用发票和暂停供应发票和停止出口退税权等。

例如,《税收征收管理法》第六十条规定,纳税人有下列行为之一的,由税务机关责令限期改正,可以处2 000元以下的罚款;情节严重的,处2 000元以上1万元以下的罚款。

① 未按照规定的期限申报办理税务登记、变更或注销登记的。

② 未按照规定设置、保管账簿或保管记账凭证和有关资料的。

③ 未按照规定将财务、会计制度或财务、会计处理办法和会计核算软件报送税务机关备查的。

④ 未按照规定将其全部银行账号向税务机关报告的。

⑤ 未按照规定安装、使用税控装置,或者损毁或擅自改动税控装置的。

纳税人不办理税务登记的,由税务机关责令限期改正,逾期不改正的,经税务机关提请,由工商行政管理机关吊销其营业执照。

纳税人未按照规定使用税务登记证件,或者转借、涂改、损毁、买卖、伪造税务登记证件的,处2 000元以上1万元以下的罚款。情节严重的,处1万元以上5万元以下的罚款。

2. 税务违法刑事处罚

税收刑事法律责任是指税收法律关系主体违反税收法律规定,情节严重构成犯罪的应当承担的法律责任。其刑事处罚形式主要有拘役、判处徒刑、罚金等。例如,“纳税人采取欺骗、隐瞒手段进行虚假纳税申报或不申报,逃避缴纳税款数额较大并且占应纳税款10%以上的,处3年以下有期徒刑或拘役,并处罚金;数额巨大并且占应纳税额30%以上的,处3年以上7年以下有期徒刑,并处罚金。

八、税务行政复议

（一）税务行政复议的概念

税务行政复议是指纳税人和其他税务当事人对税务机关的税务行为不服,依法向上级税务机关提出申诉,请求上一级税务机关(复议机关)对原具体行政行为的合理性、合法性作出审议,复议机关对原行政行为的合理性、合法性作出裁决的行政司法活动。

（二）税务行政复议的范围

1. 征税行为

主要包括确认纳税主体、征税对象、征税范围、减税、免税、退税、抵扣税款、适用税率、计税依据、纳税环节、纳税期限、纳税地点和税款征收方式等具体行政行为,征收税款、加收滞纳金,扣缴义务人、受税务机关委托的单位和个人作出的代扣代缴、代收代缴、代征行为等。

2. 其他具体行为

主要包括:①行政许可、行政审批行为;②发票管理行为,包括发售、收缴、代开发票等;③税收保全措施、强制执行措施;④行政处罚行为,如罚款、没收财物和违法所得、停止出口退税权等;⑤不依法履行开具、出具完税凭证、外出经营活动税收管理证明,行政赔偿、行政奖励等职责的行为;⑥资格认定行为;⑦不依法确认纳税担保行为;⑧政府信息公开工作中的具体行政行为;⑨纳税信用等级评定行为;⑩通知出入境管理机关阻止出境行为等及其他具体行政行为。

申请人对上述征税行为规定的行为不服的,应当向复议机关申请行政复议(复议是必经程序),对复议决定不服的,可以向人民法院提起行政诉讼。申请人对上述其他具体行为规定的行为不服的,可以申请行政复议(复议不是必经程序),也可以直接向人民法院提起行政诉讼。

**同步训练 3-49** 不属于税务行政复议范围的是(　　)。

A. 调整税收优惠政策　　B. 不予颁发税务登记证

C. 不出具完税凭证　　D. 确认纳税环节

解析:正确答案是A。

(三) 税务行政复议管辖

1. 对国家税务局行政复议的管辖

① 对各级国家税务局的具体行政行为不服的,可向其上一级国家税务局申请行政复议。

县级国税(不服)→市级国税(不服)→省级国税(不服)→国家税务总局

② 对国家税务总局的具体行政行为不服的,向国家税务总局申请行政复议。对行政复议决定不服,申请人可以向人民法院提起行政诉讼,也可以向国务院申请裁决。国务院的裁决为最终裁决。

2. 对地税税务局行政复议的管辖

对各级地方税务局的具体行政行为不服的,可以选择向其上一级地方税务局或该税务局的本级人民政府申请行政复议。

3. 特殊情形行政复议的管辖

特殊情形行政复议的管辖,按照下列规定申请行政复议。

① 对计划单列市国家税务局的具体行政行为不服的,向国家税务总局申请行政复议;对计划单列市地方税务局的具体行政行为不服的,可以选择向省地方税务局或本级人民政府申请行政复议。

② 对税务所(分局)、各级税务局的稽查局的具体行政行为不服的,向其所属税务局申请行政复议。

③ 对两个以上税务机关共同作出的具体行政行为不服的,向共同上一级税务机关申请行政复议;对税务机关与其他行政机关共同作出的具体行政行为不服的,向其共同上一级行

政机关申请行政复议。

④ 对被撤销的税务机关在撤销以前所作出的具体行政行为不服的,向继续行使其职权的税务机关的上一级税务机关申请行政复议。

⑤ 对税务机关作出逾期不缴纳罚款加处罚款的决定不服的,向作出行政处罚决定的税务机关申请行政复议。但是对已处罚款和加处罚款都不服的,一并向作出行政处罚决定的税务机关的上一级税务机关申请行政复议。

有上述②、③、④、⑤项所列情形之一的,申请人也可以向具体行政行为发生地的县级地方人民政府提交行政复议申请,由接受申请的县级地方人民政府依法转送。

(四) 税务行政复议的决定

税务行政复议程序包括申请、受理、审理、决定等环节。

1. 行政复议决议的作出

行政复议机关应当自受理申请之日起 60 日内作出行政复议决定。情况复杂、不能在规定期限内作出行政复议决定的,经复议机关负责人批准,可以适当延长并告知申请人和被申请人,但延长期限最多不超过 30 日。

2. 行政复议决定的类型

① 具体行政行为认定事实清楚、证据确凿、适用依据正确、程序合法、内容适当的,决定维持。

② 被申请人不履行法定职责的,决定其在一定期限内履行。

③ 具体行政行为有下列情形之一的,行政复议机关应决定予以撤销、变更或确认其违法:主要事实不清、证据不足的;适用依据错误的;违反法定程序的;超越或滥用职权的;具体行政行为明显不当的。

④ 申请人在申请行政复议时可以一并提出行政赔偿请求,复议机关对符合国家赔偿的规定应当赔偿的,在决定前撤销、变更具体行政行为或确认行政行为违法时,应当同时决定被申请人依法给予赔偿。

3. 行政复议决议的效力

行政复议书一经送达,即发生法律效力。

综合训练

一、单项选择题

1. 某小型工业企业为增值税小规模纳税人。2016 年 3 月取得销售收入 16.48 万元(含增值税);购进原材料一批,支付货款 2.12 万元(含增值税)。已知该企业适用的增值税征收率为 3%。该企业当月应缴纳的增值税税额为(　　)万元。

A. 0.48　　B. 0.36　　C. 0.31　　D. 0.25

2. 纳税人被工商行政管理机关吊销营业执照,应当自营业执照被吊销之日起(　　)日内,向原税务登记机关申报办理注销税务登记。

A. 45　　B. 30　　C. 15　　D. 60

3. 不属于税收特征的是(　　)。

A. 稳定性　　B. 无偿性　　C. 固定性　　D. 强制性

4. 建荣公司2016年度实现利润总额为320万元,无其他纳税调整事项。经税务机关核实的2015年度亏损额为300万元。该公司2016年度应缴纳的企业所得税税额为(　　)万元。

A. 10.6　　B. 6.6　　C. 5　　D. 3.6

5. 构成税法3个最基本的要素是(　　)。

A. 征税对象　　B. 税目　　C. 计税依据　　D. 纳税环节

6. 税法按功能作用进行的分类是(　　)。

A. 国内税法和外国税法　　B. 税收实体法和税收程序法

C. 税收法律和税收行政法规　　D. 税收行政规章和税收规范性文件

7. 无税务检查证件,纳税人、扣缴义务人及其他当事人(　　)。

A. 无权拒绝检查　　B. 需如实反映情况　　C. 不得拒绝、隐瞒　　D. 有权拒绝检查

8. 因纳税人、扣缴义务人计算错误等失误,未缴或少缴税款的,税务机关可在(　　)内追征。

A. 1年　　B. 2年　　C. 3年　　D. 5年

9. 凡有法律、法规规定的(　　)、应税财产或应税行为的各类纳税人,均应当按照《税收征收管理法》及其实施细则和国家税务总局印发的《税务登记管理办法》规定办理税务登记。

A. 收入　　B. 现金收入　　C. 劳务收入　　D. 应税收入

10. 根据税收征收管理法律制度的规定,经县以上税务局(分局)局长批准,税务机关可以依法对纳税人采取税收保全措施。不属于税收保全措施的是(　　)。

A. 责令纳税人暂时停业,直至缴足税款

B. 扣押纳税人的价值相当于应纳税款的商品

C. 查封纳税人的价值相当于应纳税款的货物

D. 书面通知纳税人开户银行冻结纳税人的金额相当于应纳税款的存款

11. 纳税人到外县(市)临时从事生产经营活动时,税务机关为其核发的《外出经营活动税收管理证明》,其有效期限一般为30日,最长不得超过(　　)日。

A. 60　　B. 90　　C. 180　　D. 360

12. 纳税人办理税务登记后,发生改变法定代表人、增加注册资金(资本)的情形,应当办理(　　)。

A. 开业登记　　B. 停业登记　　C. 注册登记　　D. 变更登记

13. (　　)是指由纳税人依据账簿记载,先自行计算缴纳税款,事后由税务机关查账核实,如果有不符合税法规定的,则多退少补的一种税款征收方式。

A. 查定征收　　B. 查账征收　　C. 查验征收　　D. 自报核缴

14. 纳税人停业期满未按期复业又不申请延长停业的,税务机关应当视为(　　)。

A. 自动注销税务登记　　B. 已恢复营业,实施正常的税收征收管理

C. 自动延长停业登记　　D. 纳税人已自动接受罚款处理

15. 个人所得税中工资薪金采用的税率是(　　)。

A. 定额税率　　B. 比例税率　　C. 超额累进税率　　D. 超率累进税率

16. 甲公司5月10日与乙单位签订销货合同,5月15日预收乙单位全部合同货款,5月

25 日发出货物，5 月 30 日开具并寄出发票。甲公司增值税的纳税义务发生时间是(　　)。

A. 5 月 10 日　　B. 5 月 15 日　　C. 5 月 25 日　　D. 5 月 30 日

17. 根据《企业所得税法》规定，纳税人的职工福利费、工会经费、职工教育经费，分别按计税工资总额的(　　)从企业计税所得额中扣除。

A. 14%、2%、2.5%　　B. 17%、3%、2%　　C. 10%、1%、2%　　D. 13%、2%、2.5%

18. 税务登记不包括(　　)。

A. 开业登记　　B. 变更登记　　C. 核定应纳税额　　D. 注销登记

19. 单位和个人开具发票的时间是(　　)。

A. 发生经营业务、确认营业收入时　　B. 收到货款时

C. 产品发出时　　D. 合同签订时

20. 已开具的发票存根联和发票登记簿应当保存(　　)。

A. 1 年　　B. 5 年　　C. 10 年　　D. 15 年

21. 纳税申报的方式中，比较传统的方式是(　　)。

A. 直接申报　　B. 邮寄申报　　C. 数据电文申报　　D. 网上申报

22. 一般情况下，上市公司使用的税款征收方式是(　　)。

A. 查账征收　　B. 查定征收　　C. 查验征收　　D. 定期定额征收

23. 叙述不正确的是(　　)。

A. 减税是对应征税款减征一部分

B. 征税对象的数额达到起征点的就其超过起征点的数额征税

C. 免税是对应征税款全部予以免征

D. 征税对象的数额未达到起征点的不征税

24. 不符合发票开具要求的是(　　)。

A. 开具发票时应按号顺序填开，填写项目齐全、内容真实、字迹清楚。

B. 填写发票应当使用汉字

C. 可以拆本使用发票

D. 开具发票时限、地点应符合规定

25. 纳税申报的方式中，网上申报属于(　　)。

A. 直接申报　　B. 邮寄申报　　C. 数据电文申报　　D. 网上申报

26. 按照对外购固定资产价值的处理方式，可以将增值税划分为不同类型，目前我国实行的增值税属于(　　)。

A. 消费型增值税　　B. 收入型增值税　　C. 生产型增值税　　D. 实耗型增值税

27. 某画家 2012 年 8 月将其精选的书画作品交由某出版社出版，从出版社取得报酬 10 万元。该笔报酬在缴纳个人所得税时适用的税目是(　　)。

A. 工资薪金所得　　B. 劳务报酬所得

C. 稿酬所得　　D. 特许权使用费所得

28. 叙述不正确的是(　　)。

A. 从事货物生产或提供应税劳务的纳税人，以及从事货物生产或提供应税劳务为主，兼营货物批发或零售的纳税人，年应征增值税销售额在 50 万元以下的认定为小规模纳税人

B. 对提供应税劳务的,年应征增值税销售额在500万元以下的认定为小规模纳税人

C. 对提供应税服务的,年应征增值税销售额在800万元以下的认定为小规模纳税人

D. 年应征增值税销售额超过小规模纳税人的其他个人按小规模纳税人纳税

29. 某企业对甲省乙市国税部门给予其行政处罚的决定不服,申请行政复议。应当受理该企业行政复议申请的机关是(　　)。

A. 乙市国税部门　　B. 乙市人民政府　　C. 甲省国税部门　　D. 甲省人民政府

30. 根据《企业所得税法》的规定,企业发生的公益性捐赠支出,在计算企业所得税应纳税所得税额的扣除标准是(　　)。

A. 全额扣除

B. 在年度应纳税所得额12%以内的部分扣除

C. 在年度利润总额12%以内的部分扣除

D. 在年度应纳税所得额3%以内的部分扣除

31. 与纳税人有经济业务往来的单位和个人向纳税人收取款项时,依照税收的规定收取税款的征收方式是(　　)。

A. 代收代缴　　B. 代扣代缴　　C. 委托代征　　D. 定期定额征收

32. 根据个人所得税法律制度的规定,属于工资、薪金所得项目的是(　　)。

A. 年终加薪　　B. 托儿补助费　　C. 独生子女补贴　　D. 差旅费津贴

33. 根据我国税收法律制度的规定,实行从量计征的是(　　)。

A. 城镇土地使用税　　B. 契税　　C. 房产税　　D. 车辆购置税

34. 税收按照征税对象分,增值税是(　　)类型。

A. 所得税　　B. 工商税　　C. 中央税　　D. 流转税

35. 根据个人所得税法律的规定,在中国境内无住所但取得所得的外籍个人中,属于居民纳税人的是(　　)。

A. 韩国甲,在华工作6个月

B. 美国乙,2016年1月10日入境,2016年10月10日离境

C. 英国丙,2015年10月1日入境,2016年12月31日离境,其间临时离境28天

D. 德国丁,2015年3月1日入境,2016年3月1日离境,其间临时离境100天

36. 根据税收征收管理法律制度的规定,税务机关作出的下列行政行为中,纳税人认为侵犯其合法权益时应当先申请行政复议,不服行政复议决定再提起行政诉讼的是(　　)。

A. 加收税款滞纳金　　B. 没收财物和违法所得

C. 罚款　　D. 停止发售发票

37. 根据税收征收管理法律制度的规定,纳税人对税务机关作出的下列具体行政行为不服时,可以选择申请行政复议或直接提起行政诉讼的是(　　)。

A. 确认适用税率　　B. 收缴发票　　C. 确认计税依据　　D. 加收税收滞纳金

38. 根据税收征收管理法律制度的规定,下列各项中,纳税当事人应当先申请税务行政复议,对行政复议决定不服,才可以提起税务行政诉讼的是(　　)。

A. 对税务机关作出的税收保全措施不服

B. 对税务机关作出的没收财物和违法所得行为不服

C. 对税务机关加收滞纳金的行为不服

D. 对税务机关作出的通知出入境管理机关阻止出境行为不服

39. 不属于税收特征的是(　　)。

A. 自愿性　B. 无偿性　C. 固定性　D. 强制性

40. 不属于地方税的是(　　)。

A. 房产税　B. 关税　C. 消费税　D. 车船税

二、多项选择题

1. 属于税收程序法的有(　　)。

A. 税收管理法　B. 纳税程序法　C. 发票管理法　D. 税务机关组织法

2. 需要办理注销登记的情形包括(　　)。

A. 从事生产经营的纳税人解散、撤销

B. 从事生产经营的纳税人住所、经营地点变动

C. 从事生产经营的纳税人破产

D. 纳税人被工商行政管理机关吊销营业执照

3. 属于违反税务管理行为的有(　　)。

A. 未按规定办理税务登记证

B. 未按规定将其全部银行账号向税务机关报告

C. 偷税

D. 抗税

4. 某企业所得税纳税人发生的支出中,在计算应纳税所得额时不得扣除的有(　　)。

A. 缴纳罚金 10 万元　B. 直接赞助某学校 8 万元

C. 缴纳税收滞纳金 4 万元　D. 支付法院诉讼费 1 万元

5. 根据个人所得税法律制度的规定,在计算应纳税所得额时,按照定额与比例相结合的方法扣除费用的有(　　)。

A. 劳务报酬所得　B. 财产转让所得

C. 企事业单位的承包、承租经营所得　D. 特许权使用费所得

6. 纳税人办理纳税申报时,应向税务机关报送的证明和资料有(　　)。

A. 财务、会计报表及其说明资料

B. 与纳税有关的合同、协议书

C. 外出经营活动税收管理证明

D. 境内或境外公证机构出具的有关证明文件

7. 属于税务机关可以行使的税务检查职权的有(　　)。

A. 向扣缴义务人询问与代扣代缴有关的问题

B. 在邮电局检查扣缴义务人邮寄物品的单据和往来函电

C. 依法查核从事生产、经营的纳税人、扣缴义务人的银行存款账户

D. 书面通知纳税人的开户银行扣缴税款

8. 属于税务机关应当核定纳税人的应纳税额的情况有(　　)。

A. 依法可以不设置账簿的　B. 依法代扣、代缴税款的

C. 依法邮寄申请纳税的　D. 依法设置但未设置账簿的

9. 税收实体法由多种要素构成,不属于税收实体法基本要素的有(　　)。

A. 纳税担保人　B. 纳税义务人　C. 征税人　D. 税务代理人

10. 税务登记的种类包括(　　)。

A. 开业登记　B. 变更登记

C. 复业登记　D. 外出经营报验登记

11. 根据《税收征收管理法》的规定,税务机关在对纳税人进行发票检查中有权采取的措施有(　　)。

A. 调出发票查验

B. 查阅、复制与发票有关的凭证、资料

C. 向当事人各方询问与发票有关的问题和情况

D. 检查领购、开具和保管发票的情况

12. 税收征收方式有(　　)等。

A. 查定征收　B. 查验征收　C. 定期定额征收　D. 代扣代缴

13. 属于纳税人应当办理税务登记的有(　　)。

A. 应税收入　B. 应税财产　C. 应税行为　D. 任何行为

14. 我国现行税率主要有(　　)。

A. 比例税率　B. 超额累进税率　C. 超率累进税率　D. 定额税率

15. 根据企业所得税法律制度的规定,纳税人在计算企业所得税应纳税所得额时准予扣除的项目有(　　)。

A. 关税　B. 土地增值税　C. 城镇土地使用税　D. 城市维护建设税

16. 属于消费税的征税范围是(　　)。

A. 食盐　B. 汽油　C. 护肤品　D. 小汽车

17. 根据个人所得税法律制度的规定,免征个人所得税的有(　　)。

A. 个人银行储蓄存款利息

B. 离退休人员从社保部门领取的养老金

C. 个人取得的保险赔款

D. 个人提取由单位和个人共同缴付的住房公积金

18. 根据税收征收管理法律制度的规定,单位和个人在首次申请领购发票时应向税务机关提供的有(　　)。

A. 税务登记证件　B. 经办人身份证明

C. 工商营业执照　D. 财务印章或发票专用章印模

19. 计税依据的种类有(　　)。

A. 从量计征　B. 从价计征　C. 复合计征　D. 不包括复合计征

20. 下列属于纳税申报方式的有(　　)。

A. 直接申报　B. 邮寄申报　C. 简易申报　D. 电话申报

21. 下列属于纳税人需要办理注销登记情形的有(　　)。

A. 解散　B. 破产　C. 撤销　D. 债务重组

22. 税务机关有权核定应纳税额的有(　　)。

A. 纳税人按税法规定应当设置账簿但未设置账簿的

B. 纳税人设置账簿但账目混乱，难以查账的

C. 纳税人发生纳税义务，未按照规定的期限办理纳税申报，逾期仍不申报的

D. 纳税人成本资料、收入凭证、费用凭证残缺不全，难以查账的

23. 根据个人所得税法律制度的规定，纳税人应当自行申报缴纳个人所得税的有(　　　)。

A. 年所得 12 万元以上的

B. 从中国境外取得所得的

C. 取得应税所得，没有扣缴义务人的

D. 从中国境内两处或两处以上取得工资、薪金所得的

24. 下列各项中，属于税收征收管理活动的有(　　　)。

A. 税务管理　　B. 税款征收　　C. 税务检查行为　　D. 工商登记

25. 根据税收征收管理法律制度的规定，下列各项中，当事人可以直接提起税务行政诉讼的有(　　　)。

A. 对税务机关征收税款、加收滞纳金的行为不服

B. 对税务机关的税收保全措施不服

C. 对税务机关的税收强制执行措施不服

D. 对税务机关的罚款行为不服

26. 公司办理发票领购时，应向税务机关提供的资料有(　　　)。

A. 经办人员身份证明　　B. 税务登记证件

C. 法定代表人身份证明　　D. 财务印章或发票专用章印模

27. 根据税收征收管理法律制度的规定，税务机关在税款征收中可以根据不同情况采取相应的税款征收措施，属于税款征收措施的有(　　　)。

A. 罚款　　B. 阻止出境

C. 责令缴纳并加收滞纳金　　D. 由税务机关核定，调整应纳税额

28. 根据个人所得税法律制度的规定，个人发生的公益、救济性捐赠支出，准予税前全额扣除的有(　　　)。

A. 通过国家机关向红十字事业的捐赠

B. 通过国家机关向农村义务教育的捐赠

C. 通过非营利社会组织向贫困地区的捐赠

D. 通过非营利团体向公益性青少年活动场所的捐赠

29. 属于按“劳务报酬所得”项目征收个人所得税的个人所得有(　　　)。

A. 某大学教授从甲企业取得咨询费

B. 某设计院设计师从丙家装公司取得的设计费

C. 某公司高管从乙大学取得的讲课费

D. 某编剧从丁电视剧制作单位取得的剧本使用费

30. 根据税收征收管理法律制度的规定，因纳税人计算错误少缴税款，累计数额不足 10 万元的，税务机关在一定期限内可以追征税款和滞纳金，该一定期限不符合法律的有(　　　)。

A. 1 年　　B. 5 年　　C. 7 年　　D. 10 年

三、判断题

1. 纳税人在停业期间发生纳税义务的,应当按照税收法律、行政法规的规定申报缴纳税款。 ( )

2. 纳税人停业期满不能及时恢复生产经营的,应当在停业期满后向税务机关提出延长停业登记申请。 ( )

3. 税收的固定性既包括时间上的连续性,又包括征收比例的固定性。 ( )

4. 纳税人有合并、分立情形的,应向税务机关报告,并依法缴清税款。 ( )

5. 纳税人在纳税年度发生的经营亏损,可以用下一年度的所得弥补,下一纳税年度的年所得不足弥补的,可以逐年延续弥补,但是延续弥补期最长不得超过5年。 ( )

6. 税务人员依法进行税务检查时,不出示税务检查证,纳税人、扣缴义务人及其他当事人无权拒绝检查。 ( )

7. 享受减税、免税待遇的纳税人在减税、免税期间可以不进行纳税申报。 ( )

8. 纳税人未按期缴纳税款的,税务机关除责令限期缴纳外,从滞纳税款之日起,按日加收滞纳税款0.05%的滞纳金。 ( )

9. 税收是国家组织财政收入的主要形式和工具。 ( )

10. 纳税人、扣缴义务人未缴或少缴税款的,即使是由于税务机关的责任,税务机关也可以在3年内追缴税款并加收滞纳金。 ( )

11. 税款征收中的查验征收方式主要对生产不固定、账册不健全的单位适用。 ( )

12. 对于设置了账簿的企业,税务机关就应当采用查账征收的方式征收税款。 ( )

13. 为了简化手续,纳税人享受减税、免税待遇的,在减税、免税期间可以不办理纳税申报。 ( )

14. 发票分为普通发票和专业发票两种。 ( )

15. 未发生经营业务一律不准开具发票。 ( )

16. 向税务机关缴纳或解缴税款的单位和个人是纳税人。 ( )

17. 有些情况下,对外发生经营业务收取款项时由付款方向收款方开具发票。 ( )

18. 只要是一般纳税人就可以领购使用增值税专用发票。 ( )

19. 代收代缴是指按照税法规定负有扣缴纳税义务的法定义务人,在向纳税人支付款项时,从所支付的款项中直接扣收税款的方式。 ( )

20. 根据税收管理需要,需跨省、自治区、直辖市开具的发票的,由省级税务机关确定。 ( )

21. 对个人独资企业投资者取得的生产经营所得应征收企业所得税,不征收个人所得税。 ( )

22. 纳税申报的对象为纳税人和扣缴义务人。 ( )

23. 税收是国家为了满足政府的需要,凭借政治权利,强制地、无偿地取得财政收入的一种分配关系。 ( )

24. 纳税人在计算企业所得税应纳税所得额时,对以融资租赁方式租入的固定资产而发生的租赁费,可以直接从企业收入总额中一次扣除。 ( )

25. 纳税人发生解散、破产、撤销及其他情形,依法终止纳税义务的,应当先向工商行政

管理机关办理注销登记,然后向原税务登记管理机关申报办理注销税务登记。 ( )

26. 纳税人发生纳税义务,未按照税法规定的期限办理纳税申报,经税务机关责令限期申报,逾期仍未申报的,税务机关有权核定其应纳税额。 ( )

27. 对欠缴税款且怠于行使到期债权的纳税人,税务机关依法行使代位权后,可以免除欠缴税款的纳税人尚未履行的纳税义务和应承担的法律责任。 ( )

28. 非居民企业在中国境内设立机构、场所的,应当就其所设机构、场所取得的来源于中国境内的所得,以及发生在中国境外但与其所设机构、场所有实际联系的所得,缴纳企业所得税。 ( )

29. 企业所得税按年计征、分月或分季预缴,年终汇算清缴,多退少补。 ( )

30. 直接通过缩小计税依据的方式实现的减税、免税,属于税基式减免。 ( )

四、案例分析题

甲市国税局在进行税务稽查时,认为乙公司涉嫌少缴巨额税款,先查封了部分公司房产,同时扣押了大量库存商品,并对乙公司作出了行政处罚决定,要求乙公司限期补缴少缴税款,同时加收滞纳金,并作出罚款的行政处罚,乙公司不服,认为税务局计税依据错误,是乱征税,查封、扣押房产和商品未按法律程序办理,加收滞纳金更是没有法律依据,因此提出行政复议。

根据上述资料,回答下列问题。

1. 乙公司应向( )提起行政复议。

A. 甲市国家税务局　　B. 甲市政府

C. 甲市国家税务总局上一级国家税务机关　　D. 甲市政府的上一级政府

2. 对( )不服可以不经复议直接提起行政诉讼。

A. 计税依据争议　　B. 查封、扣押措施　　C. 加收滞纳金　　D. 罚款

3. 复议机关审查具体行政行为时,( )。

A. 只审查合法性

B. 只审查合理性

C. 合法性、合理性都应当审查

D. 复议机关来决定审查合法性还是合理性

4. 行政复议机关应当在( )作出行政复议决定。

A. 收到申请之日 60 日内　　B. 收到申请之日 30 日内

C. 受理申请之日 60 日内　　D. 受理申请之日 30 日内

5. 行政复议决定书何时生效?( )

A. 行政复议决定书作出时生效。

B. 行政复议决定书送达时生效。

C. 行政复议决定书送达,经申请人与被申请人签收时才生效。

D. 行政复议决定书送达后,15 日内不起诉生效。

第四章 财政法律制度

学习指引

经济越发展,会计越重要。国家机关、事业单位、社会团体等其他组织也需要设置会计机构和会计人员,对其财政性的资金运动进行核算监督,因此,会计人员应当掌握财政法律制度相关知识。财政法主要是规范财政资金筹集和使用的重要法律制度。国家预算如何编制、组织和执行;部门单位预算与总预算有何关系;预算单位应开立哪些账户核算财政资金;当需要支付时,采取什么方式的政府采购,如何操作;如何运用国库单一账户体系,进行财政收入收缴与财政支付等都是会计人员应该掌握的内容。

第一节　预算法律制度

工作疑问

1. 什么是国家预算?国家预算包括哪些部分?分哪几级?
2. 各级人民代表大会及其常务委员会、各级政府、各级财政部门和各级部门、各单位的预算职权包括哪些内容?
3. 财政预算与财政决算有何区别?
4. 财政预算的编制、审批、执行和调整有哪些法律要求?

一、预算法律制度的构成

(一) 预算法

预算法是调整国家在进行预算资金的筹集和取得、使用和分配、监督和管理等过程中发生的社会关系的法律规范的总称,是财政法的核心。

① 立法宗旨。宗旨是规范政府收支行为,强化预算约束,加强对预算的管理和监督,建立健全全面规范、公开透明的预算制度,保障经济和社会的健康发展。

② 颁布实施时间。《中华人民共和国预算法》(以下简称《预算法》)于 1994 年 3 月 22 日第八届全国人民代表大会第二次会议通过,从 1995 年 1 月 1 日开始施行。2014 年 8 月 31 日第十二届全国人民代表大会常务委员会第十次会议对《预算法》进行了修订,新修订的《预算法》将自 2015 年 1 月 1 日起,正式施行。新修订的《预算法》在预算管理制度、预算控制方式、地方债务风险、转移支付制度、预算支出约束等多方面实现了重大突破。

③ 内容。新修订的《预算法》全文共 11 章 101 条，包括总则、预算管理职权、预算收支范围、预算编制、预算审查和批准、预算执行、预算调整、决算、监督、法律责任和附则等。

同步训练 4－1 1994 年 3 月 22 日第八届全国人民代表大会第二次会议通过，从 1995 年 1 月 1 日开始施行的《预算法》全文共 11 章（　　　）条。

A. 79　　　B. 101　　　C. 68　　　D. 78

解析：正确答案是 B。见上述预算法的内容。

（二）预算法实施条例

《预算法实施条例》于 1995 年 11 月 2 日经中华人民共和国国务院第三十七次常务会议通过，由中华人民共和国国务院于 1995 年 11 月 22 日发布实施，全文共计 8 章 79 条，包括总则、预算收支范围、预算编制、预算执行、预算调整、决算、监督、附则。

二、国家预算

（一）国家预算的概念

国家预算是政府的基本财政收支计划，即是经法定程序批准的具有法律效力的政府年度财政收支计划。国家预算是实现财政职能的基本手段，它反映国家的施政方针和社会经济政策，规定政府活动的范围和方向。国家预算由预算收入和预算支出组成。

（二）国家预算的作用

1. 财力保证作用

国家预算既是保障国家机器运转的物资条件，又是政府实施各项社会经济政策的有效保证。

同步训练 4－2 “国家预算既是保障国家机器运转的物资条件，又是政府实施各项社会经济政策的有效保证”这种说法（　　　）。

A. 正确　　　B. 不正确

解析：正确答案是 A。见上述国家预算的作用。

2. 调节制约作用

国家预算作为国家的基本财务计划，是国家财政实行宏观控制的主要依据和主要手段，是调节社会经济生活的主要财政机制，在国家财政管理中起着主导作用。

3. 反映监督作用

国家预算是国民经济的综合反映，预算收入反映国民经济发展规模和经济效益水平，预算支出反映各项建设事业发展的基本情况。因此，通过国家预算的编制和执行便于掌握国民经济的运行状况、发展趋势及出现的问题，从而采取对策措施，促进国民经济稳定协调地发展。

（三）国家预算的级次划分

根据国家政权结构、行政区域划分和财政管理体制要求而确定国家预算组织结构。我国的国家预算实行一级政府一级预算。政府分为中央级，省级（省、自治区、直辖市），地市级（设区的市、自治州），县级（县、自治县、不设区的市、市辖区），乡级（乡、民族乡、镇）5 个级次;国家预算也相应地分为5级,即中央预算(1级)和地方预算(4级:省级预算、地市级预算、县市级预算和乡镇级预算)。

同步训练4-3 根据国家政权结构、行政区域划分和财政管理体制要求而确定的国家预算可划分为(　　)级。

A. 3　　B. 4　　C. 5　　D. 2

解析:正确答案是C。见上述国家预算的级次划分的内容。

(四) 国家预算的原则

国家预算原则是指国家选择预算形式和体系应遵循的指导思想,也就是制定政府财政收支计划的方针。一般来说,各级预算应遵循统筹兼顾、勤俭节约、量力而行、讲求绩效和收支平衡的原则。

1. 统筹兼顾

所谓统筹兼顾,是指纵观大局,双管齐下,强调一种全局思想。新修订的《预算法》强调,各级一般公共预算支出的编制,应当统筹兼顾,在保证基本公共服务合理需要的前提下,优先安排国家确定的重点支出。

2. 勤俭节约

所谓的勤俭节约就是勤劳而节俭,形容工作勤劳,生活节俭。新修订的《预算法》强调,各级预算支出的编制,应当贯彻勤俭节约的原则,严格控制各部门、各单位的机关运行经费和楼堂馆所等基本建设支出。

3. 量力而行

量力而行即按照自己能力的大小去做,不要勉强。新修订的《预算法》删除了预算审查和执行中涉及法定支出的规定,同时强调在统筹兼顾的原则下优先安排国家确定的重点支出。

4. 讲求绩效

新修订的《预算法》规定,首先将"提高预算绩效"列入预算草案及预算执行情况审查结果报告的内容。同时强调各级政府、各部门、各单位应当对预算支出情况开展绩效评价。

5. 收支平衡

新修订的《预算法》规定,地方各级预算按照量入为出、收支平衡的原则编制,同时强调各级政府应当建立跨年度预算平衡机制。

同步训练4-4 属于国家预算应遵循的原则有(　　)。

A. 统筹兼顾　　B. 量力而行　　C. 勤俭节约　　D. 讲求绩效

解析:正确答案是ABCD。见上述国家预算的原则的内容。

(五) 国家预算的构成

1. 按预算的级次分

国家预算按预算的级次分为中央预算和地方预算。

① 中央预算。这是中央政府的财政收支计划,由中央政府各部门预算和各直属单位的预算组成,包括地方向中央上解的收入数额和中央对地方返还或给予补助的数额。

② 地方预算。这是地方政府的财政收支计划，是各级地方政府总预算的统称。地方预算由各省、自治区、直辖市总预算组成。

地方各级总预算由本级预算和汇总的下一级总预算组成；下一级只有本级预算的，下一级总预算即指下一级的本级预算。没有下一级预算的，总预算即指本级预算。

2. 按收支管理范围分

国家预算按收支管理范围分为总预算和部门单位预算。

① 总预算。又称财政总预算，是指由各级政府的“财政部门”编制，将本级政府和下级政府的年度财政收支计划汇总编成的预算。如果下级政府只有本级预算的，下级政府总预算即指下级政府的本级预算；如果没有下级政府预算的，总预算即指本级预算。

② 部门单位预算。各部门预算由本部门所属各单位预算组成。单位预算是指列入部门预算的国家机关、社会团体和其他单位的收支预算。部门单位预算是总预算的基础。由各预算部门和单位编制。

同步训练 4－5　属于国家预算构成的有(　　　　)。

A. 中央预算　　B. 总预算　　C. 部门单位预算　　D. 地方预算

解析：正确答案是 ABCD。见上述国家预算的构成的内容。

3. 按预算收支的内容分

国家预算按预算收支的内容分为一般公共预算、政府性基金预算、国有资本经营预算和社会保险基金预算等。

① 一般公共预算是对以税收为主体的财政收入，安排用于保障和改善民生、推动经济社会发展、维护国家安全、维持国家机构正常运转等方面的收支预算。一般公共预算包括中央一般公共预算和地方各级一般公共预算。其中，中央一般公共预算包括中央各部门(含直属单位，下同)的预算和中央对地方的税收返还、转移支付预算；地方各级一般公共预算包括本级各部门(含直属单位，下同)的预算和税收返还、转移支付预算。

② 政府性基金预算，是对依照法律、行政法规的规定在一定期限内向特定对象征收、收取或以其他方式筹集的资金，专项用于特定公共事业发展的收支预算。政府性基金预算应当根据基金项目收入情况和实际支出需要，按基金项目编制，做到以收定支。

③ 国有资本经营预算，是对国有资本收益作出支出安排的收支预算。国有资本经营预算应当按照收支平衡的原则编制，不列赤字，并安排资金调入一般公共预算。

④ 社会保险基金预算，是对社会保险缴款、一般公共预算安排和其他方式筹集的资金，专项用于社会保险的收支预算。社会保险基金预算应当按照统筹层次和社会保险项目分别编制，做到收支平衡。

需要注意的是，一般公共预算、政府性基金预算、国有资本经营预算、社会保险基金预算应当保持完整、独立。政府性基金预算、国有资本经营预算、社会保险基金预算应当与一般公共预算相衔接。

三、预算管理的职权

预算管理主要是对预算的编制、审查、批准、执行、调整、监督，以及决算和其他预算的管理活动。根据统一领导、分级管理、权责结合的原则，《预算法》明确规定了各级人民代表大会及其常务委员会,各级政府部门,各级财政部门,各部门、各单位在各自的职权范围内对预算进行管理。

(一) 各级人民代表大会的职权

各级人民代表大会的职权有审查权、批准权、变更撤销权。

1. 审查权

各级人民代表大会审查各级预算草案及各级预算执行情况的报告。例如,全国人民代表大会有审查中央和地方预算草案及中央和地方预算执行情况的报告的权利。

2. 批准权

各级人民代表大会批准各级预算和各级预算执行情况的报告。例如,乡、民族乡、镇的人民代表大会有审查和批准本级预算和本级预算执行情况的报告的权利。

3. 变更撤销权

改变或撤销各级人民代表大会常务委员会关于预算、决算的不适当的决议;撤销各级政府关于预算、决算的不适当的决定和命令。

需要注意的是,设立预算的乡、民族乡、镇,由于不设立人大常委会,因而其职权中还包括监督本级预算的执行、审查和批准本级预算的调整方案。

**同步训练 4-6** 属于设立预算的乡、民族乡、镇人民代表大会的职权有(　　)。

A. 监督本级预算的执行

B. 审查和批准本级预算的调整方案

C. 审查和批准本级决算

D. 审查本级预算草案及本级预算执行情况的报告

解析:正确答案是ABCD。见上述各级人民代表大会的职权的内容。

(二) 各级人大常委会的职权

各级人大常委会的职权有监督权、审批权、撤销权。

1. 监督权

监督权即监督各级预算的执行。例如,全国人民代表大会常务委员会监督中央和地方预算的执行。

2. 审批权

审查和批准各级(不含乡级)预算的调整方案;审查和批准各级决算。例如,全国人民代表大会常务委员会审查和批准中央预算的调整方案。

3. 撤销权

撤销各级权利和行政机构制定的同宪法、法律相抵触的关于预算、决算的行政法规、决定和命令。例如,全国人民代表大会常务委员会有权撤销国务院及省级人民代表大会及其常务委员会制定的同宪法、法律相抵触的关于预算、决算的行政法规、决定和命令。

(三) 各级人民政府的职权

1. 国务院的职权

① 编制权。国务院编制中央预算、决算草案;编制中央预算调整方案;将省、自治区、直辖市政府报送备案的预算汇总后报全国人民代表大会常务委员会备案。

② 报告权。国务院应向全国人民代表大会作关于中央和地方预算草案的报告；向全国人民代表大会、全国人民代表大会常务委员会报告中央和地方预算的执行情况。

③ 执行权。国务院组织中央和地方预算的执行；决定中央预算预备费的动用；监督中央各部门和地方政府的预算执行。

④ 改变或撤销权。国务院改变或撤销中央各部门和地方政府关于预算、决算的不适当的决定、命令。

2. 县级以上地方各级政府的职权

① 编制权。编制本级预算、决算草案；编制本级预算的调整方案；将下一级政府报送备案的预算汇总后报本级人民代表大会常务委员会备案。

② 报告权。向本级人民代表大会作关于本级总预算草案的报告，向本级人民代表大会、本级人民代表大会常务委员会报告本级总预算的执行情况。

③ 执行权。组织本级总预算的执行，决定本级预算预备费的动用，监督本级各部门和下级政府的预算执行。

④ 改变或撤销权。改变或撤销本级各部门和下级政府关于预算、决算的不适当的决定、命令。

3. 乡、民族乡、镇政府的职权

① 编制权。编制本级预算、决算草案；编制本级预算的调整方案。

② 报告权。向本级人民代表大会作关于本级预算草案的报告；向本级人民代表大会报告本级预算的执行情况。

③ 执行权。组织本级预算的执行；决定本级预算预备费的动用。

需要注意的是，经省、自治区、直辖市政府批准，乡、民族乡、镇本级预算草案、预算调整方案、决算草案，可以由上一级政府代编，并依照《预算法》的规定报乡、民族乡、镇的人民代表大会审查和批准。

（四）各级财政部门的职权

各级财政部门的职权有编制权、执行权、提出权、报告权。

1. 编制权

编制权是指具体编制各级预算和决算草案，编制各级预算的调整方案。例如，国务院财政部门有权编制中央预算、决算草案和编制中央预算的调整方案。

2. 执行权

执行权是指具体组织各级预算的执行。例如，国务院财政部门有权具体组织中央和地方预算的执行等。

3. 提出权

提出权是指提出各级预算预备费动用方案。例如，国务院财政部门有权提出中央预备费动用方案等。

4. 报告权

报告权是指定期报告各级预算的执行情况。例如，国务院财政部门应定期向国务院报告中央和地方预算的执行情况；地方各级财政部门应定期向本级政府和上一级财政部门报告本级总预算的执行情况。

(五) 各部门、各单位的职权

1. 各部门的职权

各部门是指与财政部门直接发生预算缴款、拨款关系的地方国家机关、政党组织和社会团体等各部门。其职权包括:①编制权,编制本部门预算、决算草案;②执行权,组织和监督本部门预算的执行;③报告权,定期向本级政府财政部门报告预算的执行情况。

2. 各单位的职权

各单位是指与财政部门直接发生预算缴款、拨款关系的企业和事业单位等各种单位。其职权包括:①编制权,编制本单位预算、决算草案;②按照国家规定上缴预算收入和安排预算支出;③接受国家有关部门的监督。

四、预算收入与预算支出

国家预算由预算收入和预算支出两部分组成。

(一) 预算收入

① 按其来源划分,一般公共预算收入可分为税收收入、行政事业性收费收入、国有资源(资产)有偿使用收入、转移性收入和其他收入。其中,税收收入是国家预算收入最主要的部分。

知识拓展

我国实行财政转移支付制度。转移支付,又称无偿支出,主要是指各级政府之间为解决财政失衡而通过一定的形式和途径转移财政资金的活动,是用以补充公共物品而提供的一种无偿支出,是政府财政资金的单方面的无偿转移,体现的是非市场性的分配关系,是二级分配的一种手段。财政转移支付包括中央对地方的转移支付(又分为一般转移支付和专项转移支付)和地方上级政府对下级政府的转移支付。转移支付对于转出方是转移性支出,而对于转入方就是转移性收入。

同步训练 4-7 按《预算法》规定,属于预算收入形式的有(　　)。

A. 税收收入　　B. 转移性收入

C. 罚没收入　　D. 国有资产有偿使用收益

解析:正确答案是 ABCD。见上述预算收入的内容。

② 按分享程度划分,预算收入主要包括中央预算收入、地方预算收入、中央和地方预算共享收入。其中,中央预算收入是指按照分税制财政管理体制,纳入中央预算、地方不参与分享的收入,包括中央本级收入和地方按照规定向中央上解的收入;地方预算收入是指按照分税制财政管理体制,纳入地方预算、中央不参与分享的收入,包括地方本级收入和中央按照规定返还或补助地方的收入;中央和地方预算共享收入是指按照分税制财政管理体制,中央预算和地方预算对同一税种的收入,按照一定划分标准或比例分享的收入。

同步训练 4-8 按《预算法》规定,属于中央预算收入形式的有(　　)。

A. 中央预算收入　　B. 地方不参与分享的收入
C. 地方预算收入　　D. 中央不参与分享的收入

解析:正确答案是 AB。见上述预算收入的内容。

③ 按照复式预算编制划分,预算收入分为政府公共预算收入、政府性基金预算收入、国有资本经营预算收入和社会保障预算收入。其中,公共预算收入包括各项税收收入、行政事业性收费收入、国有资源(资产)有偿使用收入、转移性收入和其他收入等。

(二) 预算支出

① 一般公共预算支出按照其功能分类,包括一般公共服务支出,外交、公共安全、国防支出,农业、环境保护支出,教育、科技、文化、卫生、体育支出,社会保障及就业支出和其他支出。

② 一般公共预算支出按照其经济性质分类,包括工资福利支出、商品和服务支出、资本性支出和其他支出。

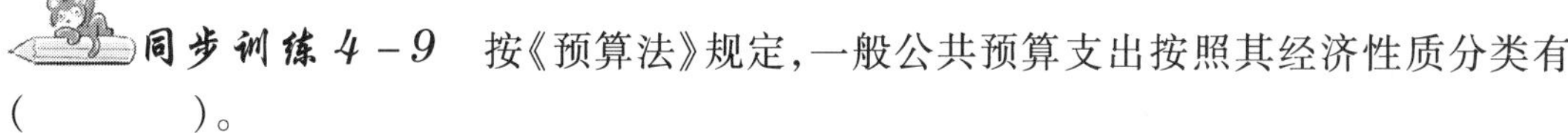

同步训练 4-9　按《预算法》规定,一般公共预算支出按照其经济性质分类有(　　)。

A. 工资福利支出　B. 商品和服务支出　C. 资本支出　D. 其他支出

解析:正确答案是 ABCD。见上述预算支出的内容。

五、预算组织程序

预算组织程序是国家在预算管理方面依序进行的各个工作环节构成的有序活动的总体,包括预算的编制、审批、执行和调整 4 个环节。

(一) 预算的编制

预算的编制是指预算草案的编制。所谓的预算草案是指各级政府、各部门、各单位编制的未经法定程序审查和批准的预算收支计划。预算草案不具有法律效力,只有经过法定程序审批后才具有法律效力。

1. 预算年度

我国国家预算年度采取的是公历年制。《预算法》规定,预算年度自公历 1 月 1 日起,至 12 月 31 日止。各级政府、各部门、各单位应当按照国务院规定的时间编制预算草案。

2. 预算草案的编制依据

(1) 各级预算的编制依据

各级预算应当根据年度经济社会发展目标、国家宏观调控总体要求和跨年度预算平衡的需要,参考上一年预算执行情况、有关支出绩效评价结果和本年度收支预测,按照规定程序征求各方面意见后,进行编制。

各级预算收入的编制,应当与经济社会发展水平相适应,与财政政策相衔接。各级政府、各部门、各单位应当依照《预算法》规定,将所有政府收入全部列入预算,不得隐瞒、少列。

各级预算支出应当依照本法规定,按其功能和经济性质分类编制。各级预算支出的编制,应当贯彻勤俭节约的原则,严格控制各部门、各单位的机关运行经费和楼堂馆所等基本建设支出。各级一般公共预算支出的编制,应当统筹兼顾,在保证基本公共服务合理需要的

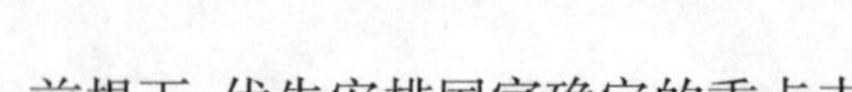

前提下,优先安排国家确定的重点支出。

(2) 各部门、各单位预算的编制依据

各部门、各单位应当按照国务院财政部门制定的政府收支分类科目、预算支出标准和要求,以及绩效目标管理等预算编制规定,根据其依法履行职能和事业发展的需要以及存量资产情况,编制本部门、本单位预算草案。

政府收支分类科目,收入分为类、款、项、目;支出按其功能可分为类、款、项,按其经济性质可分为类、款。

同步训练 4-10 按《预算法》规定,属于预算编制草案依据的有(　　)。

A. 本年度收支预测　　B. 年度经济社会发展目标

C. 国家宏观调控总体要求　　D. 参考上一年预算执行情况

解析: 正确答案是 ABCD。见上述预算草案的编制依据的内容。

(二) 预算的审批

中央预算由全国人民代表大会审查和批准。地方各级预算由本级人民代表大会审查和批准。

1. 初审

国务院财政部应当在每年全国人民代表大会会议举行的 45 日前,将中央预算草案的初步方案提交全国人民代表大会财政经济委员会进行初步审查,全国人民代表大会财政经济委员会应当提出初步审查意见;地方政府各级财政部门应当在本级人民代表大会会议举行的 30 日前,将本级预算草案的初步方案提交本级人民代表大会有关专门委员会进行初步审查,本级人民代表大会有关专门委员会应当提出初步审查意见。

2. 审查批准

中央预算由全国人民代表大会审查和批准;地方各级政府预算由本级人民代表大会审查和批准。例如,全国人民代表大会财政经济委员会向全国人民代表大会主席团提出关于中央和地方预算草案及中央和地方预算执行情况的审查结果报告,并经人民代表大会批准。预算草案经审批生效,就成为正式的国家预算,并具有法律约束力,非经法定程序,不得更改。

预算一经人民代表大会批准,非经法定程序,不得调整。各级政府、各部门、各单位的支出必须以经批准的预算为依据,未列入预算的不得支出。

同步训练 4-11 按《预算法》规定,预算草案经审批生效,就成为正式的国家预算,并具有法律约束力,非经法定程序,不得更改。这种说法(　　)。

A. 正确　　B. 不正确

解析: 正确答案是 A。见上述预算的审批的内容。

3. 审查内容

全国人民代表大会和地方各级人民代表大会对预算草案及其报告、预算执行情况的报告重点审查下列内容。

① 上一年预算执行情况是否符合本级人民代表大会预算决议的要求。

② 预算安排是否符合《预算法》的规定。

③ 预算安排是否贯彻国民经济和社会发展的方针政策，收支政策是否切实可行。

④ 重点支出和重大投资项目的预算安排是否适当。

⑤ 预算的编制是否完整，是否符合《预算法》第四十六条的规定。

⑥ 对下级政府的转移性支出预算是否规范、适当。

⑦ 预算安排举借的债务是否合法、合理，是否有偿还计划和稳定的偿还资金来源。

⑧ 与预算有关重要事项的说明是否清晰。

4. 预算备案

预算备案是指各级政府预算批准后，必须依法自下而上地逐级向相应的国家机关备案。其目的是加强预算的监督，预算备案与预算审批是密切相关的一种制度。

5. 预算批复

预算批复是指各级政府预算经过本级人民代表大会的批准之后，本级政府财政部门应当及时向本级政府各部门批复预算。各级预算经本级人民代表大会批准后，本级政府财政部门应当在 20 日内向本级各部门批复预算。各部门应当在接到本级政府财政部门批复的本部门预算后 15 日内向所属各单位批复预算。

中央对地方的一般性转移支付应当在全国人民代表大会批准预算后 30 日内正式下达。中央对地方的专项转移支付应当在全国人民代表大会批准预算后 90 日内正式下达。

同步训练 4－12 按《预算法》规定，各级预算经本级人民代表大会批准后，本级政府财政部门应当在(　　)日内向本级各部门批复预算。

A. 20　　B. 15　　C. 10　　D. 45

解析：正确答案是 A。见上述预算批复的内容。

6. 预算公开制

经本级人民代表大会或本级人民代表大会常务委员会批准的预算、预算调整、决算、预算执行情况的报告及报表，应当在批准后 20 日内由本级政府财政部门向社会公开，并对本级政府财政转移支付安排、执行的情况以及举借债务的情况等重要事项作出说明；经本级政府财政部门批复的部门预算、决算及报表，应当在批复后 20 日内由各部门向社会公开，并对部门预算、决算中机关运行经费的安排、使用情况等重要事项作出说明；各级政府、各部门、各单位应当将政府采购的情况及时向社会公开。

（三）预算的执行

预算执行是指经法定程序审查和批准的预算的具体实施阶段，是各级政府、各部门、各单位在组织预算收入和划拨预算支出的活动。预算执行工作是实现预算收支任务的关键步骤，也是整个预算管理工作的中心环节。

我国预算执行的主体包括各级政府、各级政府财政部门、预算收入征收部门、国家金库、各有关部门和有关单位。不同的预算执行主体享有不同的权利，承担不同的任务。具体如下。

① 各级预算由本级政府组织执行，具体工作由本级政府财政部门负责。

② 各部门、各单位是本部门、本单位的预算执行主体，负责本部门、本单位的预算执行，并对执行结果负责。有预算收入上缴义务的部门和单位，应当依照法律、行政法规和国务院

的规定,将应当上缴的预算资金及时、足额地上缴国家金库(以下简称国库)和依法设立的财政专户,不得截留、占用、挪用或拖欠。各部门、各单位的支出必须按照预算执行。

③ 预算收入征收部门和单位,必须依照法律、行政法规的规定,及时、足额征收应征的预算收入,不得违反法律、行政法规规定,擅自减征、免征或缓征应征的预算收入,不得截留、占用或挪用预算收入。各级政府不得向预算收入征收部门和单位下达收入指标。

④ 国库管理。国库是办理预算收入的收纳、划分、留解和库款支拨的专门机构,分为中央国库和地方国库。根据《预算法》规定,县级以上各级预算必须设立国库;具备条件的乡、民族乡、镇也应当设立国库。各级国库应当按照国家有关规定,及时准确地办理预算收入的收纳、划分、留解、退付和预算支出的拨付。各级国库库款的支配权属于本级政府财政部门,各级政府及其财政部门负责本级国库的管理和监督。任何部门、单位和个人都无权冻结、动用国库库款或以其他方式支配已入国库的库款。任何部门、单位和个人不得截留、占用、挪用或拖欠。

(四) 预算的调整

1. 预算调整的范围

预算调整是指经全国人民代表大会批准的中央预算和经地方各级人民代表大会批准的本级预算,在执行中因特殊情况需要增加支出或减少收入,使原批准的收支平衡的预算的总支出超过总收入,或者使原批准的预算中举借债务的数额增加的部分变更。

需要注意的是,在预算执行中,各级政府依照有关法律和行政法规规定应当增加的支出,以及因上级政府增加专项转移支付而引起的预算支出变化,不属于预算调整。

2. 预算调整的组织程序

预算调整的组织程序主要是指预算调整方案的编制、审批和备案等工作环节。

1) 编制。各级政府对于必须进行的预算调整,应当编制预算调整方案。各级政府财政部门负责编制预算调整方案。编制预算调整方案,应当列明调整的原因、项目、数额、措施及有关说明。

2) 审批。预算调整方案审批主体是各级(不含乡级)人民代表大会常务委员会或乡、民族乡、镇人民代表大会。例如,中央预算的调整方案必须提请全国人民代表大会常务委员会审查和批准。需要注意的是,未经批准,不得调整预算。

3) 备案。根据《预算法》规定,地方各级政府预算的调整方案经批准后,由本级政府报上一级政府备案。

六、决算

(一) 决算的概念

决算是指对年度预算收支执行结果的会计报告,是预算执行的总结,是国家管理预算活动的最后一道程序。决算包括决算报告和文字说明两个部分。

(二) 决算的组织程序

决算的组织程序主要包括决算草案的编制、审批、批复和备案等工作环节。

1) 决算的编制。决算的编制又称决算草案的编制。所谓决算草案,是指各级政府、各部门、各单位,在每一预算年度终了后按照国务院规定的时间编制。

① 编制主体。决算编制主体是各级政府财政部门、各部门、各单位。例如,国务院财政部门编制中央决算草案;县级以上地方各级政府财政部门编制本级决算草案。

② 编制原则。编制决算草案,必须符合法律、行政法规,做到收支真实、数额准确、内容完整、报送及时。决算草案应当与预算相对应,按预算数、调整预算数、决算数分别列出。一般公共预算支出应当按其功能分类编列到项,按其经济性质分类编列到款。

2) 决算的审批。不同级别的决算审批部门不同。国务院财政部门编制中央决算草案,经国务院审计部门审计后,报国务院审定,由国务院提请全国人民代表大会常务委员会审查和批准;县级以上地方各级政府财政部门编制本级决算草案,经本级政府审计部门审计后,报本级政府审定,由本级政府提请本级人民代表大会常务委员会审查和批准;乡、民族乡、镇政府编制本级决算草案,提请本级人民代表大会审查和批准。决算草案审批后就是正式的决算了。

3) 决算的批复。根据《预算法》规定,各级决算经批准后,财政部门应当在20日内向本级各部门批复决算;各部门应当在接到本级政府财政部门批复的本部门决算后15日内向所属单位批复决算。

4) 决算的备案。地方各级政府应当将经批准的决算及下一级政府上报备案的决算汇总,报上一级政府备案;县级以上各级政府应当将下一级政府报送备案的决算汇总后,报本级人民代表大会常务委员会备案。

七、预决算的监督

(一) 各级国家权力机关的监督

根据《预算法》规定,全国人民代表大会及其常务委员会对中央和地方预算、决算进行监督;县以上地方各级人民代表大会及其常务委员会对本级和下级政府预算、决算进行监督;乡、民族乡、镇人民代表大会对本级预算、决算进行监督。

(二) 各级政府部门的监督

各级政府监督下级政府的预算执行;下级政府应当定期向上一级政府报告预算执行情况。

(三) 各级政府财政部门的监督

根据《预算法》规定,各级政府财政部门负责监督检查本级各部门及其所属各单位预算的编制、执行和本级国库办理的预算收入收纳、划分、留解、退付及预算支出的拨付业务,并向本级政府和上一级政府财政部门报告预算执行情况。省级以上政府财政部门经本级政府批准设立的派出机构,按照规定的职责依法开展监督检查工作。

(四) 各级政府审计部门的监督

根据《预算法》规定,各级政府审计部门对本级各部门、各单位和下级政府的预算执行和决算实行审计监督。

(五) 社会监督

社会监督是指公民、法人或其他组织发现有违反《预算法》的行为,可以依法向有关国家机关进行检举、控告。接受检举、控告的国家机关应当依法进行处理,并为检举人、控告人保密。任何单位或个人不得压制和打击报复检举人、控告人。

第二节 政府采购法律制度

工作疑问

1. 什么是政府采购?政府采购的主体、对象和使用的资金是什么?
2. 政府采购应遵循的基本原则是什么?其有何功能?
3. 政府采购与一般采购有何区别?
4. 政府采购可以采取哪些模式?其特点是什么?
5. 政府采购的当事人包括哪些?其有何权利和义务?

一、政府采购法律制度的构成

我国政府采购法律制度由《中华人民共和国政府采购法》(以下简称《政府采购法》)、政府采购行政法规、国务院各部门特别是财政部颁布的一系列部门规章及地方性法规和政府规章组成。

(一)政府采购法

政府采购法是指调整各级国家机关、事业单位和团体组织,使用财政性资金依法采购货物、工程和服务活动的法律规范总称。2002年6月29日,第九届全国人民代表大会常务委员会第二十八次会议通过《政府采购法》,并于2003年1月1日起施行。2014年8月31日第十二届全国人民代表大会常务委员会第十次会议修订了《政府采购法》,其立法宗旨是规范政府采购行为,提高政府采购资金的使用效益,维护国家利益和社会公共利益,保护政府采购当事人的合法权益,促进廉政建设。

(二)政府采购行政法规

政府采购行政法规是由国务院制定的关于政府采购的规范性文件。例如,国务院根据《政府采购法》制定的《中华人民共和国政府采购法实施条例》(以下简称《采购法实施条例》),于2015年1月30日发布,并自2015年3月1日起施行。

(三)政府采购部门规章

政府采购部门规章,主要是指国务院财政部门制定的规章。它主要包括《政府采购货物和服务招标投标管理办法》《政府采购信息公告管理办法》《政府采购供应商投诉处理办法》和《中央单位政府采购管理实施办法》等。

(四)政府采购地方性法规和政府规章

政府采购地方性法规是指省、自治区、直辖市,以及省、自治区人民政府所在地的市和经国务院批准的较大的市的人民代表大会及其常务委员会,在其法定权限内制定的法律规范性文件,如《辽宁省政府采购管理规定》《吉林省吉林市政府采购管理暂行办法》《浙江省省级政府采购工作规程(试行)》《黄石市市级政府采购协议供应商管理办法》等。

二、政府采购的范围

政府采购是指各级国家机关、事业单位和团体组织(统称采购人),使用财政性资金采购依法制定的集中采购目录以内的或采购限额标准以上的货物、工程和服务的行为。

需要注意的是,“采购”是指以合同方式有偿取得货物、工程和服务的行为,包括购买、租赁、委托、雇用等。

同步训练4-13 《政府采购法》所称政府采购,是指各级国家机关、事业单位和团体组织,使用(　　)采购依法制定的集中采购目录以内的或采购限额标准以上的货物、工程和服务的行为。

A. 财政性资金　　B. 非财政性资金　　C. 经营收入　　D. 捐赠收入

解析:正确答案是A。见上述政府采购的概念的内容。

(一) 政府采购的主体范围

政府采购是一种不以营利为目的交易活动,作为交易活动就有采购人(买方)与供应商(卖方)之分。根据《政府采购法》规定,政府采购主体(采购人)是指我国境内的各级国家机关、事业单位和团体组织,而所有个人、私人企业和公司均不能成为政府采购的采购人;对于供应商主体(卖方),只要符合规定供货条件的任何个人或企业公司都可以成为供应商。

(二) 政府采购的资金范围

根据《政府采购法》规定,采购人开展采购活动的采购项目资金为财政性资金,是纳入预算管理的资金,包括财政预算资金和纳入财政管理的其他资金。其中包括以财政性资金作为还款来源的借贷资金,以事业单位和团体组织占有或使用的国有资产作担保的借贷资金。

需要说明的是,当采购项目既使用财政性资金又使用非财政性资金的,使用财政性资金采购的部分,适用《政府采购法》及《采购法实施条例》;当采购项目的财政性资金与非财政性资金无法分割采购的,统一适用《政府采购法》及《采购法实施条例》。

(三) 政府集中采购目录和政府采购限额标准

1. 政府集中采购目录的确定

集中采购目录是指应当实行集中采购的货物、工程和服务品目类别目录。

① 集中采购目录包括集中采购机构采购项目和部门集中采购项目。其中,集中采购机构采购项目是指技术、服务等标准统一,采购人普遍使用的项目,而部门集中采购项目是指采购人本部门、本系统基于业务需要有特殊要求,可以统一采购的项目。

② 确定。政府集中采购目录的确定,实行分级管理。属于中央预算的政府采购项目,其集中采购目录由国务院确定并公布;属于地方预算的政府采购项目,其集中采购目录由省、自治区、直辖市人民政府或其授权的机构确定并公布。

2. 政府采购限额标准的制定

采购限额标准是指集中采购目录以外应实行政府采购的货物、工程和服务品目类别的最低金额标准。政府采购限额标准制定,也实行分级管理。其中,属于中央预算的政府采购项目,限额标准由国务院确定并公布;属于地方预算的政府采购项目,限额标准由省、自治区、直辖市人民政府或其授权的机构确定并公布。

(四) 政府采购的对象范围

政府采购的对象范围涉及货物、工程和服务。其中,货物是指各种形态和种类的物品,包括有形物和无形物,如商标专用权、著作权、专利权等知识产权也视同货物;工程是指建设构筑物和建筑物的工程,包括新建、改建、扩建、装修、拆除、修缮,以及与建设工程相关的勘察、设计、施工、监理等;服务是指除货物和工程以外的政府采购对象,包括各类专业服务、信息网络开发服务、金融保险服务、运输服务,以及维修与维护服务等。服务包括政府自身需要的服务和政府向社会公众提供的公共服务。

需要注意的是,政府采购应当采购本国货物、工程和服务。但有这 3 类情形之一的除外:①需要采购的货物、工程或服务在中国境内无法获取,或者无法以合理的商业条件获取的;②为在中国境外使用而进行采购的;③其他法律、行政法规另有规定的。

同步训练 4-14 《政府采购法》所指的政府采购对象范围有(　　)。

A. 货物　　B. 工程　　C. 服务　　D. 商品

解析:正确答案是 ABC。见上述政府采购的对象范围的内容。

三、政府采购的原则

政府采购是使用财政资金,为政府和公共利益服务而进行的采购,不同于一般商业采购,因此,《政府采购法》规定了 4 条原则:公开透明、公平竞争、公正和诚实信用原则。

(一) 公开透明原则

公开透明是政府采购必须遵循的基本原则之一。公开透明要求政府采购的信息和行为不仅要全面公开,而且要完全透明,即除涉及国家秘密或商业秘密的外,政府采购项目、采购程序性文件、采购结果等政府采购信息应当公开,同时将政府采购信息在省级以上人民政府财政部门指定的媒体上发布;采购金额达到 500 万元以上的政府采购项目信息应当在国务院财政部门指定的媒体上发布。

(二) 公平竞争原则

公平原则是市场经济运行的重要法则,也是政府采购的基本规则。公平竞争要求在竞争的前提下公平地开展政府采购活动。为了实现公平竞争的原则,《政府采购法》规定,在政府采购活动中,采购人员及相关人员与供应商有利害关系的,必须回避;供应商认为采购人员及相关人员与其他供应商有利害关系的,可以申请其回避;将竞争机制引入政府采购活动中,实行优胜劣汰,提高财政性资金的使用效益;在政府采购的竞争中,必须公平地对待每一个供应商,不能设置妨碍充分竞争的不正当条件,而且采购信息要在政府采购监督管理部门指定的媒体上广泛、公平地披露。

(三) 公正原则

公正原则是为采购人与供应商之间在政府采购活动中处于平等地位而确立的。公正原则要求政府采购要按照事先约定的条件和程序进行,对所有供应商一视同仁,不得有歧视条件和行为,任何单位或个人无权干预采购活动的正常开展。

同步训练 4-15 政府采购要按照事先约定的条件和程序进行,对所有供应商一

视同仁，不得有歧视条件和行为，任何单位或个人无权干预采购活动的正常开展。这体现了（　　）。

A. 诚实信用原则　　B. 公开透明原则　　C. 公平竞争原则　　D. 公正原则

解析：正确答案是 D。见上述政府采购的原则的内容。

（四）诚实信用原则

诚实信用原则要求政府采购当事人在政府采购活动中，本着诚实、守信的态度履行各自的权利和义务——讲究信誉，兑现承诺，不得散布虚假信息，不得有欺诈、串通、隐瞒等行为，不得伪造、变造、隐匿、销毁需要依法保存的文件，不得规避法律法规，不得损害第三人的利益。

**同步训练 4－16**　属于政府采购原则的有（　　）。

A. 诚实信用原则　　B. 公开透明原则　　C. 公平竞争原则　　D. 公正原则

解析：正确答案是 ABCD。见上述政府采购的原则的内容。

四、政府采购的功能

（一）节约财政支出，提高采购资金的使用效益

实行统一集中的政府采购使采购规模得到扩大，有利于形成规模经济——批量采购，降低采购成本，从而起到节约财政支出、提高采购资金使用效益的作用。

（二）强化宏观调控

政府采购作为财政支出的重要组成部分，是实现财政支出政策的重要工具。随着政府采购规模和范围的不断扩大，政府采购在市场中的作用也越来越大——政府可以通过调整采购规模、采购时间、采购项目、采购规则等方式来实现特定的宏观调控目标。例如，我国自 2004 年开始探索建立政府绿色采购制度，绿色采购还被纳入“十二五”规划。绿色采购在倡导降低能耗、节能减排方面发挥了积极作用。

（三）活跃市场经济

政府采购必须遵循公开、公平、公正的原则，在竞标过程中执行严密、透明的“优胜劣汰”机制。所有这些都会调动供应商参与政府采购的积极性，并能够促使供应商不断提高产品质量、降低生产成本或改善售后服务，增强企业的竞争能力，为市场经济的发展注入生机和活力。

（四）推进反腐倡廉

政府采购是阳光下的采购，在公开透明、公平竞争、公正的环境下开展采购活动，可以防止腐败的滋生。首先，政府采购中的采购人、采购代理机构和供应商三者之间在各自内在利益驱动下形成的内在相互监督机制，也可以起到反腐倡廉的作用；其次，政府采购建立了一套外在的监督机制，如法律监督，政府采购主管部门的监督，各级纪检、监察、审计等部门的监督等，这些监督都最大限度地增加了政府采购的透明度，尽可能避免腐败现象的发生。

(五)保护民族产业

根据我国《政府采购法》的规定,除极少数法定情形外,政府采购应当采购本国货物、工程和服务。这一规定就体现了国货优先原则,即政府采购保护民族产业的功能。

五、政府采购的执行模式

《政府采购法》规定,政府采购实行集中采购和分散采购相结合。采购人采购纳入集中采购目录的政府采购项目,应当实行集中采购。

(一)集中采购

① 集中采购是由一个专门的政府采购机构负责本级政府的全部采购任务。采购单位必须委托集中采购机构代理采购,采购单位不得擅自自行组织采购。

② 集中采购的种类。按集中程度不同,集中采购可分为政府集中采购和部门集中采购两种形式。其中,政府集中采购是指采购单位委托政府集中采购机构(政府采购中心)组织实施的,纳入集中采购目录以内属于通用性的项目采购活动;部门集中采购是指由采购单位主管部门统一负责组织实施的纳入集中采购目录以内的属于本部门或本系统有专业技术等特殊要求的项目采购活动。

③ 集中采购的范围由省级以上人民政府公布的集中采购目录确定。列入集中采购的项目往往是一些大宗的、通用性的项目,或者是一些社会关注程度较高、影响较大的特定商品、大型工程和重要服务类项目。

④ 集中采购的特点。集中采购具有采购成本低、操作相对规范和社会影响大的特点,可以发挥政府采购的规模优势和政策导向作用,有利于统一监督和管理并且能体现政府采购的效益性和公共性原则。

(二)分散采购

① 分散采购是指采购人将采购限额标准以上的未列入集中采购目录的项目自行采购或委托采购代理机构代理采购的行为。

② 分散采购的范围。列入分散采购的项目往往是一些在限额标准以上、专业化程度较高或单位有特殊需求的项目,一般不具有通用性。此外,对于那些虽纳入集中采购目录但属于本单位有特殊要求的项目,经省级以上人民政府批准,可以自行采购。

③ 分散采购的特点。分散采购有利于满足采购及时性和多样性的需求,手续简单;不足之处是失去了规模效益,加大了采购成本,也不利于实施统一的监督和管理。

六、政府采购当事人

政府采购当事人是在政府采购活动中依法享有相关权利,同时应当依法承担义务的各类主体。它包括采购人、供应商和采购代理机构等。

同步训练 4-17 不属于政府采购当事人的是(　　)。

A. 采购人　　B. 供应商

C. 采购代理机构　　D. 政府采购监督机构

解析:正确答案是 D。见上述政府采购当事人的内容。

（一）采购人

1. 采购人的概念

采购人是指政府采购中货物、工程和服务的直接需求者。作为政府采购的采购人是依法进行政府采购的国家机关、事业单位和团体组织。

2. 采购人的权利

采购人的权利主要包括7项内容。①自行选择采购代理机构的权利。②要求采购代理机构遵守委托协议约定的权利。③审查政府采购供应商的资格的权利。④依法确定中标供应商的权利。⑤签订采购合同并参与对供应商履约验收的权利。⑥特殊情况下提出特殊要求的权利。例如,对于纳入集中采购目录属于本部门、本系统有特殊要求的项目,可以实行部门集中采购;属于本单位有特殊要求的项目,经省级以上人民政府批准,可以自行采购。⑦其他合法权利。

3. 采购人的义务

采购人的义务主要包括8项内容:①遵守政府采购的各项法律、法规和规章制度;②接受和配合政府采购监督管理部门的监督检查,同时还要接受和配合审计机关的审计监督及监察机关的监察;③尊重供应商的正当合法权益;④遵守采购代理机构的工作秩序;⑤在规定时间内与中标供应商签订政府采购合同;⑥在指定媒体及时向社会发布政府采购信息、招标结果;⑦依法答复供应商的询问和质疑;⑧妥善保存反映每项采购活动的采购文件;⑨其他法定义务。

（二）供应商

1. 供应商的概念

供应商是指向采购人提供货物、工程或服务的法人、其他组织或自然人。

2. 法定条件

《政府采购法》规定,供应商参加政府采购活动应当具备6个条件:①具有独立承担民事责任的能力;②具有良好的商业信誉和健全的财务会计制度;③具有履行合同必需的设备和专业技术能力;④有依法缴纳税收和社会保障资金的良好记录;⑤参加政府采购活动前3年内,在经营活动中没有重大违法记录;⑥法律、行政法规规定的其他条件。

3. 供应商的权利

供应商的权利主要包括:①平等地取得政府采购供应商资格的权利;②平等地获得政府采购信息的权利;③自主、平等地参加政府采购竞争的权利;④就政府采购活动事项提出询问、质疑和投诉的权利;⑤自主、平等地签订政府采购合同的权利;⑥要求采购人或采购代理机构保守其商业秘密的权利;⑦监督政府采购依法公开、公正进行的权利;⑧其他合法权利。

4. 供应商的义务

供应商的义务主要包括:①遵守政府采购的各项法律、法规和规章制度;②按规定接受供应商资格审查,并在资格审查中客观真实地反映自身情况;③在政府采购活动中,满足采购人或采购代理机构的正当要求;④投标中标后,按规定程序签订政府采购合同并严格履行合同义务;⑤其他法定义务。

(三) 采购代理机构

1. 采购代理机构的种类

《政府采购法》中的采购代理机构包括集中采购机构和集中采购机构以外的采购代理机构。集中采购机构是设区的市级以上人民政府依法设立的非营利事业法人,是代理集中采购项目的执行机构。集中采购机构应当根据采购人委托制定集中采购项目的实施方案,明确采购规程,组织政府采购活动,不得将集中采购项目转委托。集中采购机构以外的采购代理机构,是从事采购代理业务的社会中介机构。

2. 采购代理机构的义务和责任

采购代理机构的义务和责任主要包括:①依法开展代理采购活动并提供良好服务;②依法发布采购信息;③依法接受监督管理;④不得向采购人行贿或采取其他不正当手段谋取非法利益;⑤其他法定义务和责任。

七、政府采购的方式

政府采购可以采用公开招标、邀请招标、竞争性谈判、单一来源、询价及国务院政府采购监督管理部门认定的其他采购方式。其中,公开招标是政府采购的主要采购方式。

(一) 公开招标

1. 公开招标的概念

公开招标是指采购人或其委托的政府采购代理机构以招标公告的方式邀请不特定的供应商参加投标竞争,从中择优选择中标供应商的采购方式。

2. 公开招标的适用范围

货物或服务应当采用公开招标方式的,其具体数额标准,属于中央预算的政府采购项目,由国务院规定;属于地方预算的政府采购项目,由省、自治区、直辖市人民政府规定;因特殊情况需要采用公开招标以外的采购方式的,应当在采购活动开始前获得设区的市、自治州以上人民政府采购监督管理部门的批准。

3. 公开招标的特殊规定

采购人不得将应当以公开招标方式采购的货物或服务化整为零,或者以其他任何方式规避公开招标采购。但有这些情形之一的,经县级以上人民政府财政部门批准,可以采用非公开招标采购方式:①公开招标未能成立,且招标文件没有不合理条款,招标程序符合规定,重新公开招标将影响采购项目实施的;②采购项目具有特殊性,符合资格条件的供应商不足3家的;③采购时间紧急,采取公开招标采购方式难以满足工作需要的。

(二) 邀请招标

1. 邀请招标的概念

邀请招标是指采购人或其委托的政府采购代理机构以投标邀请书的方式邀请3家或3家以上特定的供应商参与投标的采购方式。

2. 邀请招标的适用范围

政府采购的货物和服务项目,不包括工程项目。《政府采购法》规定,可以采用邀请招标方式采购的情形如下。

① 具有特殊性,只能从有限范围的供应商处采购的。

② 采用公开招标方式的费用占政府采购项目总价值的比例过大的。

3. 邀请招标的特点

① 随机方式确定邀请投标的供应商，所谓随机方式是指按照事先规定的程序从通过公开招标方式确定的供应商中任意选出不少于3家（包括3家）供应商作为邀请对象，不得人为指定；②邀请招标操作相对复杂，采购周期较长，对专业人员的要求较高；③因邀请招标带有限制性，不利于供应商之间充分竞争。

（三）竞争性谈判

1. 竞争性谈判的概念

竞争性谈判是指采购人或其委托的政府采购代理机构通过与多家供应商就采购事宜进行谈判，经分析比较后从中确定中标供应商的采购方式。竞争性谈判是政府采购方式之一，在国际上也广泛流行，如美国、欧盟的政府采购法律或指令中，都规定了这种采购方式。

2. 竞争性谈判的适用范围

符合这些情形之一的货物或服务，可以采用竞争性谈判方式采购：①招标后没有供应商投标或没有合格标的，或者重新招标未能成立的；②技术复杂或性质特殊，不能确定详细规格或具体要求的；③采用招标所需时间不能满足用户紧急需要的；④不能事先计算出价格总额的。

3. 竞争性谈判的工作流程

采取竞争性谈判方式的，要按照5个步骤执行。

1）成立谈判小组。符合竞争性谈判采购方式的采购项目，一般采购金额较大，具有技术复杂、性质特殊和不确定性等特点，需要由一支专业队伍组织采购活动。为此，法律规定要成立一个谈判小组，小组成员由采购人代表和有关专家3个以上的单数组成，其中专家人数不得少于成员总数的2/3。

2）制定谈判文件。

3）确定邀请参加谈判的供应商。谈判小组首先要规定参加谈判的供应商资格条件，然后从符合资格条件的供应商名单中确定并邀请不少于3家的供应商参加谈判。在给供应商发出谈判邀请时要提供谈判文件，作为供应商是否参加谈判决定时的参考依据。

4）开展谈判。

5）确定成交供应商。

（四）单一来源

1. 单一来源的概念

单一来源是指采购人采购不具备竞争条件的物品，只能从唯一的供应商取得采购货物或服务的情况下，直接向该供应商协商采购的采购方式。单一来源是国际上通行的一种采购方式。

2. 单一来源的适用范围

符合下列情形之一的货物或服务，可以采用单一来源方式采购。

① 只能从唯一供应商处采购的。

② 发生了不可预见的紧急情况不能从其他供应商处采购的。

③ 必须保证原有采购项目一致性或服务配套的要求，需要继续从原供应商处添购，且

添购资金总额不超过原合同采购金额10%的。

3. 单一来源的特点

单一来源采购供货渠道单一,不具有竞争性,因此,除发生了不可预见的紧急情况外,采购人应当尽量避免采用单一来源采购方式。

(五) 询价

1. 询价的概念

询价是指采购人向3家以上潜在的供应商发出询价单,对各供应商一次性报出的价格进行分析比较,按照符合采购需求、质量和服务相等且报价最低的原则确定中标供应商的采购方式。

2. 询价的适用范围

采购的货物规格、标准统一、现货货源充足且价格变化幅度小的政府采购项目,可以依照本法采用询价方式采购。

3. 询价的工作流程

1) 成立询价小组。询价小组采购人代表和有关专家共3人以上的单数组成,其中专家的人数不得少于成员总数的2/3。询价小组应当对采购项目的价格构成和评定成交的标准等事项做出规定。

2) 确定被询价的供应商名单。询价小组根据采购需求,从符合相应资格条件的供应商名单中确定不少于3家的供应商,并向其发出询价通知书让其报价。

3) 询价。询价小组要求被询价的供应商一次报出不得更改的价格。

4) 确定成交供应商。

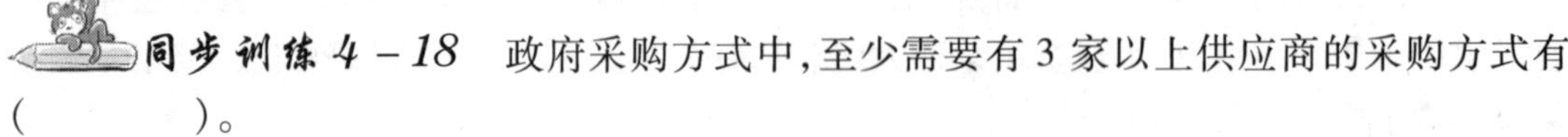

同步训练4-18 政府采购方式中,至少需要有3家以上供应商的采购方式有( )。

A. 询价　　B. 邀请招标　　C. 竞争性谈判　　D. 公开招标

解析:正确答案是ABCD。见上述政府采购的方式的内容。

八、政府采购的监督检查

政府采购监督检查是指对政府采购的各主体在采购过程中发生的行为进行监督检查的行为和活动。各级人民政府财政部门是负责政府采购监督管理的部门,依法履行对政府采购活动的监督管理职责。除此之外,审计机关、监察机关、社会公众等也应当在政府采购监督中发挥应有的作用,集中采购机构、采购人等也应建立健全内部监督机制。

(一) 政府采购监督管理部门

政府采购监督管理部门应当加强对政府采购活动及集中采购机构的监督检查。其监督检查的主要内容有:有关政府采购的法律、行政法规和规章的执行情况;采购范围、采购方式和采购程序的执行情况;政府采购人员的职业素质和专业技能。

政府采购监督管理部门不得设置集中采购机构,不得参与政府采购项目的采购活动;采购代理机构与行政机关不得存在隶属关系或其他利益关系。

(二) 集中采购机构的内部监督

① 集中采购机构应当建立健全内部监督管理制度。采购活动的决策和执行程序应当

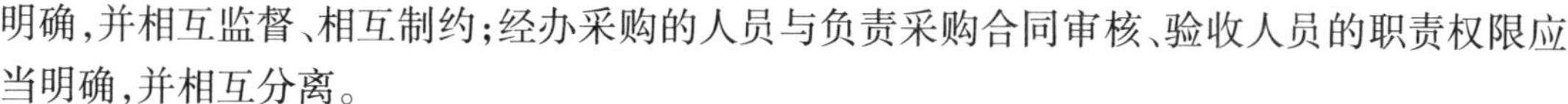

明确,并相互监督、相互制约;经办采购的人员与负责采购合同审核、验收人员的职责权限应当明确,并相互分离。

② 提高采购人员职业素质和专业技能。集中采购机构的采购人员应当具有相关职业素质和专业技能,符合政府采购监督管理部门规定的专业岗位任职要求。集中采购机构对其工作人员应当加强教育和培训,对采购人员的专业水平、工作实绩和职业道德状况定期进行考核。采购人员经考核不合格的,不得继续任职。

(三) 采购人的内部监督

① 项目的采购标准和采购结果应当公开。政府采购项目的采购标准应当公开——采购人按《政府采购法》规定的采购方式采购完成后,应当将采购结果予以公布。

② 采购人选择采购方式和采购程序应当符合法定要求,即采购人必须按照《政府采购法》规定的采购方式和采购程序进行采购。任何单位和个人不得违反规定,要求采购人或采购工作人员向其指定的供应商进行采购。

(四) 政府其他有关部门的监管

审计机关应当对政府采购进行审计监督。监察机关应当加强对参与政府采购活动的国家机关、国家公务员和国家行政机关任命的其他人员实施监察;其他有关部门依照法律、行政法规的规定对政府采购负有行政监督职责,按其职责分工,加强对政府采购活动的监督。

(五) 社会大众的监督

任何单位和个人对政府采购活动中的违法行为,有权控告和检举,有关部门、机关应当依照各自职责及时处理。

第三节 国库集中收付制度

工作疑问

1. 什么是国库单一账户体系?其构成是怎样的?
2. 纳税人缴纳的税款,如何进入国库?
3. 财政收入的收缴方式有哪些?具体程序如何?
4. 财政支出的支付方式有哪些?具体程序是什么?

一、国库集中收付制度的概念

国库是负责办理国家财政资金收纳和拨付业务的机构。国库集中收付,也称“国库单一账户”,是指政府在国库或国库指定的代理银行开设账户,集中收纳和支付所有的财政资金。财政收支均通过单一账户进行,从而实现对财政资金的流向、流量的全程控制。国库集中收付制度是由财政部门代表政府设置国库单一账户体系(见图 4.1),所有的财政性资金均纳入国库单一账户体系收缴、支付和管理的制度。具体包括国库集中支付制度和收入收缴管理制度。

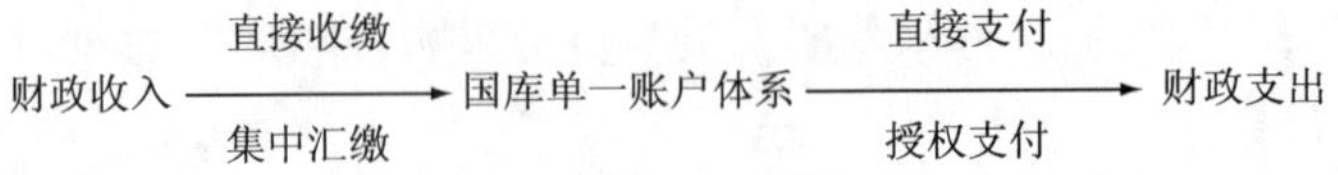

直接收缴 / 集中汇缴：财政收入 → 国库单一账户体系；直接支付 / 授权支付：国库单一账户体系 → 财政支出

图4.1　国库单一账户体系

二、国库单一账户体系

（一）概念

国库单一账户体系,是以财政国库存款账户为核心的各类财政性资金账户的集合,所有财政性资金的收入、支付、存储及资金清算活动均在该账户体系运行。财政部是管理国库单一账户体系的职能部门。

（二）体系的构成

1. 国库单一账户

国库单一账户是指财政部门在中国人民银行开设的国库存款账户(简称国库单一账户),用于记录、核算和反映纳入预算管理的财政收入和财政支出活动,用于与财政部门在代理银行(由财政部确定的、具体办理财政性资金支付业务的商业银行)开设的零余额账户进行清算,实现支付。

2. 财政零余额账户

财政零余额账户是指财政部门在代理银行(由财政部确定的、具体办理财政性资金支付业务的商业银行)开设的零余额账户,用于财政直接支付和与国库单一账户支出清算。当财政直接支付业务发生时,先从财政零余额账户垫付资金,当天从国库单一账户划回已垫付的资金,且每天收支平衡,余额为零。该账户只能转账。

一般情况下,该账户应是一日一清算,即该账户每日发生的支付,于当日营业终了前与国库单一账户清算,但当营业中每笔支付额5 000万元人民币以上(含5 000万元)时,应与国库单一账户一笔一清算。财政零余额账户仅在国库会计中使用。

3. 预算单位零余额账户

预算单位零余额账户是指财政部门在代理银行为预算单位开设的零余额账户,用于财政授权支付和清算。一般情况下,该账户也应是一日一清算。该账户可以办理转账、提取现金等结算业务,可以向本单位按账户管理规定保留的相应账户划拨工会经费、住房公积金及提租补贴,以及经财政部门批准的特殊款项。该账户在行政单位和事业单位会计中使用。

4. 财政专户

财政专户是指财政部门在代理银行开设的预算外资金财政专户,主要用于记录、核算和反映预算外资金的收入和支出活动,由财政部门负责管理。代理银行根据财政部门的要求和支付指令,办理预算外资金专户的收入和支出业务。根据现行《预算法》规定,该账户将会纳入国库单一账户管理。

5. 特设专户

特设专户是指经国务院和省级人民政府批准或授权财政部门在商业银行为预算单位开设的特设专户,用于记录、核算预算单位的特殊专项支出活动,并与国库单一账户清算。

三、财政收入的收缴方式和程序

（一）收缴方式

① 直接缴库是指由缴款单位或缴款人按有关法律法规规定，直接将应缴收入缴入国库单一账户或预算外资金财政专户。

② 集中汇缴是指由征收机关将所收的应缴收入汇总缴入国库单一账户或预算外资金财政专户。

（二）收缴程序

1. 直接缴库程序

直接缴库的税收收入，由纳税人通过开户银行将税款缴入国库单一账户；直接缴库的其他收入，由缴款人按规定，直接缴入国库单一账户或预算外资金财政专户。

2. 集中汇缴程序

小额零散税收和法律另有规定的应缴收入，由征收机关在收缴收入的当日汇总缴入国库单一账户。非税收入中的现金缴款，比照本程序缴入国库单一账户或预算外资金财政专户。

四、财政支出的支付方式和程序

（一）支付方式

1. 财政直接支付

财政直接支付是指财政部门发出支付指令，通过国库单一账户体系，直接经财政资金支付到收款人或用款单位账户。实行财政直接支付的支出包括工资支出、购买支出、转移支付等。财政直接支付主要通过转账方式进行，也可以采取“国库支票”支付。

2. 财政授权支付

预算单位根据财政授权，自行开具支付令，通知国库单一账户体系将财政资金支付到收款人账户。实行财政授权支付的支出包括用于未纳入工资支出、工程采购支出，物品、服务采购支出管理的购买支出和零星支出。它包括单件物品或单项服务购买额不足10万元人民币的购买支出；投资额不足50万元人民币的工程项目支出，以及特别紧急的支出。

同步训练4－19 财政资金支出按照不同的支付主体分别实行财政直接支付和财政授权支付。实行财政直接支付的支出不包括（ ）。

A. 工资支出　B. 所有的购买支出　C. 转移支出　D. 零星支出

解析：正确答案是D。见上述财政支出支付方式的内容。

（二）支付程序

1. 财政直接支付程序

1） 预算单位申请。即由一级预算单位按照批复的部门预算和资金使用计划，向财政国库支付执行机构提出支付申请。

2） 财政国库支付执行机构开具支付指令。财政国库支付执行机构根据批复的部门预算和资金使用计划及相关要求对支付申请审核无误后，向代理银行发出支付令。

3）代理银行划拨资金。代理银行根据直接支付凭证通过财政零余额账户及时将财政资金直接支付给收款人或用人单位银行账户，并在支付资金的当日将支付信息反馈财政部门。

4）资金清算。代理银行依据财政部门国库支付执行机构的支付指令，将当日实际支付资金，按一级预算单位分预算科目汇总，附实际支付清单，分别与国库单一账户、预算外资金财政专户进行资金清算。

5）出具入账通知书。代理银行根据《财政直接支付凭证》办理资金支付后，开具《财政直接支付入账通知书》及时送达预算单位作为收到和付出相应款项的凭证。预算单位根据收到的支付凭证做好相应会计核算工作；财政国库收付局根据代理银行的回单，记录各用款单位的支出明细账。

2. 财政授权支付程序

预算单位按照批复的部门预算和资金使用计划，向国库支付执行机构申请授权支付的月度用款限额，国库支付执行机构将批准后的限额通知代理银行和预算单位，并通知中国人民银行国库部门，预算单位在月度用款限额内自行开具支付令，通过国库支付执行机构转由代理银行向收款人付款，并与国库单一账户清算。财政授权支付是通过预算单位零余额账户和小额现金账户与国库单一账户实现支付。财政授权支付程序，如图4.2所示。

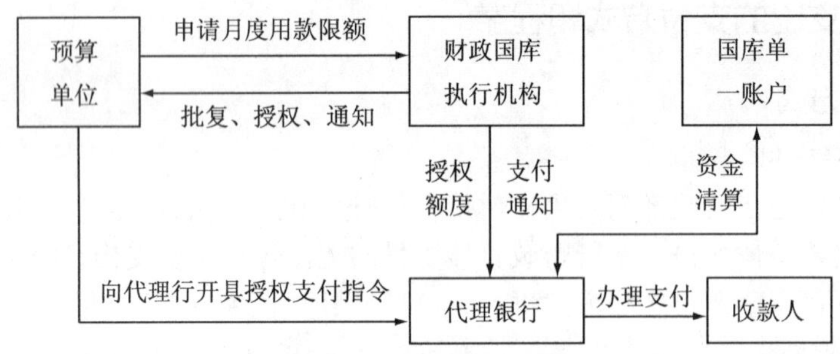

图4.2 财政授权支付程序

综合训练

一、单项选择题

1. 根据《政府采购法》的规定，采购的货物规格、标准统一、现货货源充足且价格变化幅度小的政策采购项目，可以采用的采购方式是(　　)。

A. 询价　　B. 单一来源　　C. 竞争性谈判　　D. 公开招标

2. 政府集中采购目录和采购限额标准的确定并公布的部门是(　　)。

A. 省级以上人民政府　　B. 市级以上人民政府

C. 县级以上人民政府　　D. 乡级以上人民政府

3. 政府采购的主要方式是(　　)。

A. 询价　　B. 邀请招标　　C. 竞争性谈判　　D. 公开招标

4. 在我国，占全部财政收入90%以上的预算收入来源是(　　)。

A. 国有资产收益　　B. 税收收入　　C. 其他收入　　D. 罚没收入

5. 按照分税制财政管理体制，中央预算和地方预算对同一税种的收入按照一定划分标准或比例分享的收入是(　　)。

A. 中央预算收入　　B. 地方预算收入
C. 税收收入　　D. 中央和地方预算共享收入

6. 各级政府编制预算草案的依据是(　　)。

A. 应当根据年度经济社会发展目标、国家宏观调控总体要求
B. 本部门、本单位的职责、任务和事业发展计划
C. 本部门、本单位的定员定额标准
D. 本部门、本单位上一年度预算执行情况和本年度预算收支变化因素

7. 根据预算法规定，甲部门编制中央决算草案，报国务院审定后，由国务院提请乙部门审查和批准。甲、乙分别指的是(　　)。

A. 省级人民政府、全国人民代表大会
B. 省级人民政府、全国人民代表大会常务委员会
C. 国务院财政部门、全国人民代表大会
D. 国务院财政部门、全国人民代表大会常务委员会

8. 属于政府采购部门规章的是(　　)。

A.《安徽省实施〈政府采购法〉办法》
B.《政府采购法》
C.《政府采购信息公告管理办法》
D.《吉林省吉林市政府采购管理暂行办法》

9. 根据《政府采购法》的规定，我国政府采购的执行模式是(　　)。

A. 集中采购　　B. 分散采购
C. 团购　　D. 集中采购与分散采购相结合

10. 采用公开招标方式采购的，自招标文件开始发出之日起至投标人投标文件截止之日止，不得少于(　　)。

A. 20 日　　B. 1 个月　　C. 15 日　　D. 10 日

11. 邀请招标是指采购人或其委托的政府采购代理机构以投标邀请书的方式邀请(　　)以上特定的供应商参与投标的采购方式。

A. 3 家　　B. 5 家　　C. 4 家　　D. 2 家

12. 属于财政授权支付范围的是(　　)。

A. 工资支出　　B. 所有的购买支出　　C. 转移支出　　D. 零星支出

13. 不属于预算单位实行财政直接支付的财政性资金是(　　)。

A. 物品和服务采购支出
B. 年度财政投资不足 50 万元人民币的工程采购支出
C. 工资支出
D. 工程采购支出

14. 可以办理转账、提取现金等结算业务，用于财政授权支付和清算的账户是(　　)。

A. 财政部门零余额账户　　B. 预算单位零余额账户
C. 国库单一账户　　D. 财政专户

15. 用于记录、核算和反映纳入预算管理的财政收入和支出的账户是(　　)。

A. 国库单一账户　　B. 财政部门零余额账户

C. 预算外资金账户　　D. 特设账户

16.《政府采购法》于(　　)第九届全国人民代表大会常务委员会第二十八次会议通过。

A. 2002 年 6 月 29 日　　B. 2003 年 1 月 1 日

C. 1999 年 6 月 29 日　　D. 2008 年 7 月 29 日

17. 政府采购信息应当在省级以上人民政府财政部门指定的媒体上发布,当采购金额达到(　　)的政府采购项目信息应当在国务院财政部门指定的媒体上发布。

A. 200 万元以上　　B. 300 万元以上　　C. 500 万元以上　　D. 100 万元以上

18. 财政零余额账户在营业中,当该账户用于每笔支付额(　　)人民币以上,应当及时与国库单一账户清算。

A. 5 000 万元　　B. 3 000 万元　　C. 500 万元　　D. 1 000 万元

19. 各级预算经本级人民代表大会批准后,本级政府财政部门应当在(　　)内向本级各部门批复预算。

A. 10 日　　B. 20 日　　C. 15 日　　D. 30 日

20. 各部门应当在接到本级政府财政部门批复的本部门预算后(　　)内向所属各单位批复预算。

A. 10 日　　B. 20 日　　C. 15 日　　D. 30 日

二、多项选择题

1. 属于国家预算应遵循的原则的有(　　)。

A. 统筹兼顾　　B. 量力而行　　C. 勤俭节约　　D. 讲求绩效

2. 国家预算按预算收支的内容可分为(　　)。

A. 一般公共预算　　B. 政府性基金预算

C. 社会保险基金预算　　D. 国有资本经营预算

3. 预算管理的职权是根据(　　)的原则划分的。

A. 统一领导　　B. 分级管理　　C. 权责结合　　D. 分级领导

4. 关于全国人民代表大会的职权表述正确的有(　　)。

A. 审查中央和地方预算草案及中央和地方预算执行情况的报告

B. 批准中央预算和中央预算执行情况的报告

C. 改变或撤销全国人民代表大会常务委员会关于预算、决算的不适当的决议

D. 审查和批准中央预算的调整方案

5. 关于县级以上地方各级人民代表大会的职权表述正确的有(　　)。

A. 审查本级总预算草案及本级总预算执行情况的报告

B. 批准本级预算和本级预算执行情况的报告

C. 改变或撤销本级人民代表大会常务委员会关于预算、决算的不适当的决议

D. 撤销本级政府关于预算、决算的不适当的决定和命令

6. 关于乡、民族乡、镇的人民代表大会的职权表述正确的有(　　)。

A. 审查和批准本级预算和本级预算执行情况的报告
B. 监督本级预算的执行
C. 审查和批准本级预算的调整方案
D. 撤销本级政府关于预算、决算的不适当的决定和命令

7. 预算收入按照分税制财政管理体制,可划分为(　　)。
A. 中央预算收入　B. 地方预算收入
C. 中央和地方预算共享收入　D. 专项收入

8. 按《预算法》规定,属于预算收入形式的有(　　)。
A. 税收收入　B. 转移性收入
C. 罚没收入　D. 国有资产有偿使用收益

9. 按《预算法》规定,一般公共预算支出按照其经济性质分类有(　　)。
A. 工资福利支出　B. 商品和服务支出　C. 资本支出　D. 其他支出

10. 关于预算组织程序的表述正确的有(　　)。
A. 预算的编制　B. 预算的审批　C. 预算的执行　D. 预算的调整

11. 我国国家预算的组成部门包括(　　)。
A. 中央预算　B. 部门预算　C. 地方预算　D. 单位预算

12. 国家预算由(　　)组成。
A. 财政总预算　B. 部门预算　C. 单位预算　D. 中央预算

13. 属于政府采购功能的有(　　)。
A. 活跃市场经济　B. 推进反腐倡廉　C. 节约财政支出　D. 保护民族产业

14. 不是政府采购方式的有(　　)。
A. 邀请招标采购　B. 集中采购　C. 单一来源采购　D. 分散采购

15. 属于询价采购货物特征的有(　　)。
A. 货物规格、标准统一　B. 现货货源充足且价格变化幅度小
C. 公开招标后没有供应商投标的采购项目　D. 不能事先计算出价格总额的采购项目

16. 属于《政府采购法》规定的原则有(　　)。
A. 公开透明　B. 公平竞争　C. 公正　D. 诚实信用

17. 属于集中采购的特点的有(　　)。
A. 采购成本低、操作相对规范和社会影响大
B. 可以发挥政府采购的规模优势和政策导向作用
C. 有利于统一监督和管理
D. 能体现政府采购的效益性和公共性原则

18. 属于分散采购特点的有(　　)。
A. 有利于满足采购及时性和多样性的需求　B. 手续简单
C. 能形成规模效益,降低了采购成本　D. 有利于实施统一的监督和管理

19. 政府采购当事人在政府采购活动中依法享有相关权利,同时应当依法承担义务的各类主体包括(　　)。
A. 采购人　B. 供应商　C. 采购代理机构　D. 财政部门

20. 属于政府采购中采购人的权利的有(　　)。

A. 自行选择采购代理机构的权利
B. 要求采购代理机构遵守委托协议约定的权利
C. 审查政府采购供应商的资格的权利
D. 依法确定中标供应商的权利
21. 属于政府采购采购人义务的有(　　)。
A. 尊重供应商的正当合法权益
B. 在规定时间内与中标供应商签订政府采购合同
C. 在指定媒体及时向社会发布政府采购信息、招标结果
D. 依法答复供应商的询问和质疑并妥善保存反映每项采购活动的采购文件
22. 供应商参加政府采购活动应当具备的条件有(　　)。
A. 具有独立承担民事责任的能力和良好的商业信誉和健全的财务会计制度
B. 具有履行合同必需的设备和专业技术能力
C. 有依法缴纳税收和社会保障资金的良好记录
D. 参加政府采购活动前3年内,在经营活动中没有重大违法记录
23. 政府采购可以采用的采购方式有(　　)。
A. 公开招标　B. 邀请招标　C. 竞争性谈判　D. 单一来源
24. 属于经县级以上人民政府财政部门批准,可以采用非公开招标采购方式的情形有(　　)。
A. 公开招标未能成立,且招标文件没有不合理条款、招标程序符合规定
B. 重新公开招标将影响采购项目实施的
C. 采购项目具有特殊性,符合资格条件的供应商不足3家的
D. 采购时间紧急,采取公开招标采购方式难以满足工作需要的
25.《政府采购法》规定,可以采用邀请招标方式采购的情形有(　　)。
A. 具有特殊性,只能从有限范围的供应商处采购的
B. 采用公开招标方式的费用占政府采购项目总价值的比例过大的
C. 采购项目具有特殊性,符合资格条件的供应商不足3家的
D. 采购时间紧急,采取公开招标采购方式难以满足工作需要的
26. 货物或服务可以采用竞争性谈判方式采购的情形有(　　)。
A. 招标后没有供应商投标或没有合格标的,或者重新招标未能成立的
B. 技术复杂或性质特殊,不能确定详细规格或具体要求的
C. 采用招标所需时间不能满足用户紧急需要的
D. 不能事先计算出价格总额的
27. 货物或服务可以采用单一来源方式采购的情形有(　　)。
A. 只能从唯一供应商处采购的
B. 发生了不可预见的紧急情况不能从其他供应商处采购的
C. 必须保证原有采购项目一致性或服务配套的要求,需要继续从原供应商处添购
D. 添购资金总额不超过原合同采购金额10%的
28. 关于询价采购方式表述正确的是(　　)。
A. 采购人向3家以上潜在的供应商发出询价单

B. 采购人对向各供应商一次性报出的价格进行分析比较

C. 采购人按照符合采购需求、质量和服务相等且报价最低的原则进行采购

D. 发生了不可预见的紧急情况不能从其他供应商处采购的

29. 预算单位零余额账户可以向本单位按账户管理规定保留的相应账户划拨(　　)。

A. 工会经费　　B. 住房公积金

C. 提租补贴　　D. 经财政部门批准的特殊款项

30. 财政授权支付是通过(　　)实现支付的。

A. 预算单位零余额账户　　B. 小额现金账户

C. 国库单一账户　　D. 财政部门零余额账户

三、判断题

1. 乡级(乡、民族乡、镇)预算属于地方预算。(　　)

2. 全国人民代表大会常务委员会有权撤销国务院及省级人民代表大会及其常务委员会制定的同宪法、法律相抵触的关于预算、决算的行政法规、决定和命令。(　　)

3. 一般公共预算包括中央一般公共预算和地方各级一般公共预算。(　　)

4. 我国预算年度自公历 1 月 1 日起,至 12 月 31 日止。(　　)

5. 中央预算由全国人民代表大会审查和批准,地方预算由本级人民代表大会审查和批准。(　　)

6. 中央预算的调整方案必须提请全国人民代表大会常务委员会审查和批准。(　　)

7. 地方各级政府预算的调整方案经批准后,由本级政府报上一级政府备案。(　　)

8. 在预算执行中,各级政府依照有关法律和行政法规规定应当增加的支出,以及因上级政府增加专项转移支付而引起的预算支出变化,不属于预算调整。(　　)

9. 地方各级政府应当将经批准的决算,报上一级政府备案。(　　)

10. 决算草案由各级政府财政部门、各部门、各单位,在每一预算年度终了时按国务院规定的时间编制。

11. 预算调整方案未经批准,不得调整预算。(　　)

12. 全国人民代表大会及其常务委员会有权对中央和地方预算、决算进行监督。(　　)

13. 各级预算由本级政府组织执行,具体工作由本级政府财政部门负责。(　　)

14. 实行财政授权支付的支出包括工资支出、工程采购支出、物品和服务采购支出。(　　)

15. 采购人开展采购活动的采购项目,其项目资金应当为财政性资金。根据现行财政管理制度,财政性资金包括财政预算资金和财政预算外资金。(　　)

16. 预算单位零余额账户在行政单位和事业单位会计中使用。(　　)

17. 财政零余额账户在国库会计中使用,行政单位和事业单位会计中不设置该账户。(　　)

18. 政府采购的对象范围仅限于货物,不包括工程和服务等。(　　)

19. 竞争性谈判方式是指要求采购人就有关采购事项,与不少于 3 家供应商进行谈判,最后按照预先规定的成交标准,确定成交供应商的方式。(　　)

20. 3 个以上的自然人、法人或其他组织可以组成一个联合体,以一个供应商的身份共

同参加政府采购。 ( )

21. 属于中央预算的政府采购项目,由财政部规定。 ( )

22. 各级人民政府财政部门是负责政府采购监督管理部门,依法履行对政府采购活动的监管职责。 ( )

23. 国库单一账户即财政部门在中国人民银行开设的国库存款账户,用于记录、核算和反映纳入预算管理的财政收入和支出活动,并用于同财政部门在商业银行开设的零余额账户进行清算,实现支付。 ( )

24. 我国财政国库账户设置为国库单一账户、零余额账户、预算外资金财政专户、小额现金账户和特设专户5类账户的集合,统称为国库单一账户体系。 ( )

25. 预算收入的缴库方式分为直接缴库和集中汇缴两种方式。 ( )

26. 县级人民政府根据本级政府采购需要可以设立集中采购机构。 ( )

27. 财政直接支付由预算单位自行开具支付指令。 ( )

28. 预算一经人民代表大会批准,非经法定程序,不得调整。 ( )

29. 国有独资企业属于政府采购主体的范围。 ( )

30. 各级政府预算预备费的动用方案,由本级政府财政部门提出,报上级政府财政部门决定。 ( )

31. 国库单一账户是在人民银行开设的国库存款账户,它与财政零余额账户、预算单位零余额账户和特设专户进行清算,实现财政国库集中支付。 ( )

32. 地方各级总预算由本级预算和汇总的下一级总预算组成。 ( )

33. 财政部有权改变或撤销全国人民代表大会常务委员会关于预算、决算的不适当的决议。 ( )

34. 所谓的预算草案是指各级政府、各部门、各单位编制的未经法定程序审查和批准的预算收支计划。 ( )

35. 根据《预算法》规定,县级以上各级预算必须设立国库;具备条件的乡、民族乡、镇也应当设立国库。 ( )

36. 各级政府财政部门、各部门、各单位是决算草案的编制主体。 ( )

37. 采购限额标准是指集中采购目录以外应实行政府采购的货物、工程和服务品目类别的最低金额标准。 ( )

38. 政府采购应当采购本国货物、工程和服务。 ( )

39. 公开原则要求政府采购要按照事先约定的条件和程序进行,对所有供应商一视同仁,不得有歧视条件和行为,任何单位或个人无权干预采购活动的正常开展。 ( )

40. 集中采购是指采购人将集中采购目录以内的货物、工程和服务委托集中采购机构代理采购,实施部门集中采购或依法自行实施采购的行为。 ( )

41. 分散采购是指采购人将集中采购目录以外、采购限额标准以上的货物、工程和服务依法自行实施采购或委托政府采购代理机构采购的行为。 ( )

42. 供应商是指向采购人提供货物、工程或服务的法人、其他组织,或者自然人。 ( )

43. 政府举债取得的资金进行基建工程建设时,可以不进行政府集中采购。 ( )

44. 财政部门是政府采购的监督管理主管部门。 ( )

45. 任何单位和个人对政府采购活动中的违法行为,有权控告和检举,有关部门、机关

应当依照各自职责及时处理。（　　）

46. 发生了不可预见的紧急情况，不能从其他供应商处采购的可以采用单一来源采购。（　　）

47. 直接缴库方式是由预算单位或缴款人按规定，直接将收入缴入国库单一账户。（　　）

48. 财政收入集中汇缴是指征收机关按有关法律法规规定，将所收的应缴收入汇总缴入国库单一账户或预算外财政专户。（　　）

49. 预算单位零余额账户在行政单位和事业单位会计中使用。（　　）

50. 财政部门零余额账户不在行政单位和事业单位会计中使用，在国库会计中使用。（　　）

四、案例分析题

（一）甲单位是实行国库集中支付的事业单位。2013 年 4 月，按照预算安排，甲单位拟采购一台纳入政府采购集中采购目录的精密仪器A 设备用于药品检验，设备价款为 200 万元。由于设备具有特殊性，只能从有限范围的供应商处采购，甲单位以投标邀请书的方式邀请了 5 家供应商参与投标，按照招标程序选择了供应商乙企业并与其签订了采购合同。当月，甲单位按照批复的部门预算和资金使用计划，向财政国库支付执行机构提出支付设备采购价款申请，财政国库支付执行机构对支付申请审核无误后，向代理银行发出支付令，并通知中国人民银行国库部门，通过代理银行进入全国银行清算系统实时清算，将A 设备采购价款 200 万元从国库单一账户划拨到乙企业银行账户。5 月，甲单位采用财政授权支付的方式直接从乙企业购买了与 A 设备配套使用的检验试剂，价款为 5 万元。

要求：根据以上情况，回答如下问题。

1. 根据《政府采购法》，关于政府采购的表述中，正确的为（　　）。

A. 集中采购可以自行采购，也可以委托集中采购机构在委托的范围内代理采购

B. 政府采购只能实行集中采购的方式

C. 属于地方预算的政府采购项目，其集中采购目录和政府采购限额标准由省（含自治区、直辖市）、市、县各级财政部门确定并公布

D. 采购人采购纳入集中采购目录的政府采购项目，应当委托采购代理机构实行集中采购

2. 属于本例中甲单位采购 A 设备采用的采购方式的为（　　）。

A. 单一来源采购　　B. 竞争性谈判　　C. 公开招标　　D. 邀请招标

3. 邀请招标方式中受邀参与投标的供应商数量不得少于（　　）。

A. 2 家　　B. 4 家　　C. 1 家　　D. 3 家

4. 本例中甲单位采用的国库集中支付方式为（　　）。

A. 财政直接支付　　B. 财政直接缴库　　C. 财政集中汇缴　　D. 财政授权支付

5. 本例中甲单位购买与 A 设备配套使用的检验试剂采用的采购方式为（　　）。

A. 单一来源采购　　B. 公开招标　　C. 竞争性谈判　　D. 邀请招标

（二）丁单位是实行国库集中支付的行政单位。2013 年 3 月，审计机构对丁单位 2012 年度预算执行情况进行检查，了解到：①2012 年 3 月，丁单位通过零余额账户向下属单位转

账,为下属单位支付设备采购款100万元;②2012年4月,丁单位通过零余额账户向本单位按照账户管理规定保留的相应账户划拨工会经费1万元;③2012年8月,丁单位为采购一台精密仪器A设备以邀请招标的方式向两家设备供应商发出投标邀请书。丁单位未认真审核供应商资质,直接选择了报价低的供应商B企业,但B企业不具备生产该类精密仪器的资质且财务情况混乱,未中标供应商C企业向丁单位提出质疑,但丁单位不予以答复。政府采购监管部门接到C企业投诉后对丁单位进行调查,发现丁单位未按照规定保管该项采购活动的采购文件。

要求:根据以上情况,请回答如下问题。

1. 关于预算单位使用零余额账户的情形中,正确的为(　　)。

A. 通过零余额账户向所属下级单位账户划拨资金,为下属单位支付设备采购款

B. 通过零余额账户向本单位按账户管理规定保留的相应账户划拨住房公积金及提租补贴

C. 通过零余额账户向本单位按账户管理规定保留的相应账户划拨工会经费

D. 通过零余额账户向所属下级单位账户划拨资金,为本单位支付设备采购款

2. 属于政府采购可以采用的采购方式的为(　　)。

A. 邀请招标　　B. 单一来源采购　　C. 询价　　D. 公开招标

3. 属于丁单位作为政府采购供应商原本应具备的条件的为(　　)。

A. 具有履行合同必需的设备和专业技术能力

B. 具有良好的商业信誉和健全的财务会计制度

C. 有依法缴纳税收和社会保障资金的良好记录

D. 具有独立承担民事责任的能力

4. 属于国库单一账户体系的是(　　)。

A. 财政零余额账户　　B. 特设账户

C. 预算单位零余额账户　　D. 预算专户

5. 属于丁单位作为政府采购采购人应承担的义务的为(　　)。

A. 妥善保存反映每项采购活动的采购文件

B. 在指定媒体及时向社会发布政府采购信息、招标结果

C. 依法答复供应商的询问和质疑

D. 接受和配合政府采购监督管理部门的监督检查

第五章 会计职业道德

学习指引

作为一名会计工作者,必须依法工作,同时还要遵守会计职业道德,会计工作需要具有一定道德修养的人。本章主要介绍了会计人员应遵守的会计职业道德;当一个人触犯会计法律制度是否就一定违背了会计职业道德;在会计执业活动中,如何处理好会计法律制度和会计职业道德的关系;会计人员应如何提高会计职业道德修养,应从哪几个方面去抓。

第一节　会计职业道德概述

工作疑问

1. 什么是会计职业道德?它的功能有哪些?
2. 会计法律制度与会计职业道德,两者有何区别和联系?
3. 会计行为的法治与德治是什么关系?

一、会计职业道德的概念及特征

(一)道德

道德是由一定社会的经济基础决定的,以善与恶、美与丑、正义与非正义、公正与偏私、诚实与虚伪为评价标准,以法律为保障并依靠社会舆论、传统习俗和内心信念来维系的,调整人们之间及个人和社会之间关系的行为规范及准则的总和。道德的本质是由一定的社会经济基础决定的社会意识形态,属于上层建筑的范畴。

道德存在人们的生活中,具体包括社会公德、家庭美德和职业道德,三者既有区别又有联系,都是精神文明的重要组成部分。

同步训练 5-1 道德存在人们的生活中,具体包括(　　　　)。

A. 社会公德　　B. 家庭美德　　C. 职业道德　　D. 男女平等

解析:正确答案是 ABC。见上述道德的内容。

(二)职业道德

1. 职业道德的概念

职业道德是指在一定职业活动中应遵循的、体现一定职业特征的、调整一定职业关系的职业行为准则和规范。

职业道德既是从业人员在进行职业活动时应遵循的行为规范,同时又是从业人员对社会应承担的道德责任和义务。不同职业的人员在特定的职业活动中形成了不同职业人员的道德规范。例如,医生的职业道德是救死扶伤、治病救人、实行人道主义;法官的职业道德是清正廉明、刚直不阿;商人的职业道德是买卖公平、童叟无欺;注册会计师的职业道德是独立、客观、公正。

2. 职业道德的特点

职业道德是道德在职业实践活动中的具体体现,也是社会道德的重要组成部分。职业道德具有如下特征。

① 职业性(行业性)。即职业道德内容与职业实践活动紧密相连,反映特定职业活动对从业人员行为的道德要求。

② 实践性。即职业道德总是与具体的职业活动紧密联系,因而具有较强的实践性。

③ 继承性。即不同历史阶段职业道德具有较强的相对稳定性和历史继承性的特点。例如,教师的"诲人不倦"、医生的"救死扶伤"、商人的"买卖公平"等道德要求,就在这些行业中世代相传,并且得到不断丰富和发展。

④ 多样性。即职业道德与具体的职业相联系,而社会上的职业是复杂、多样的,因此有多少种职业就有多少种职业道德。

**同步训练 5-2** 属于职业道德的特点的有(　　　)。

A. 职业性　　B. 实践性　　C. 多样性　　D. 继承性

解析:正确答案是 ABCD。见上述职业道德的特点的内容。

3. 职业道德的作用

(1) 促进职业活动的有序进行

随着社会经济关系的发展,职业活动中的各种职业关系日趋复杂,这些关系涉及的各方面都会存在着责、权、利的矛盾和差异。职业道德作为调整一定职业关系的职业行为的准则与规范,通过协调职业关系中的各种矛盾和差异,确保职业活动的有序进行。

(2) 对社会道德风尚产生积极的影响

职业道德状况本身就是社会道德风尚的一个重要组成部分。人们在职业活动中具有良好的职业道德,对于社会生活秩序的稳定,良好社会风尚的形成,具有积极的作用。

(三) 会计职业道德

1. 会计职业道德的概念

会计职业道德是指在会计职业活动中应遵循的、体现会计职业特征的、调整会计职业关系的职业行为准则和规范。会计职业道德的含义包括以下几个方面。

(1) 会计职业道德是调整会计职业活动利益关系的手段

在市场经济条件下,会计职业活动中的各种经济关系日趋复杂,这些经济关系的实质是经济利益关系。当各经济利益主体之间发生冲突时,会计职业道德可以配合国家法律制度,调整职业关系中的经济利益关系,维护正常的经济秩序。会计职业道德允许个人和各经济主体获取合法的自身利益,但反对通过损害国家和社会公众利益而获取违法利益。

（2）会计职业道德具有相对稳定性

会计是一门实用性很强的经济学科，是为加强经营管理，提高经济效益，规范市场经济秩序，维护社会公众利益服务的。会计在对单位经济业务事项进行确认、计量、记录和报告中，会计标准的设计、会计政策的制定、会计方法的选择都必须遵循其内在的客观经济规律和要求。由于人们面对的是共同的客观经济规律，因此会计职业道德主要依附于历史继承性和经济规律，在社会经济关系的不断变迁中，保持自己的相对稳定性。在会计职业活动中诚实守信、客观公正等是会计职业的普遍要求。没有任何一个社会制度能够容忍虚假会计信息，也没有任何一个经济主体会允许会计人员私自向外界提供或泄露单位的商业秘密。

（3）会计职业道德具有广泛的社会性

会计职业道德是人们对会计职业行为的客观要求。从受托责任观念出发，会计目标决定了会计承担的社会责任。尤其是随着企业产权制度改革的不断深化，会计不仅要为政府机构、企业管理层、金融机构等提供符合质量要求的会计信息，而且要为投资者、债权人及社会公众服务。医生职业道德的优劣影响的是一个或几个患者，而会计因其服务对象涉及社会的方方面面，提供的会计信息是公共产品，因此会计职业道德的优劣将影响国家和社会公众的利益。会计信息质量直接影响着社会经济的发展和社会经济秩序的健康运行，会计职业道德必将受到社会关注，具有广泛的社会性。

2. 会计职业道德的特征

会计职业道德除了具有职业道德的一般特征外，与其他职业道德相比还具有如下特征。

① 具有一定的强制性。即会计职业道德的许多内容都直接纳入了会计法律制度当中，使它具有一定的强制性。

② 较多关注公众利益。即会计职业活动与社会公众利益密切联系，会计人员在会计工作中，会计确认、计量、记录和报告的程序和方法的选择和运用等职业道德行为的任何变化，都会导致会计职业关系中的各方利益受到影响。因此，会计职业的社会公众利益性，要求会计人员要客观公正，在发生道德冲突时要坚持准则，把社会公众利益放在第一位。

同步训练 5－3　属于会计职业道德除具有职业道德的一般特征外，还具有一定特征的是（　　）。

A. 强制性和复杂性　　B. 复杂性和较多关注公众利益

C. 独立性和教育性　　D. 强制性和较多关注公众利益

解析：正确答案是 D。见上述会计职业道德的特征的内容。

二、会计职业道德的功能和作用

（一）会计职业道德的功能

道德的功能是在揭示道德结构的基础上展现出来的，对人自身的生存、发展和完善有着重要的意义。

1. 指导功能

指导功能是指会计职业道德指导会计人员行为的职能作用。会计职业道德提供了会计人员行为的模式，表达了社会对会计人员行为的期望和要求，如爱岗敬业、诚实守信、廉洁自律等，会引导会计人员在会计工作中做出或不做出一定的行为，消除各种矛盾，调整会计行为,保证会计工作正常、稳定、高效地运行。

2. 评价功能

评价功能是根据会计人员职业道德标准对会计人员的会计行为进行评判和衡量,认定其行为是否达到和符合会计职业道德的要求,以此明确会计人员在会计职业道德方面继续努力的方向。

3. 教化功能

教化功能是指职业道德内化为会计人员行为的自觉要求,使会计人员在会计工作中自觉遵守会计职业道德规范。会计职业道德可以通过评价、命令、指导、示范等方式和途径,运用塑造理想人格和典型榜样等手段,形成会计职业道德风尚,来影响会计人员的会计行为,提高会计人员的道德境界。

**同步训练 5-4** 会计职业道德的功能包括(　　)。

A. 教化功能　　B. 评价功能　　C. 指导功能　　D. 强制功能

解析:正确答案是ABC。见上述会计职业道德功能的内容。

(二) 会计职业道德的作用

1. 会计职业道德是规范会计行为的基础

会计行为是由内心信念来支配的,信念的善与恶将导致行为的是与非。会计职业道德对会计的行为动机提出了相应的要求,如诚实守信、客观公正、坚持准则等,引导、规劝、约束会计人员树立正确的职业观念,遵循职业道德要求,从而达到规范会计行为的目的。

2. 会计职业道德是实现会计目标的重要保证

从会计职业关系来讲,会计目标就是为会计职业关系中的各个服务对象提供决策有用的信息。能否为这些服务对象及时提供相关的、可靠的的会计信息,取决于会计职业者能否严格履行职业行为准则。因此,会计职业道德规范约束着会计人员的职业行为,是实现会计目标的重要保证。

3. 会计职业道德是对会计法律制度的重要补充

在现实的经济生活中,人们的行为不可能全部都由法律作出规定,如爱岗敬业、提高技能等要求。如果会计人员缺乏爱岗敬业的热情和态度,没有必要的职业技能,就很难保证会计信息达到真实、完整的法定要求。因此,会计职业道德是其他法律制度所不能替代的,是会计法律制度的重要补充。

4. 会计职业道德是提高会计人员职业素养的内在要求

会计职业道德是会计人员素质的重要体现。一个高素质的会计人员应该做到爱岗敬业、提高专业胜任能力,这不仅是会计职业道德的主要内容,也是会计职业者遵循会计职业道德的可靠保证。倡导会计职业道德,加强会计职业道德教育,并结合会计职业活动,引导会计职业者进一步加强自我修养,提高专业胜任能力,有利于促进会计职业整体素质的不断提高。

**同步训练 5-5** 下列各项中,不属于会计职业道德的主要作用的是(　　)。

A. 规范会计行为的基础　　B. 实现会计目标的重要保证

C. 对会计法律制度的重要补充　　D. 有助于实现企业战略目标

解析:正确答案是D。见上述会计职业道德的作用的内容。

三、会计职业道德与会计法律制度

会计职业道德是会计法律制度正常运行的社会和思想基础,会计法律制度是促进会计职业道德规范形成和遵守的制度保障,会计职业道德与会计法律制度作为社会规范的一部分,属于会计行为规范,两者既有联系又有区别。

(一)会计职业道德与会计法律制度的主要联系

会计职业道德与会计法律制度有着共同的目标、相同的调整对象、承担着同样的职责,两者联系密切。主要表现在以下几个方面。

1. 两者在作用上相互补充、相互协调

在规范会计行为中,我们不可能完全依赖会计法律制度的强制功能而排斥会计职业道德的教化功能,会计行为不可能都由会计法律制度进行规范,不需要或不宜由会计法律制度进行规范的行为,可通过会计职业道德规范来实现。同样,那些基本的会计行为必须运用会计法律制度强制遵守。

2. 两者在内容上相互借鉴、相互吸收

会计法律制度中含有会计职业道德规范的内容,同时,会计职业道德规范中也包含会计法律制度的某些条款。最初的会计职业道德规范就是对会计职业行为约定俗成的基本要求,后来制定的会计法律制度吸收了这些基本要求,便形成了会计法律制度。可以说,会计法律制度是会计职业道德的最低要求。会计职业道德是会计法律制度正常运行的社会和思想基础,会计法律制度是促进会计职业道德规范形成和遵守的重要保障。

**同步训练5-6**　关于会计职业道德与会计法律制度,表述正确的是(　　　　)。

A. 会计职业道德是会计法律制度正常运行的社会和思想基础

B. 会计法律制度是促进会计职业道德规范形成和遵守的制度保障

C. 不可能完全依赖会计法律制度的强制功能而排斥会计职业道德的教化功能

D. 会计法律制度中含有会计职业道德规范的内容

解析:正确答案是ABCD。见上述会计职业道德与会计法律制度的主要联系的内容。

(二)会计职业道德与会计法律制度的主要区别

1. 性质不同

会计职业道德并不都是统治阶级的意志,很多来自于职业习惯和约定俗成。在一个社会里,会计职业道德不是唯一的。会计职业道德依靠会计从业人员的自觉性,自愿地执行,并依靠社会舆论和良心来实现,基本上是非强制执行的,具有很强的自律性。而会计法律制度充分体现统治阶级的愿望和意志,在一个社会里只有一种会计法律制度体系。会计法律制度通过国家机器强制执行,具有很强的他律性。

2. 作用范围不同

会计法律制度侧重于调整会计人员的外在行为和结果的合法化,具有较强的客观性。而会计职业道德不仅要求调整会计人员的外在行为,还要调整会计人员内在的精神世界,其调节范围相对广泛。会计法律制度的各种规定是会计职业关系得以维系的最基本条件,是对会计从业人员行为的最低限度的要求,用以维持现有的会计职业关系和正常的会计工作秩序。

需要注意的是,在会计职业活动的实践中,虽然有很多不良的会计行为在违反了会计法律制度的同时也违反了会计职业道德,但也有一些不良会计行为只是违反了会计职业道德而没有违反会计法律制度。例如,会计人员不钻研业务,不加强新知识的学习,造成工作上的差错,缺乏胜任工作的能力。对这种情况,我们可以说会计人员没有很好地遵守会计职业道德,但不能说其违反了会计法律制度。

3. 表现形式不同

会计法律制度是通过一定的程序由国家立法部门或行政管理部门制定颁布和修改的,其表现形式是具体的、明确的、正式形成文字的成文条例。而会计职业道德出自于会计人员的职业生活和职业实践,日积月累,约定俗成。其表现形式既有明确的成文的规定,也有不成文的规范,尤其是那些较高层次的会计职业道德,存在于人们的意识和信念之中,并无具体的表现形式,它依靠社会舆论、道德教育、传统习俗和道德评价来实现。即使是那些成文的会计职业道德与会计法律制度相比,在表现形式上也缺乏具体性和准确性,通常只是指出人们应当做或不应当做某种行为的一般原则和要求。

4. 实施保障机制不同

会计法律制度不仅仅是一种权利和义务的规定,而且是通过国家强制力保障实施的。这种保障机制不仅体现在其法律规范的内容中具有明确的制裁和处罚条款,而且体现在设有与之相配合的权威的制裁和审判机关。而会计职业道德实施保障机制相对较弱,虽然也有国家法律要求,但更需要会计人员的自觉遵守。当人们对会计职业道德上的权利与义务发生争议时,由于没有权威机构对其中的是非曲直做出明确裁定,即使有裁定也是舆论性质的,缺乏权威机构保障对裁定的执行。

5. 评价标准不同

会计法律制度是国家立法部门或行政管理部门通过立法程序制定的对会计人员的工作行为进行约束的具体规定,属于法律体系范畴。其以会计人员享有的权利和义务为标准来判定其行为是否违法;而会计职业道德是调整会计职业关系的职业行为准则和规范,属于社会道德体系范畴,其以善恶为标准来判定人们的行为是否违背道德规范。因此,在评价会计人员的职业行为时,二者遵循的评价标准是不同的。

第二节　会计职业道德规范的主要内容

工作疑问

1. 在会计工作中,会计人员如何做到爱岗敬业?

2. 诚实守信是会计职业道德的精髓,会计人员应如何遵守?

3. 会计工作需要依法进行,会计人员在实际工作中,如何坚持准则?如何客观公正地处理各种经济业务?

4. 会计工作是一项管理工作。会计人员在工作时,需要具备什么样的职业技能,才能参与管理,为信息使用者提供优质的服务?

会计职业道德规范是指一定社会经济条件下，对会计职业行为及职业活动的系统要求或明文规定。它是社会道德体系的一个重要组成部分，是职业道德在会计职业行为和会计职业活动中的具体体现。我国会计职业道德规范的主要内容包括爱岗敬业、诚实守信、廉洁自律、客观公正、坚持准则、提高技能、参与管理和强化服务。

一、爱岗敬业

（一）爱岗敬业的含义

爱岗敬业是指忠于职守的事业精神，这是会计职业道德的基础，也是会计职业道德的基本要求。

这里所说的“岗”，是指会计工作岗位。会计工作可划分为若干具体的岗位，如总会计师、会计主管、出纳、财产物资核算、成本费用核算、财务成果核算、销售及往来核算、存货核算、财务报告编制、稽核、会计档案管理等岗位。

爱岗就是会计人员热爱本职工作，安心本职岗位，并为做好本职工作尽心尽力、尽职尽责；敬业是指人们对其从事的会计职业或行业的正确认识和恭敬态度，并用这种严肃恭敬的态度，认真地对待本职工作，将身心与本职工作融为一体。爱岗敬业是爱岗与敬业的总称。爱岗和敬业，互为前提，相互支持，相辅相成。爱岗是敬业的基石，敬业是爱岗的升华。如果会计人员不爱岗，就谈不上敬业。如果只有一腔热情，没有勤奋踏实的工作作风和忠于职守的实际行动，敬业也就成为一句空话。

**同步训练 5－7**　会计职业道德的基础是(　　　　)。

A. 爱岗敬业　　B. 坚持准则　　C. 客观公正　　D. 提高技能

解析：正确答案是 A。见上述爱岗敬业的含义的内容。

（二）爱岗敬业的基本要求

爱岗敬业精神，自始至终都是以人们对职业的认识程度及所采取的态度作为行动的指导并体现在实际工作中。

1. 正确认识会计职业，树立职业荣誉感

会计人员的爱岗敬业精神，自始至终都是以他们对职业的认识程度以及所采取的态度作为行动的指导并体现在实际工作中。会计人员只有正确认识会计本质、会计工作在经济管理中的重要性，树立职业荣誉感，才能去爱岗敬业，这是做到爱岗敬业的前提，也是首要要求。

2. 热爱会计工作，敬重会计职业

热爱会计工作是以敬重会计职业为前提的，只有认识到会计工作的重要性，才能产生职业荣誉感，才有责任感和使命感。爱是敬的源泉，只有热爱会计职业，才会有职业乐趣。俗话说，“干一行爱一行”，只要树立了这种思想，就会发现会计职业中的乐趣，才会刻苦钻研会计业务技能，才会努力学习会计业务知识，才会发现在会计核算、企业理财方面有许多值得人们去研究探索的东西。

3. 安心工作，任劳任怨

只有安心本职工作，才能真正做到敬业，才能成为真正的行家能手。任劳任怨，要求会计人员具有不怕吃苦、不计较个人得失的思想境界。

4. 严肃认真,一丝不苟

热爱会计工作,必须体现在认真的工作态度上,体现在对自己工作成绩的追求上,这就是严肃认真,一丝不苟,精益求精的精神。会计工作是一项严肃细致的工作,没有严肃认真的工作态度和一丝不苟的工作作风,就可能出现偏差。只有会计人员把好关,守好口,严肃认真地对待每一笔业务,才能减少一切不合法不合理的业务开支的发生。不仅要求数字计算准确,手续清楚完备,而且绝不能有"都是熟人不会错"的麻痹思想。例如,会计人员在审核凭证时坚持"八审八看";在管理货币资金时应严格遵守"八不准"等工作态度。

5. 忠于职守,尽职尽责

忠于职守就是要求会计人员忠实履行自身的岗位职责,不为利益所诱惑。忠于职守具体表现为3个方面,即忠实于服务主体、忠实于社会公众、忠实于国家。尽职尽责表现为会计人员对自己承担责任和义务表现出来的一种责任感和义务感。这种责任感和义务感包括两个方面的内容:一是社会或他人对会计人员规定的责任;二是会计人员对社会或他人负有的道义责任。在经济生活中,会计职业因其所处的环境具有特殊性,不同的岗位要求承担的责任和义务也不同。例如,单位会计人员不仅要尽职尽责地履行会计职能,做好会计核算等工作,还要积极参与经营和决策,提供真实的会计信息;注册会计师接受委托对经营管理者审计、鉴证或咨询时,要保守秘密,并依法出具客观公允的审计报告。

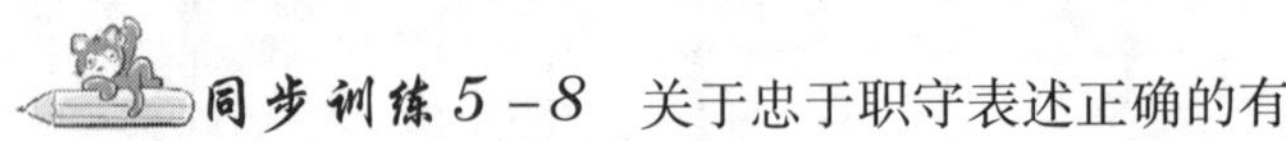

关于忠于职守表述正确的有(　　　　)。

A. 忠实于服务主体　　B. 忠实于社会公众　　C. 忠实于国家　　D. 忠实于自己

解析:正确答案是ABC。见上述爱岗敬业的基本要求的内容。

二、诚实守信

(一) 诚实守信的含义

诚实是指言行跟内心思想一致,不弄虚作假、不欺上瞒下,做老实人、说老实话、办老实事。守信就是遵守自己做出的承诺,讲信用,重信用,信守诺言,保守秘密。诚实守信是中华民族的优良传统和美德,是做人的基本准则,也是会计职业道德的精髓。

中国现代会计学之父潘序伦先生认为,"诚信"是会计职业道德的重要内容。他终身倡导:"信以立志,信以守身,信以处事,信以待人,毋忘'立信',当必有成",并将其作为立信会计学校的校训。

人无信不立,国无信不强。市场经济是"信用经济""契约经济",注重的就是"诚实守信"。守信是维护市场经济步入良性发展轨道的前提和基础,是市场经济社会赖以生存的基石。2001年朱镕基同志在视察北京国家会计学院时,为北京国家会计学院题词:"诚信为本,操守为重,坚持准则,不做假账。"这是对广大会计人员和注册会计师最基本的要求。

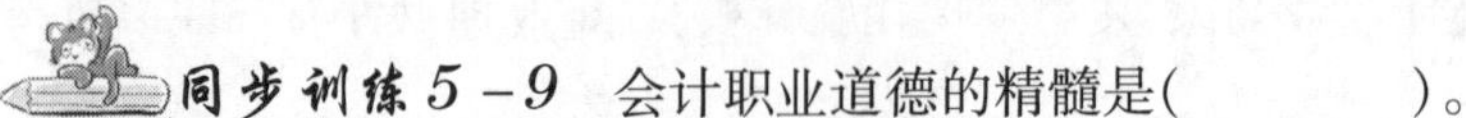

会计职业道德的精髓是(　　　　)。

A. 爱岗敬业　　B. 坚持准则　　C. 客观公正　　D. 诚实守信

解析:正确答案是D。见上述诚实守信的含义的内容。

（二）诚实守信的基本要求

1. 做老实人，说老实话，办老实事，不搞虚假

做老实人，要求会计人员言行一致，表里如一，光明正大。说老实话，要求会计人员说话诚实，如实反映和披露单位经济业务事项。办老实事，要求会计人员工作踏实，不弄虚作假，不欺上瞒下。总之，会计人员应言行一致，实事求是，正确核算，尽量减少和避免各种失误，不为个人和小集团利益伪造账目，弄虚作假，损害国家和社会公众利益。

2. 保密守信，不为利益诱惑

所谓保守秘密，是指会计人员在履行自己的职责时，应当树立保密观念，做到保守商业秘密，对机密资料不外传、不外泄、守口如瓶。

在市场经济中，秘密可以带来经济利益，而会计人员因职业特点经常接触到单位和客户的一些秘密。因而，会计人员应依法保守单位秘密，这也是诚实守信的具体体现。会计人员保守商业秘密，维护国家、单位利益是其应尽的义务。

泄密，不仅是一种不道德的行为，也是违法行为，是会计职业的大忌。会计人员如果泄露本单位的商业秘密，不仅会对单位的利益产生威胁，同时也将会损害会计人员自身的形象和利益。我国有关法律制度对会计人员保守秘密做了相关的规定。财政部颁布的《会计基础工作规范》第二十三条规定："会计人员应当保守本单位的商业秘密。除法律规定和单位领导人同意外，不能私自向外界提供或者泄露单位的会计信息。"

3. 执业谨慎，信誉至上

执业谨慎，信誉至上，要求企业会计人员谨慎地从事会计工作，维护会计职业荣誉；要求注册会计师在执业中始终保持应有的谨慎态度，对客户和社会公众尽职尽责，形成"守信光荣，失信可耻"的氛围，以维护职业信誉。注册会计师在从业时，首先，选择客户时应谨慎，不能片面追求营业收入，迎合客户不正当要求，接受违背职业道德的附加条件；其次，要正确评估自身的业务能力和知识、经验和专业能力，判断能否胜任委托业务；再次，要严格按照独立审计准则和执业规范、程序实施审计，对审计中发现的违反国家统一的会计制度及国家相关法律制度的经济业务事项，应当按照规定在审计报告中予以充分反映；最后，在接受委托业务后，应积极完成受托业务，认真履行合同，维护委托人的合法权益，不得擅自终止合同、解除委托，不得超出委托人委托范围从事活动，以免当事人的利益受到损害。

三、廉洁自律

（一）廉洁自律的含义

廉洁自律是会计人员的行为准则，是会计职业道德的前提，也是会计职业声誉的"试金石"。廉洁就是不收受贿赂、不贪污钱财，保持清白。自律是指自律主体按照一定的标准，自己约束自己、自己控制自己的言行和思想的过程。

会计工作的特点决定了廉洁自律是会计职业道德的内在要求，是会计人员的行为准则。

自律的核心就是用道德观念自觉地抵制自己的不良欲望。

会计职业自律包括会计人员自律和会计行业自律两层含义。会计人员的自律是靠其科学的价值观和人生观来实现的。可以说，会计人员自律是会计职业道德的最高境界，因为这是一种自觉的行为，无须强制；会计行业自律是一个群体概念，是会计职业组织对整个会计

职业的会计行为进行自我约束、自我控制的过程。

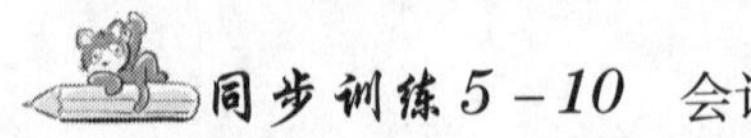

会计职业道德的前提是（　　　　）。

A. 爱岗敬业　　B. 坚持准则　　C. 客观公正　　D. 廉洁自律

解析：正确答案是 D。见上述廉洁自律的含义的内容。

（二）廉洁自律的基本要求

1. 树立正确的人生观和价值观

廉洁自律，首先要求会计人员必须加强世界观的改造，树立正确的人生观和价值观，这是奠定廉洁自律的基础。人生观是人们对人生的目的和意义的总的看法和观点，其核心是人生价值问题。价值观是指人们对于价值的根本观点和看法。它是世界观的一个重要组成部分。只有树立正确的人生观和价值观，才能自觉抵制享乐主义、个人主义、拜金主义等错误的思想的侵蚀，才能在会计工作中做到廉洁自律。

2. 公私分明，不贪不占

公私分明指的是严格划清公私界限，公是公，私是私。不贪不占是指会计人员不贪、不占、不收礼、不同流合污。做到"理万金分文不沾"。廉洁自律的天敌就是"贪"、"欲"。会计人员因其职业特点最易犯的就是"贪"、"欲"。一些会计人员利用职务之便贪图金钱和物质上的享受，自觉或不自觉地利用职业特权行"贪"。犯"贪欲"根源就是会计人员忽视了世界观的自我改造，放松了道德的自我修养，弱化了职业道德的自律。因此，会计人员应加强道德修养，彻底摒弃"金钱至上、金钱万能"的人生哲学，在不易之财面前不动心，绝不利用手中权力贪占便宜。

3. 遵纪守法，一身正气

遵纪守法，正确处理会计职业权利与会计职业义务的关系，增强抵制行业不正之风的能力，做到一身正气，是会计人员廉洁自律的又一个基本要求。

四、客观公正

（一）客观公正的含义

客观公正是会计人员必须具备的行为品德，是会计职业道德的灵魂和追求的理想目标。客观是指按事物的本来面目去反映，不掺杂个人的主观意愿，也不为他人意见所左右。公正就是平等、公平正直，没有偏失。客观是公正的基础，公正是客观的反映。要达到公正，仅仅做到客观是不够的。公正不仅仅单指诚实、真实、可靠，还包括在真实、可靠中做出公正选择。这种选择尽管是建立在客观的基础之上，还需要在主观上做出公平合理的选择；是否公平、合理，既取决于客观的选择标准，也取决于选择者的道德品质和职业态度。

同步训练 5－11　会计职业道德的理想目标是（　　　　）。

A. 爱岗敬业　　B. 坚持准则　　C. 客观公正　　D. 廉洁自律

解析：正确答案是 C。见上述客观公正的含义的内容。

（二）客观公正的基本要求

1. 依法办事

依法办事，认真遵守法律法规，是会计工作保证客观公正的前提。

2. 实事求是

客观公正贯穿于会计活动的整个过程：一是会计核算过程的客观公正，即指会计人员在具体进行业务处理时，或者需要进行职业判断时，应保持客观公正的态度，实事求是、不偏不倚；二是最终结果公正，是指会计人员对经济业务的处理结果是公正的。总之，会计核算过程的客观公正和最终结果的客观公正都是十分重要的，没有客观公正的会计核算过程作为保证，结果的客观公正性就难以保证；没有客观公正的结果，业务操作过程的客观公正就没有意义。因此，客观公正是会计工作和会计人员追求的目标，通过不断提高专业技能，正确理解、把握并严格执行会计准则、制度，不断消除非客观、非公正因素的影响，做到最大限度的客观公正。

3. 如实反映

即会计人员应根据实际发生的经济业务事项，进行会计核算，编制财务会计报告。不弄虚作假，编造假账。

4. 保持独立性

保持独立性要求会计人员对会计业务的处理，对会计政策和会计方法的选择，以及对财务报告的编制、披露和评价必须独立进行职业判断，做到客观、公平、理智、诚实。

保持独立性，对于注册会计师行业尤为重要。独立性有实质上的独立和形式上的独立两种。注册会计师应当恪守职业良心，保持实质上的独立，同时注意形式上的独立。即注册会计师与被审计单位之间没有任何利益关系，并在执行整个业务过程中，均能保持不偏不倚、客观公正的态度。

五、坚持准则

（一）坚持准则的含义

坚持准则，要求会计人员在处理业务过程中，严格按照会计法律制度办事，不为主观或他人意志左右。这里所说的“准则”不仅指会计准则，而且包括会计法律、国家统一的会计制度及与会计工作相关的法律制度。坚持准则是会计职业道德的核心。

会计人员在进行核算和监督的过程中，只有坚持准则，才能以准则作为自己的行动指南，在发生道德冲突时，应坚持准则，以维护国家利益、社会公众利益和正常的经济秩序。注册会计师在进行审计业务时，应严格按照独立审计准则的有关要求和国家统一会计制度的规定，出具客观公正的审计报告。

同步训练 5－12　会计职业道德的核心是（　　　　）。

A. 爱岗敬业　　B. 坚持准则　　C. 客观公正　　D. 廉洁自律

解析：正确答案是 B。见上述坚持准则的含义的内容。

(二) 坚持准则的基本要求

1. 熟悉准则

熟悉准则是指会计人员应了解和掌握《会计法》和国家统一的会计制度及与会计相关的法律制度,这是遵循准则、坚持准则的前提。只有熟悉准则,才能按准则办事,才能遵纪守法,才能保证会计信息的真实性、完整性。

2. 遵循准则

遵循准则即执行准则。准则是会计人员开展会计工作的外在标准和参照物。会计人员在会计核算和监督时要自觉地严格遵守各项准则、自律在先,同时也要求他人遵守准则,将单位具体的经济业务事项和经济行为与会计法律和国家统一的会计制度相对照,先做出是否合法合规的判断,对不合法的经济业务不予受理。由于经济发展和社会环境的变化,经济业务也在发展变化,会计业务日趋复杂,因而准则规范的内容也会不断变化和完善。这就要求会计人员不仅要经常学习、掌握准则的最新变化,了解本部门、本单位的实际情况,准确地理解和执行准则,还要在面对实际经济生活中出现的新情况、新问题及准则未涉及的经济业务或事项时,通过运用掌握的会计专业理论和技能,做出客观的职业判断,予以妥善处理。

3. 敢于同违法行为作斗争

为了切实维护会计人员的合法权益,《会计法》强化了单位负责人对本单位会计工作和会计资料真实、完整的责任,改善了会计人员的执法环境。会计人员应认真执行国家统一的会计制度,依法履行会计监督职责,发生道德冲突时,应坚持准则,对法律负责,对国家和社会公众负责,敢于同违反会计法律法规和财务制度的现象做斗争,确保会计信息的真实性和完整性。

六、提高技能

(一) 提高技能的含义

提高技能是指会计人员通过学习、培训和实践等途径,持续提高会计职业技能,以达到和维持足够的专业胜任能力的活动。这里的技能说的是职业技能,也称为职业能力,是人们进行职业活动,承担职业责任的能力和手段。就会计职业而言,它包括会计理论水平、会计实务能力、职业判断能力、自动更新知识能力、提供会计信息的能力、沟通交流能力及职业经验等。

会计工作是一门专业性和技术性很强的工作,从业人员必须“具备一定的会计专业知识和技能”,才能胜任会计工作,才能够勤勉、谨慎地运用其知识、技能、经验,善于根据客观环境做出正确的职业判断。作为一名会计工作者必须不断地提高其业务技能,这既是会计人员的义务,也是在职业活动中做到客观公正、坚持准则的基础,是参与管理的前提。

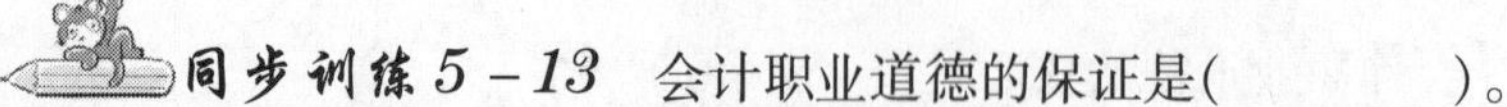

会计职业道德的保证是(　　　)。

A. 提高技能　　B. 坚持准则　　C. 客观公正　　D. 廉洁自律

解析:正确答案是A。见上述提高技能的含义的内容。

（二）提高技能的基本要求

1. 具有不断提高会计专业技能的意识和愿望

会计人员要适应时代发展的步伐，就要有危机感、紧迫感，要有不断提高专业技能的愿望和要求。只有具备不断提高会计专业技能的意识和愿望，才能不断进取，才会主动地求知、求学，勤学苦练，精益求精。会计人员要具备高超的职业技能，掌握过硬的本领，就必须谦虚好学，刻苦钻研，熟悉法规。

2. 具有勤学苦练的精神和科学的学习方法

专业技能的提高和学习不可能是一劳永逸的事，必须不间断地学习、研究、充实和提高，用科学的会计理论、高超的会计操作技术武装自己，以适应会计发展的需要。同时，要掌握科学的学习方法，必须积极参加社会实践活动，在实践中锤炼提高职业技能。

谦虚好学、刻苦钻研、锲而不舍，是练就高超的专业技术和过硬本领的唯一途径，也是衡量会计人员职业道德水准高低的重要标志之一。

七、参与管理

（一）参与管理的含义

参与管理，简单地讲就是间接参加管理活动，为管理者当参谋，为管理活动服务。会计管理是企业管理活动的重要组成部分，在企业管理中具有十分重要的作用。但会计工作的性质决定了会计在企业活动中，更多的是从事间接管理活动。参与管理就是要求会计人员积极主动地向单位领导反映本单位的财务、经营状况及存在的问题，主动提出合理化建议和措施、参与预测和决策，真正起到当家理财的作用，成为决策层的参谋助手。

同步训练 5－14　（　　　　）是会计职业道德进行管理的方式。

A. 提高技能　　B. 参与管理　　C. 客观公正　　D. 廉洁自律

解析：正确答案是 B。见上述参与管理的含义的内容。

（二）参与管理的基本要求

① 努力钻研业务，熟悉财经法规和相关制度，提高业务技能，为参与管理打下坚实的基础。娴熟的业务，精湛的技能，是会计人员参与管理的前提。会计人员只有努力钻研业务，不断提高业务技能，深刻领会财经法规和相关制度，才能有效地参与管理，为改善经营管理，提高经济效益服务。

② 熟悉服务对象的经营活动和业务流程，使参与管理的决策更具针对性和有效性。会计人员应当熟悉本单位的生产经营、业务流程和管理情况，掌握单位的生产经营能力、技术设备条件、产品市场及资源状况等情况，结合财会工作的综合信息优势，积极参与预测。根据预测情况，运用专门的财务会计方法，从生产、销售、成本、利润等方面有针对性地拟定可行性方案，参与优化决策。对计划、预算的执行，要充分利用会计工作的优势，积极协助、参与监控，为改善单位内部管理、提高经济效益服务。

八、强化服务

(一) 强化服务的含义

强化服务是要求会计人员具有文明的服务态度、强烈的服务意识和优良的服务质量。

会计工作涉及面广,需要服务对象和其他部门的协作配合。因此,会计人员服务的态度直接关系到会计行业的声誉和全行业运作的效率,会计人员服务态度好、质量高,做到讲文明、讲礼貌、讲信誉、讲诚实,坚持准则,严格执法,服务周到,就能提高会计职业的信誉,增强会计职业的生命力;反之,就会影响会计职业的声誉,甚至直接影响到全行业的生存和发展。

强化服务的关键是提高服务质量。会计职业强化服务的结果,就是奉献社会。任何职业的利益、职业劳动者个人的利益都必须服从社会的利益、国家的利益。把奉献社会作为职业的崇高责任是职业道德的基本要求和最终归宿。如果说爱岗敬业是会计职业道德的出发点,那么,强化服务、奉献社会就是会计职业道德的归宿点。

**同步训练 5－15** (　　　　)是会计职业道德的归宿。

A. 提高技能　　B. 强化服务　　C. 客观公正　　D. 廉洁自律

解析:正确答案是B。见上述强化服务的含义的内容。

(二) 强化服务的基本要求

强化会计职业服务的基本要求就是会计人员要有强烈的服务意识,服务要文明,质量要上乘。

1. 强化服务意识

会计人员要树立强烈的服务意识,无论是为经济主体服务,还是为社会公众服务,都要摆正自己的工作位置。要树立强烈的服务意识,管理账务是自己的工作职责,参与管理是自己的义务,只有树立了强烈的服务意识,才能做好会计工作,履行会计职能,为单位和社会经济的发展做出应有的贡献。

2. 提高服务质量

强化服务的关键是提高服务质量。服务不仅要文明,还要讲质量,更要不断开拓创新,利用会计数据、会计信息,满足不同对象的需要。服务质量的高低决定着会计工作的生命。

在会计工作中需要注意的是,提供质量上乘的服务,并非无原则地满足服务主体的需要,而是在坚持原则、坚持会计准则的基础上尽量满足用户或服务主体的需要。

第三节　会计职业道德教育

工作疑问

1. 什么是会计职业道德教育?其主要内容是什么?
2. 会计人员可以通过哪些途径进行会计职业道德教育?相关法律法规有何规定?
3. 如何提高会计人员的职业道德修养?它与会计职业道德教育有何联系?
4. 会计职业道德修养有哪些环节?

一、会计职业道德教育的含义

会计职业道德教育是指根据会计工作的特点，有目的、有组织、有计划地对会计人员施加系统的会计职业道德影响，促进会计人员形成会计职业道德品质，履行会计职业道德义务的活动。会计职业道德教育是会计职业道德活动的重要内容之一，也是将外在的会计职业道德规范转化为会计人员内在品质和行为的积极有效的途径，还是一种对会计人员的外在的影响和督促。

二、会计职业道德教育的形式

会计职业道德教育主要分为以下两种形式。

1. 接受教育

即外在教育，是指通过学校或培训单位对会计从业人员进行以职业责任、职业义务为核心内容的正面灌输，以规范其职业行为，维护国家和社会公众利益的教育。

2. 自我教育

即内在教育，是指从业人员自我学习、自我改造、自我锻炼、自我提高道德修养行为的活动。

自我教育是把外在的会计职业道德的内容要求逐步转变为会计人员内在会计职业道德认识、会计职业道德情感、会计职业道德意志和会计职业道德信念，从而实现会计职业道德境界的升华。

同步训练 5－16　(　　　　)是会计职业道德教育的自我教育。

A. 接受教育　　　B. 自我教育　　　C. 法制教育　　　D. 广播教育

解析：正确答案是 B。见上述会计职业道德教育的形式的内容。

三、会计职业道德教育的内容

1. 职业道德观念教育

要通过会计职业道德观念教育，使会计人员了解会计职业道德对社会经济秩序、会计信息质量的影响，以及违反会计职业道德应受到的惩戒和处罚。普及会计职业道德基础知识，是会计职业道德教育的基础，也是重要的一环。应广泛宣传会计职业道德基本常识，使广大会计人员懂得什么是会计职业道德，对社会经济秩序、会计信息质量有何重要影响。利用广播、电视、报刊、杂志等媒介普及会计职业道德知识，形成“会计人员遵守职业道德光荣，不遵守职业道德可耻”的社会氛围。

2. 职业道德规范教育

职业道德规范教育是指对会计人员开展以会计职业道德规范为内容的教育。以爱岗敬业、诚实守信、廉洁自律、客观公正、坚持准则、提高技能、参与管理和强化服务为主要内容的会计职业道德规范是会计职业道德教育的核心内容，涵盖的内容非常广泛，应贯穿于会计职业道德教育的始终。

3. 职业道德警示教育

职业道德警示教育是指通过开展对违法会计行为典型案例的讨论，给会计人员以启发和警示,从而可以提高会计人员的法律意识和会计职业道德观念,提高会计人员辨别是非的能力。

4. 其他教育

即其他与会计职业道德相关的教育,如形势教育、品德教育、法制教育等。

四、会计职业道德教育的途径

(一) 接受教育的途径

会计职业道德教育的途径主要包括岗前职业道德教育和岗位职业道德继续教育。

1. 岗前职业道德教育

岗前职业道德教育是指对就业前的人员进行的教育,其目的是通过岗前教育使准备进入会计职业的人员掌握从事会计职业必须掌握的知识。它一般包括会计专业学历教育中的职业道德教育和获取会计从业资格中的职业道德教育。

① 会计学历教育中职业道德教育。这是指对大、中专院校会计专业的在校学生进行会计职业道德教育,使学生在校期间就开始学习和了解会计职业道德理论、规范,培养职业道德情操和观念。会计专业类大专院校是会计职业道德教育的重要环节,是会计人员岗前教育的主要场所,在会计职业道德教育中具有基础性地位。

② 获取会计从业资格中职业道德教育。会计从业资格中的职业道德教育就是在会计人员取得会计从业资格过程中对其实施的会计职业道德教育。根据财政部颁布的《会计法》和《会计从业资格管理办法》的规定,从事会计工作必须持有会计从业资格证。要想取得会计从业资格,就必须通过财经法规和会计职业道德科目的考试,从而通过获取会计从业资格,达到会计职业道德教育的目的。

2. 岗位职业道德继续教育

岗位职业道德继续教育是指对已经进入会计行业的会计人员,采取继续教育的形式进行的职业教育,是岗前会计职业道德教育的延续,是岗位继续教育的一个重要组成部分。

会计职业道德教育贯穿于整个会计人员继续教育的始终。会计人员继续教育是指会计从业人员在完成某一阶段专业学习后,重新接受一定形式的、有组织的、知识更新的教育和培训活动。继续教育是强化会计职业道德教育的有效形式。会计人员继续教育具有针对性、适应性和灵活性的特点。

(二) 自我修养的途径

会计职业道德修养是指会计人员在会计职业活动中,按照会计职业道德的基本要求,在自身道德品质方面进行的自我教育、自我改造、自我锻炼、自我提高,从而达到一定的职业道德境界。会计职业道德品质的形成过程,最终是在会计人员自我修养中得到升华。提高自我修养的途径有以下几条。

1. 慎独慎欲

所谓慎独,是指在独立工作、无人监督时,仍能坚持自己的道德信念,依据一定的道德原则去行事,坚持准则,不做任何对国家、对社会、对他人不道德的事情。慎独,既是一种道德修养方法,又是会计职业道德修养的最高境界。慎独的最基本特征是以高度自觉性为前提,要求会计人员在独立工作、无人监督的环境下,也能自觉地按照道德准则去办事。慎欲是指用正当的手段获得物质利益。会计人员应当做到慎欲，把国家、社会公众和集体利益放在首位，在追求自身利益的时候，不损害国家和他人利益。

2. 慎省慎微

古人在道德修养中十分强调“内省”的方法。曾子说：“吾日三思吾身”，就是说他每天都要多次反省自己。所谓慎省，是指认真自省，通过自我反思、自我解剖、自我总结，敢于做到是非观、价值观、知行观的自我斗争，不断地自我升华、自我超越，逐步树立起正确的道德观念，培养高尚的道德品质，提高自己的精神境界。慎微是指在微处、小处自律，从微处、小处着眼，积小善成大德。

3. 自警自励

自警是指要随时警醒、告诫自己，警钟长鸣，防止各种不良思想对自己的侵袭。自励是指要以崇高的会计职业道德理想、信念激励自己、教育自己。经常用会计职业道德规范这把尺子，认真度量自己在职业实践中的一切言行，树立起正确的会计职业道德观。

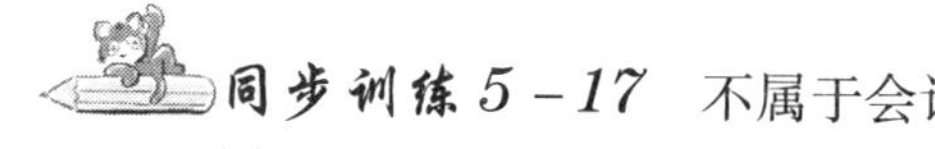

不属于会计职业道德修养途径的是（　　）。

A. 慎微　　B. 慎言　　C. 慎独　　D. 慎省

解析：正确答案是 B。见上述会计职业道德修养途径的内容。

第四节　会计职业道德建设

工作疑问

1. 如何开展会计职业道德建设？社会各界如何配合、共抓会计职业道德建设？

2. 企业事业单位如何在内部监督中进行会计职业道德建设？

3. 如何发挥社会大众在会计职业道德建设中的作用？

加强会计职业道德建设，既是提高广大会计人员素质的一项基础性工作，又是一项复杂的社会系统工程；不仅是某一个单位、某一个部门的任务，而且是各地区、各部门、各单位的共同责任。要抓好会计职业道德建设，需要各级财政部门、会计职业团体、各级组织、机关、企业事业单位、广大群众和新闻媒体等，齐抓共管，形成合力，才能有效地搞好会计职业道德建设，更好地提高广大会计人员的思想道德素质。

一、财政部门的组织推动

《会计法》规定，县级以上财政部门管理本行政区域内的会计工作。会计职业道德建设是会计管理工作的重要组成部分，应当列入财政部门管理会计工作的重要议事日程。各级财政部门应采取多种宣传形式，如举办会计职业道德演讲、论坛、竞赛、有奖征文等活动，开展会计职业道德建设，营造会计职业道德建设的良好氛围。

同步训练 5－18　属于财政部门开展会计职业道德宣传教育的形式有（　　）。

A. 职业道德演讲　　B. 职业道德论坛　　C. 职业道德竞赛　　D. 有奖征文

解析：正确答案是 ABCD。见上述财政部门的组织推动的内容。

二、企事业单位的内部监督

企事业单位任用合格会计人员,开展会计人员职业道德教育,建立和完善内部控制制度,形成内部约束机制,防范舞弊和经营风险,支持并督促会计人员遵循会计职业道德,依法开展会计工作。在任用会计人员时,应当审查会计人员的职业记录和诚信档案,选择业务素质高、职业道德好、无不良记录的人员从事会计工作;在日常工作中,应注意开展对会计人员的道德和纪律教育,并加强检查,督促会计人员坚持原则,诚实守信;在制度建设上,要重视内部控制制度建设,完善内部约束机制,有效防范舞弊和经营风险。

三、社会各界齐抓共管

良好会计职业道德风尚的树立,离不开社会舆论的支持和监督。强化舆论监督,有利于在全社会形成诚实守信的氛围。要以新闻媒体为阵地,广泛开展会计职业道德的宣传教育,使社会各界了解会计职业道德规范的内容,促进良好的会计职业道德深入人心。通过会计职业道德建设中正反典型的宣传,弘扬正气,打击歪风。只要社会各界各尽其责,相互配合,齐抓共管,一定会形成一个良好的会计职业道德氛围。

第五节　会计职业道德的检查与奖惩

工作疑问

1. 会计职业道德的检查与奖惩的意义是什么?
2. 财政部门在会计职业道德检查与奖惩中,如何操作?
3. 会计行业组织在会计职业道德建设中如何发挥自律作用?

一、会计职业道德的检查与奖惩的意义

(一) 促使会计人员遵守职业道德规范

奖惩机制是利用人类趋利避害的特点,以利益的给予或剥夺为砝码,对会计人员起着引导或威慑的作用,是会计行为主体不论出于什么动机,都必须遵守会计职业道德规范,否则就会遭受损失。《会计基础工作规范》第二十四条规定:“财政部门、业务主管部门和各单位应当定期检查会计人员遵守职业道德的情况,并作为会计人员晋升、晋级、聘任专业职务,表彰奖励的重要考核依据。奖惩机制将会计职业道德与个人利益结合起来,体现了义务与利益统一的原则,因此,会计职业道德的检查与奖惩,具有促使会计人员遵守职业道德规范的作用。

(二) 可以对各种会计行为进行裁决,从而起到教育作用

会计职业道德提出了一系列要求,但是,将这些外在要求转化为会计人员的内在要求和自觉行动,则需要一个艰苦的过程。通过监督检查,可以及时将会计人员所从事的会计行为和会计职业道德的要求进行对照,对符合职业道德的行为予以肯定和奖励,对违反职业道德的行为进行否定和惩罚。

（三）有利于形成抑恶扬善的社会环境

会计职业道德是整个社会道德的一个重要组成部分，因此，会计职业道德的好坏，对社会道德环境的优劣会产生一定的影响；同样，社会道德环境的好坏，也影响着会计的职业行为。

就道德规范自身特点而言，其主要是依靠传统习俗、社会舆论和内心信念来维系的。这种非刚性的特征也就决定了它的落实、实施还必须同时借助政府部门的行政监管、职业团体自律性监管和企事业单位内部纪律等外在的硬性他律机制。只有这样才能有效地发挥道德规范潜在的裁判和激励效力。

同步训练 5－19　下列各选项中，属于会计职业道德检查与奖惩的主要意义的有（　　）。

A. 具有裁决与教育作用　　B. 有利于形成抑恶扬善的社会环境

C. 具有保护会计人员的作用　　D. 具有促使会计人员遵守职业道德规范的作用

解析：正确答案是 ABD。见上述会计职业道德检查与奖惩的意义的内容。

二、会计职业道德的检查与奖惩机制

（一）财政部门对会计职业道德进行监督检查

《会计法》规定，国务院财政部门主管全国的会计工作，县级以上财政部门管理本行政区域内的会计工作。会计职业道德建设是会计管理工作的重要组成部分，因此，各级财政部门应负起组织和推动本地区会计职业道德建设的责任。

1. 执法检查与会计职业道德检查相结合

财政部门作为《中华人民共和国会计法》的执法主体，一方面督促各单位严格执行会计法律法规；另一方面也是对各单位会计人员执行会计职业道德情况的检查和检验。

2. 会计从业资格证书注册登记和年检与会计职业道德检查相结合

根据《会计从业资格管理办法》的规定，会计从业资格证书实行定期年检制度。年检时审查的内容其中包括持证人员遵守财经纪律、法规和会计职业纪律情况，依法履行会计职责情况。不符合有关规定的不予通过年检。

3. 会计专业技术资格考评、聘用与会计职业道德检查相结合

根据财政部、人事部联合印发的《会计专业技术资格考试暂行规定》及其实施办法的规定，报考初级资格、中级资格的会计人员，应“坚持原则，具备良好的职业道德品质”等。会计专业技术资格考试管理机构在组织报名时，应对参加报名的会计人员职业道德情况进行检查。对有不遵循会计职业道德记录的，应取消其报名资格。

4. 与会计人员表彰奖励制度相结合

《会计法》规定：“对认真执行本法，忠于职守，坚持原则，做出显著成绩的会计人员，给予精神的或者物质的奖励。”因此，对于那些自觉遵守会计职业道德规范的优秀会计人员，应当给予精神的或物质的奖励。

（二）会计行业组织对会计职业道德进行自律管理与约束

对会计职业道德的建设，除了依靠政府外，行业自律是一种重要的手段。会计行业自律

是会计职业组织对整个会计职业的会计行为进行自我约束、自我控制的过程。会计职业组织起着联系会员与政府的桥梁作用,应充分发挥协会等会计职业组织的作用,改革和完善会计职业组织自律机制,有效发挥自律机制在会计职业道德建设中的促进作用。应当借鉴国外通过会计职业组织实施职业道德约束的做法和经验,在注册会计师协会、会计学会、总会计师协会等职业组织中设立职业道德委员会,专司职业道德规范的制定、解释、修订和实施之职。通过职业道德委员会来完善行业自律。

(三) 依据会计法等法律法规,建立激励机制,对会计人员遵守职业道德情况进行考核和奖惩

对自觉遵守会计职业道德的优秀会计工作者进行表彰、宣传,可以使受奖者感到对遵守道德规范的回报和社会肯定,从而促使其强化道德行为。同时,还可以树立本行业的楷模、榜样,使会计职业道德原则和规范具体化、人格化,使广大会计工作者从这些富于感染性、可行性的道德榜样中获得启示、获得动力,在潜移默化中逐渐提高自身的职业道德素质。因此,在对违反会计职业道德的行为进行惩戒的同时,还应对自觉遵守会计职业道德的先进人物进行表彰。

会计职业道德激励机制应当与会计人员表彰制度相结合,以起到弘扬正气、激励先进、鞭策后进的作用。对会计职业道德检查中涌现出的先进人物事迹进行表彰奖励,应注意将物质奖励和精神奖励相结合。

综合训练

一、单项选择题

1. 我国有关法律规定:“会计人员应当遵守职业道德,提高业务素质。”该法律为(　　)。

A. 《审计法》　B. 《统计法》　C. 《会计法》　D. 《注册会计师法》

2. “常在河边走,就是不湿鞋”这句话体现的会计职业道德规范内容是(　　)。

A. 参与管理　B. 廉洁自律　C. 提高技能　D. 强化服务

3. 职业道德的性质是由(　　)决定的。

A. 社会实践　B. 经济基础　C. 社会经济关系　D. 上层建筑

4. 会计职业道德教育的各种途径中,具有基础地位的是(　　)。

A. 会计继续教育　B. 会计学历教育

C. 会计自我教育　D. 会计职业荣誉教育

5. 财政部门在开展工作时,可将会计人员职业道德情况纳入考核内容的有(　　)。

A. 会计从业资格证书年检　B. 会计法执法检查

C. 会计人员评优表彰　D. 会计专业技术资格

6. 搞好会计职业道德建设的关键是(　　)。

A. 加强和改善会计职业道德建设的组织和领导

B. 制定完善的会计法律体系

C. 对违反会计职业道德的行为进行严厉制裁

D. 社会舆论监督,形成良好的社会氛围

7. (　　)是职业道德的出发点和归宿。

A. 爱岗敬业　　B. 诚实守信　　C. 办事公道　　D. 奉献社会

8. 会计人员对于工作中知悉的商业秘密应依法保守,不得泄露,这是会计职业道德中(　　)的具体体现。

A. 诚实守信　　B. 廉洁自律　　C. 客观公正　　D. 坚持准则

9. 会计人员在工作中应主动就单位经营管理中存在的问题提出合理化建议,协助领导决策,这是会计职业道德中的(　　)要求的。

A. 提高技能　　B. 参与管理　　C. 坚持准则　　D. 爱岗敬业

10. 职业道德产生的直接原因是(　　)。

A. 社会分工　　B. 经济发展　　C. 政治需要　　D. 职业行为

11. 公司为获得一项工程合同,拟向工程发包的有关人员支付好处费10万元。公司市场部持公司董事长的批示到财务部领取该笔款项。财务部经理张某认为该项支出不符合有关规定,但考虑到公司主要领导已做了同意的批示,遂同意拨付了此款项。对张某做法的认定,正确的是(　　)。

A. 张某违反了爱岗敬业的会计职业道德要求

B. 张某违反了参与管理的会计职业道德要求

C. 张某违反了客观公正的会计职业道德要求

D. 张某违反了坚持准则的会计职业道德要求

12. 不属于会计职业道德教育的主要内容的是(　　)。

A. 职业道德观念教育　　B. 职业道德规范教育

C. 职业道德警示教育　　D. 职业道德学历教育

13. 职业道德的基本原则是(　　)。

A. 爱岗敬业　　B. 诚实守信

C. 办事公道　　D. 服务群众,奉献社会

14. 会计人员对省会计学会职业道德委员会的处理存在有异议者,可以(　　)。

A. 向法院起诉

B. 向财政部门申请行政复议

C. 向中国会计学会职业道德委员会申请复议

D. 向省会计学会申请复议

15. 会计职业道德除具有职业道德的一般特征外,还具有一定的强制性和(　　)特征。

A. 复杂性　　B. 较多关注公众利益

C. 教育性　　D. 独立性

16. 客观公正的基本要求包括(　　)。

A. 端正态度,依法办事,实事求是,保持独立性

B. 端正态度,坚持准则,实事求是,保持独立性

C. 公私分明,依法办事,实事求是,保持独立性

D. 端正态度,忠于职守,实事求是,保持独立性

17. 某公司资金紧张,需从银行贷款500万元。公司经理请返聘的张会计对公司提供给

银行的会计报表进行技术处理。张会计很清楚公司目前的财务状况和偿债能力,做这种技术处理是很危险的,但在经理的反复开导下,张会计感恩于经理平时对自己的照顾,于是编制了一份经过技术处理的漂亮的会计报告,公司获得了银行的贷款。对张会计行为的认定中正确的是(　　)。

A. 张会计违反了爱岗敬业、客观公正的会计职业道德要求

B. 张会计违反了参与管理、坚持准则的会计职业道德要求

C. 张会计违反了客观公正、坚持准则的会计职业道德要求

D. 张会计违反了强化服务、客观公正的会计职业道德要求

18. 陈某捡到10 000元现金,在他可能采取的处理方式中,符合社会主义道德要求的是(　　)。

A. 将捡到的10 000元替隔壁住院的烈士军属李阿姨缴纳住院费

B. 找到失主,让失主给其3 000元,余款还给失主

C. 交给当地派出所

D. 陈某将捡到的10 000元以个人的名义捐给希望工程

19. 在现实社会中,道德准则和法律准则是(　　)。

A. 相互联系的　　B. 相互排斥的　　C. 相互制约的　　D. 完全等同

20. 不属于会计职业道德的范畴的是(　　)。

A. 会计职业道德义务　　B. 会计职业道德良心

C. 会计职业道德荣誉　　D. 会计职业道德保护

21. 不属于会计职业道德教育的途径的是(　　)。

A. 会计学历教育　　B. 会计人员继续教育

C. 会计人员自我教育　　D. 会计专业技术资格考试

22. 会计法律制度由(　　)部门来保障实施。

A. 财政部门　　B. 会计行业组织　　C. 国家执法机关　　D. 金融机构

23. 判断会计从业人员是否具有职业道德的首要标准是(　　)。

A. 爱岗敬业　　B. 提高技能　　C. 诚实守信　　D. 客观公正

24. 不属于会计职业道德教育的内容的是(　　)。

A. 形势教育　　B. 专业理论教育　　C. 品德教育　　D. 法制教育

25. 会计人员违反职业道德情节严重的应吊销会计从业资格证书,其中不属于法定情形的有(　　)。

A. 经常迟到、早退　　B. 私设会计账簿

C. 随意变更会计处理方法　　D. 未按规定保管会计资料

二、多项选择题

1. 体现会计职业道德"诚实守信"基本要求的有(　　)。

A. 做老实人、说老实话、办老实事　　B. 言行一致、表里如一

C. 保守商业秘密,不为利益诱惑　　D. 公私分明、不贪不占

2. 会计职业道德教育的内容包括(　　)。

A. 会计职业道德观念教育　　B. 会计专业知识教育

C. 职业道德警示教育　　D. 职业道德规范教育

3. 开展会计职业精神教育主要应从(　　)方面入手。

A. 依法理财,廉洁奉公的职业精神　　B. 实事求是、正确面对的职业精神

C. 一丝不苟、严谨细致的职业精神　　D. 忠于事业、无私奉献的职业精神

4. 会计职业道德教育的途径有(　　)。

A. 通过会计学历教育进行会计职业道德教育

B. 通过会计继续教育进行会计职业道德教育

C. 通过会计人员的自我教育与修养进行会计职业道德教育

D. 通过会计法制教育进行会计职业道德教育

5. 会计职业道德自我教育的方法主要有(　　)。

A. 自我解剖法　　B. 自重自省法　　C. 自警自励法　　D. 自律慎独法

6. 会计职业道德的基本范畴包括(　　)。

A. 义务　　B. 成绩　　C. 良心　　D. 荣誉

7. 会计职业道德的内容之一,就是要"坚持准则"。这里的"准则"包括(　　)。

A. 会计法律　　B. 会计法规　　C. 会计制度　　D. 会计准则

8. 会计职业道德与会计法律制度的联系主要体现在(　　)。

A. 在作用上相互补充　　B. 在内容上相互渗透、相互重叠

C. 在地位上相互转化、相互吸收　　D. 在实施过程中相互作用、相互促进

9. 职业道德除了具有道德的一般特征之外,还具有(　　)特征。

A. 职业性　　B. 实践性　　C. 继承性　　D. 多样性

10. 会计职业道德中的"提高技能",其主要内容包括(　　)。

A. 会计及相关专业理论水平　　B. 会计实务操作能力

C. 沟通交流能力　　D. 职业判断能力

11. 会计人员应遵循的道德规范包括(　　)。

A. 社会公德　　B. 会计职业道德

C. 其他行业职业道德　　D. 家庭美满

12. 体现会计职业道德"爱岗敬业"要求的有(　　)。

A. 工作一丝不苟　　B. 工作尽职尽责　　C. 工作精益求精　　D. 工作兢兢业业

13. 廉洁自律的基本要求有(　　)。

A. 树立正确的人生观和价值观　　B. 公私分明,不贪不占

C. 遵纪守法,尽职尽责　　D. 端正态度

14. 符合会计职业道德"廉洁自律"要求的有(　　)。

A. 树立正确的人生观和价值观

B. 严格划清公私界限,公私分明,不贪不占

C. 遵纪守法,尽职尽责

D. 自觉抑制拜金主义、个人主义

15. 属于会计师职业道德规范主要作用的有(　　)。

A. 规范会计行为的基础　　B. 促进企业活动的正常进行

C. 对会计法律制度的重要补充　　D. 实现会计目标的重要保证

16. 会计人员坚持准则的基本要求有(　　)。

A. 熟悉准则　　B. 遵循准则　　C. 坚持原则　　D. 制定准则

17. 违反注册会计师职业道德基本准则的有(　　)。

A. 某会计师事务所以给X公司财务主管李某审计收费5%的回扣为条件,取得为X公司进行年度财务报告审计的业务

B. 注册会计师王某在对Y公司执行审计业务时,收受了Y公司赠送的内部职工股1 000股

C. 甲会计师事务所与乙会计师事务所签订合作协议,授权乙以甲的名义承办业务

D. 甲会计师事务所注册会计师李某同时在乙会计师事务所执业

18. 提高技能的基本要求有(　　)。

A. 具有不断提高会计职业技能的意识　　B. 具有勤学苦练的精神

C. 具有科学的学习办法　　D. 具有全心全意为人民服务的奉献精神

19. 在市场经济条件下,会计工作和会计人员在企业经营管理中发挥着越来越重要的作用。关于会计人员参与企业管理的表述中,正确的有(　　)。

A. 会计人员在企业经营管理中主要发挥参谋作用

B. 会计人员在企业经营管理中主要发挥决策作用

C. 会计人员在企业经营管理中主要发挥鉴证作用

D. 会计人员在企业经营管理中主要发挥服务作用

20. 2001年2月,某商业银行按照财政部要求,决定在全行系统开展《会计法》执行情况检查。在检查中发现该银行下属C支行行长李杰、副行长胡强、财会科长罗志刚利用联行清算系统存在的漏洞,将C支行的资金划转到由李杰等人控制的D企业名下,再从D企业的银行账户划转到境外由李杰等人控制的公司账户。经查实,C支行负责清算业务的会计张军早就知道C支行几年来在联行系统中存在很不正常的巨额汇差,怀疑与李杰等人有关,但考虑到李杰是自己的直接领导,慑于李杰的地位和权威,认为多一事不如少一事,便没有声张,听之任之,直至案发。会计张军的行为违反的会计职业道德要求有(　　)。

A. 张军的行为违背了廉洁自律的会计职业道德要求

B. 张军的行为违背了强化服务的会计职业道德要求

C. 张军的行为违背了坚持准则的会计职业道德要求

D. 张军的行为违背了客观公正的会计职业道德要求

21. 为加强会计职业道德建设,财政部门可以采取的措施有(　　)。

A. 组织开展《会计法》执法检查

B. 将会计职业道德的内容全部予以法律化

C. 采取多种形式组织开展会计职业道德宣传教育

D. 将会计职业道德建设与会计从业人员管理相结合

22. 对参与管理与强化服务的关系的表述中,正确的有(　　)。

A. 参与管理是强化服务的一种表现形式

B. 强化服务有利于参与管理

C. 不参与管理,也完全可以提高服务水平和质量

D. 不强化服务,就难以保持参与管理的热情和动力

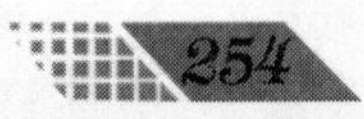

23. 朱镕基同志在2001年视察北京国家会计学院时，为北京国家会计学院题词的内容包括(　　)。

A. 诚信为本　　B. 操守为重　　C. 坚持准则　　D. 不做假账

24. 属于会计技能的有(　　)。

A. 提供会计信息能力　　B. 会计实务操作能力

C. 职业判断能力　　D. 沟通交流能力

25. 体现会计职业道德“客观公正”要求的有(　　)。

A. 真实可靠　　B. 如实反映　　C. 实事求是　　D. 不偏不倚

三、判断题

1. 自律的核心就是用道德观念自觉抵制自己的所有欲望。(　　)

2. 会计职业道德的形成取决于会计职业的产生，是会计人员在长期的职业活动中逐步形成和总结出来的，调整会计人员与社会之间、会计人员之间、个人与集体之间的职业道德主观意识的客观行为的统一。(　　)

3. 会计职业道德不仅要求调整会计人员的外在行为，还要求调整会计人员内在的精神世界。(　　)

4. 会计职业道德与会计法律制度一样，都是以国家的强制力来保障实施的。(　　)

5. 财政部门可以通过将会计从业资格证书注册登记管理与会计职业道德检查相结合的途径来实现对会计职业道德的监督检查。(　　)

6. 会计职业道德允许个人和各经济主体获取合法的自身利益。(　　)

7. 会计职业强化服务的结果，就是奉献社会。(　　)

8. 会计人员遵守会计职业道德情况是会计人员晋升、晋级、聘任会计专业职务、表彰奖励的主要考核依据。(　　)

9. 会计人员陈某认为，会计工作只是记账、算账，与单位经营决策关系不大，没有必要要求会计人员“参与管理”。(　　)

10. 会计法律制度是会计职业道德的最低要求。(　　)

11. 违反了会计职业道德，也就违反了会计法律制度。(　　)

12. 会计行为的规范化主要依赖于会计人员的道德信念、道德品质来实现。(　　)

13. 开展《会计法》执法检查同时也是对会计人员是否遵守会计职业道德规范情况进行了检查。(　　)

14. 诚实守信是做人的基本准则，也是职业道德的精髓。(　　)

15. 职业道德是职业活动对职业行为的道德要求，与职业活动的要求密切相关。(　　)

16. 在会计职业活动中诚实守信、客观公正等是会计职业的普遍要求。(　　)

17. 在规范会计行为中，我们不可能完全依赖会计法律制度的强制功能而排斥会计职业道德的教化功能，会计行为不可能都由会计法律制度进行规范，不需要或不宜由会计法律制度进行规范的行为，可通过会计职业道德规范来实现。(　　)

18. 会计法律制度中含有会计职业道德规范的内容，同时，会计职业道德规范中也包含会计法律制度的某些条款。(　　)

19. 可以说，会计法律制度是会计职业道德的最低要求。(　　)

20. 会计职业道德是会计法律制度正常运行的社会和思想基础,会计法律制度是促进会计职业道德规范形成和遵守的重要保障。 ( )

21. 会计职业道德不仅要求调整会计人员的外在行为,还要调整会计人员内在的精神世界。 ( )

22. 在会计职业活动的实践中,虽然有很多不良的会计行为在违反了会计法律制度的同时也违反了会计职业道德,但也有的不良会计行为只是违反了会计职业道德而没有违反会计法律制度。 ( )

23. 会计职业道德在表现形式上缺乏具体性和准确性,通常只是指出人们应当做或不应当做某种行为的一般原则和要求。 ( )

24. 会计人员保守商业秘密,维护国家、单位利益是其应尽的义务。 ( )

25. 会计行业自律是一个群体概念,是会计职业组织对整个会计职业的会计行为进行自我约束、自我控制的过程。 ( )

26. 可以说,会计人员自律是会计职业道德的最高境界,因为这是一种自觉的行为,无须强制。 ( )

27. 会计职业道德教育贯穿于整个会计人员继续教育的始终。 ( )

28. 会计职业道德检查与奖惩机制的建立是一个复杂的系统工程,需要政府部门、行业组织、有关单位的积极参与,运用经济、法律、行政、自律等综合治理手段。 ( )

29. 慎独是在独立工作、无人监督时,仍能坚持自己的道德信念,依据一定的道德原则去行事,坚持准则,不做任何对国家、对社会、对他人不道德的事情。慎独,既是一种道德修养方法,又是一种很高的道德境界。 ( )

30. 会计职业道德与会计法律制度一样,都是以国家强制力作为其实施的保障。 ( )

四、案例分析题

(一) 某公司财务部组织系统内的会计人员进行会计法律制度与会计职业道德教育的座谈会,以下是有关会计人员的观点。

(1) 陈丽认为,会计法律制度与会计职业道德都是会计人员要遵守的规范,会计法律制度与会计职业道德本身没多大区别,而国家统一的会计制度是会计人员必须熟练掌握的,因为会计的技能都是通过统一的会计制度来熟练运用的。

(2) 王方认为,本人是出纳岗位,整天与钱打交道,只要钱不出错,自己的工作就算是对得起工资了,出纳工作本身也不会有多大成就,所谓提高技能与自己的工作无关,本次会议参不参加都无所谓。

(3) 小张认为,会计职业道德固然重要,但是为了单位的利益,在不违反会计法律制度的前提下,就是违背了会计职业道德也不属于个人职业道德有问题。更何况,《会计法》规定,单位负责人对单位会计资料的真实性、完整性负责,如果单位负责人要求违规处理财务账目,自己就没有必要说服、规劝,甚至检举揭发。

要求:根据题意回答下列问题。

1. 关于会计法律制度与会计职业道德,正确的说法是( )。

A. 有着共同的目标、相同的调整对象　　B. 性质不同、作用范围不同

C. 实现形式是一致的　　D. 在内容上相互渗透、相互重叠

2. 王方的观点违背了(　　)的要求。

A. 爱岗敬业　　B. 廉洁自律　　C. 客观公正　　D. 提高技能

3. 小张的观点违背了(　　)的要求。

A. 参与管理　　B. 坚持准则　　C. 服务群众　　D. 廉洁自律

4. 廉洁自律的基本要求是(　　)。

A. 公私分明　　B. 不贪不占

C. 树立正确的人生观和价值观　　D. 遵纪守法,清正廉洁

5. 提高技能的基本要求是(　　)。

A. 不断提高会计专业技能的意识和愿望　　B. 勤学苦练的精神

C. 科学的学习方法　　D. 熟悉服务对象的经营活动

(二) 小张大学毕业,自参加工作以来一直从事办公室文秘,恪守职责,兢兢业业,深受公司领导和同事们的好评。由于单位会计部门人手奇缺,公司领导要求小张担任财务部门的出纳工作,领导认为,虽然小张没有取得会计从业资格证书,但出纳并不是会计岗位,小张工作能力强,很快就能适应。

小张从事出纳工作半年后,参加了当年全省会计从业资格的统一考试,并取得了会计从业资格证书。后小张因工作努力,钻研业务,积极提出合理化建议,多次被公司评为先进会计工作者。小张的丈夫在一家私有电子企业任总经理,在其丈夫的多次请求下,小张将在工作中接触到的公司新产品研发计划及相关会计资料复印件提供给丈夫,给公司造成了一定的损失,但尚未构成犯罪。公司认为她不宜继续担任会计工作。

要求:根据上述资料,回答下列问题。

1. 小张将公司新产品的研发资料复印件给其丈夫,给公司造成一定的损失,违背了(　　)的会计职业道德。

A. 客观公正　　B. 诚实守信　　C. 廉洁自律　　D. 强化服务

2. 对小张违反会计职业道德的行为可由(　　)给予处罚。

A. 财政部门　　B. 人民法院　　C. 本公司　　D. 会计职业团体

3. 根据《会计工作基础规范》的规定,属于会计工作岗位的是(　　)。

A. 稽核岗位　　B. 总会计师岗位

C. 工资核算岗位　　D. 单位内部审计岗位

4. 关于领导任用小张担任出纳的行为,观点正确的是(　　)。

A. 领导的决定符合会计法律的规定

B. 出纳确实不属于会计岗位,但张某应该实习 1 个月,不能立刻上岗

C. 张某应当取得会计从业资格证书后才能从事出纳工作

D. 出纳属于会计岗位的范围

5. 张某工作努力,钻研业务,积极提供合理化建议,体现了她具有(　　)的职业道德。

A. 爱岗敬业　　B. 客观公正　　C. 提高技能　　D. 参与管理

参考文献

[1] 中华人民共和国会计法讲话编写组.中华人民共和国会计法讲话[M].北京:经济科学出版社,1999.

[2] 陈长寿,杨任鹏.会计人员职业道德与自律机制[M].北京:民主与建设出版社,2002.

[3] 项怀城.会计人员职业道德[M].北京:人民出版社,2003.

[4] 会计从业资格考试辅导教材组.财经法规与会计职业道德[M].大连:东北财经大学出版社,2010.

[5] 会计从业资格考试辅导教材编写组.财经法规与会计职业道德[M].北京:中国财政经济出版社,2006.

[6] 会计从业资格考试教材编委会.财经法规与会计职业道德[M].北京:中国财政经济出版社,2011.

[7] 会计从业资格考试辅导编写组.财经法规与会计职业道德[M].北京:中国财政经济出版社,2010.

[8] 会计从业资格考试辅导教材编写组.财经法规与会计职业道德[M].北京:人民出版社,2011.

[9] 东奥会计在线.财经法规与会计职业道德[M].北京:北京大学出版社,2012.

[10] 中华会计网校.财经法规与会计职业道德应试指南[M].北京:人民出版社,2010.

[11] 会计从业资格考试辅导编写组.会计从业资格考试习题集[M].北京:中国财政经济出版社,2005.

[12] 会计从业资格考试命题研究组.财经法规与会计职业道德[M].北京:中国经济出版社,2013.

[13] 索晓辉.财经法规与会计职业道德押题密卷与精讲解析[M].北京:中国宇航出版社,2012.

[14] 汪华亮.经济法基础真题详解与押题密卷[M].北京:中国宇航出版社,2011.

[15] 财政部会计资格评价中心.经济法基础[M].北京:经济科学出版社,2009.

[16] 第三届全国会计知识大赛领导小组办公室.第三届全国会计知识大赛法规汇编[M].大连:大连出版社,2007.

[17] 中国注册会计师协会.经济法规汇编[M].北京:中国财政经济出版社,2016.

[18] 中国注册会计师协会.税法[M].北京:经济科学出版社,2016.

尊敬的老师：

您好。

请您认真、完全地填写以下表格的内容（务必填写每一项），索取相关图书的教学资源。

教学资源索取表

书　名				作者名	
姓　名		所在学校			
职　称		职　务		讲授课程	
联系方式	电话：		E-mail：	微信号：	
地址（含邮编）					
贵校已购本教材的数量（本）					
所需教学资源					
系／院主任姓名					

系／院主任：＿＿＿＿＿＿＿＿＿＿（签字）

（系／院办公室公章）

20＿＿年＿＿月＿＿日

注意：

① 本配套教学资源仅向购买了相关教材的学校老师免费提供。

② 请任课老师认真填写以上信息，并**请系／院加盖公章**，然后传真到（010）80115555转735253索取配套教学资源。也可将加盖公章的文件扫描后，发送到presshelp@126.com索取教学资源。

南京大学出版社

http://www.NjupCo.com